SILVIA REICHERT DE PALACIO

Feng Shui
DER GARTEN IN HARMONIE

gewidmet meinem Mann
Horacio Ruben Palacio

Feng Shui

DER GARTEN IN HARMONIE

SILVIA REICHERT DE PALACIO

In Zusammenarbeit mit Thomas Jörgen Burghardt und Nanny Döbele
Mit über 300 Farbfotos u. a. von Manuela Beck, Antje-Katrin Hansen
und Annette Timmermann sowie 43 Farbzeichnungen von Heidi Janiček

Einführung in die Grundlagen

Gärten zum Wohlfühlen

Pflanzen im Porträt

Harmonie durch
Feng Shui und Geomantie

» Himmel und Erde entstehen mit mir zugleich, und alle Dinge sind mit mir eins. «

ZHUANGZI

Feng Shui – die fernöstliche Lehre zur Gestaltung schöner und energiereicher Räume – ist seit vielen Jahren in Westeuropa auf Erfolgskurs. Allerdings erfordert diese jahrtausendealte chinesische Lehre von uns Westeuropäern eine neue, oftmals ungewohnte Sicht auf die Welt und widerspricht in vielen Aspekten unserem zeitgenössischen Naturverständnis. Gleiches gilt für die Geomantie, das weniger bekannte westliche Gegenstück zur fernöstlichen Lehre des Feng Shui. Beide Weltanschauungen, die in unterschiedlichen Kulturen wurzeln, betrachten die gesamte Natur als ein lebendiges Wesen mit Geist und Seele, das durchströmt ist von einer alles erhaltenden Lebensenergie. Diese Energie, die Zeit und Raum durchflutet, nennen die Chinesen das Chi, wir sagen dazu Lebensenergie oder kosmischer Atem. Feng Shui und Geomantie fußen auf dieser spirituellen Auffassung von Natur. Beide sind somit im weitesten Sinne spirituelle Weltanschauungen und gehen in ihren Ausführungen weit über die bloße Umsetzung eines Regelwerks hinaus.

Die Gestaltung des eigenen Gartens nach den Prinzipien des Feng Shui und der Geomantie ist also nicht nur eine einmalige Verschöne-

Sanft abgstufte Blau- und Lilatöne von Purpur-Sonnenhut und Prachtscharte: Die Harmonie dieses Farbspiels ist eine Wonne für die Augen.

rung und auch kein Modegag, sondern sie ermöglicht es Ihnen, mit sich selbst und Ihrem Garten achtsam umzugehen.

Im Feng Shui und in der Geomantie ist alles mit allem verbunden. Auch wir Menschen stehen in direktem Kontakt zur lebendigen Natur. Hier können Sie den Appell, im Einklang mit der Natur zu leben, fast wörtlich nehmen. Bevor Sie darangehen, Ihren Garten nach der Lehre des Feng Shui umzugestalten, öffnen Sie sich für dieses »neue« alte Wissen um das Wesen der Natur. Im alten China, aber auch in Europa haben die Menschen dieses alte Wissen in vielen Jahrhunderten durch genaue Naturbeobachtung gesammelt. Beginnen Sie, Ihren Garten und die Natur genau zu betrachten. Trainieren Sie Ihre Wahrnehmung für die unterschiedlichen Qualitäten, die »in der Luft liegen«, spüren Sie die Jahreszeiten, lauschen Sie den leisen Botschaften aus der Natur. Vielleicht gelingt es Ihnen, eine Garten-Landschaft als einen lebendigen und beseelten Organismus wahrzunehmen und auf diese Weise Ihr Leben um einen schönen Aspekt zu bereichern.

Von der Theorie zur Praxis

Dieses Buch widmet sich sowohl den theoretischen Grundlagen als auch der praktischen Anwendung von Feng Shui und Geomantie im Garten. Für die Praxis gibt es Ihnen anhand zahlreicher gut illustrierter und bewährter Beispiele einen roten Faden an die Hand. So können Sie Ihren Garten komplett neu planen und anlegen, aber auch einen bestimmten Bereich Ihres Gartens umgestalten oder ihm einen neuen Aspekt hinzufügen. Für viele verschiedene Gartensituationen finden Sie im praktischen Teil des Buches konkrete Vorschläge mit Plänen und Pflanzenlisten. Die Wirkungen der im Garten genutzten Pflanzen und Materialien sowie die Qualitäten der verschiedenen Himmelsrichtungen werden erläutert. Und Sie erfahren,

In der ersten Reihe setzen Stauden und Blütensträucher Akzente, Bäume und Hecken bilden den Hintergrund: Ein so lebendiges Umfeld, das mit Farben und Formen spielt, tut uns Menschen gut.

weshalb Wasser im Garten wichtig ist und inwiefern eine gute Grenzgestaltung sich positiv auf die Nachbarschaft auswirkt.

Betrachten Sie alle hier gemachten Vorschläge als Angebote und lassen Sie sich inspirieren. Gehen Sie Ihren eigenen Weg und entwickeln Sie so die Gestaltung Ihres Gartens. Auch wenn Sie der spirituellen Haltung der hier dargestellten Weltanschauung nicht in Gänze folgen können, so werden Sie doch erfahren, dass die von ihr angestrebte Harmonie Ihrem Bedürfnis nach Ruhe, Ausgleich und Lebenserfüllung entgegenkommt. Die Suche nach Harmonie, nach dem Einswerden mit der Natur, ist letztlich allen Menschen – unabhängig von ihrem Kulturkreis – eigen. In der europäischen Ideen- und Kulturgeschichte hat die Beziehung zur Natur einen ausbeuterischen Charakter angenommen. Besonders durch die Globalisierung und die weltweite Klimaveränderung werden wir in erschreckendem Maße auf die Folgen unserer Missachtung der Natur hingewiesen.

Harmonie – was ist das?

Als Grundlage für Harmonie gilt mir die kosmische Ordnung der Natur. In ihr erkenne ich das der Harmonie zugrunde liegende Prinzip der Ganzheitlichkeit. Deutlich wird dieses Prinzip der kosmischen Ordnung am Ablauf eines

Tages, der zur Vervollkommnung immer auch der Nacht bedarf. Hell und dunkel, Ruhe und Bewegung, weiblich und männlich sind weitere Aspekte, in denen uns dieses Prinzip einer sich aus Gegensätzen entwickelnden Harmonie begegnet. Bekannt ist diese Vorstellung auch als Yin und Yang in der chinesischen Philosophie. Angestrebt wird ein sich Einfühlen in die kosmische Harmonie, um aus ihr heraus zu gestalten. Erst wenn wir uns wieder als Teil dieser Ordnung verstehen und wahrnehmen, sind wir in der Lage, die Welt und unseren Garten gemäß der kosmischen Harmonie zu formen. Der Begriff Harmonie in seiner wörtlichen Bedeutung heißt Übereinstimmung, Einklang oder Eintracht. Eine ortsidentische Gestaltung repräsentiert als Form das, was die Natur an dieser Stelle sagt. Pflanzen und Materialien sind so auf den Ort abgestimmt, dass sie die gleiche Schwingung aufweisen wie der Ort. So bekommt die Eigenart des Ortes einen sichtbaren Ausdruck. Die Gestaltung ist im Gleichklang mit dem Ort und damit in Harmonie.

Leben im Einklang mit der Natur

Das Feng Shui ist nicht nur eine komplexe Theorie, sondern eine Methode zur Gestaltung von Räumen und in diesem Zusammenhang auch von Gärten. Es unterscheidet sich von der alteuropäischen Kunst der Geomantie, die sich früher vor allem dem Aufspüren von Kraftorten etwa für den Bau großer Kirchen oder der Anlage von herrschaftlichen Parkanlagen gewidmet hat. Die moderne Geomantie ist bestrebt, Kraftorte gemäß ihrer Qualität zu gestalten. Die Erde gilt als lebendiges Gegenüber und als Partner des Menschen.

Die Grundlagen von Feng Shui beruhen auf Methoden, die vor Tausenden von Jahren in der klassischen chinesischen Kultur aufgestellt wurden. Im Li Shu, dem heiligen »Buch der Riten«, das die Grundlagen der spirituellen Überzeugungen der Chinesen formuliert, geht es um Ordnung, um die Harmonie zwischen Himmel und Erde und darum, wie die Menschen den Gleichgewichtszustand der Natur erhalten können. Die erste Regel des Feng Shui lautet deshalb, im Einklang mit der Natur, mit den Bergen, Hügeln und Flüssen, mit dem Wasser und den Winden, zu leben.

Feng Shui im Garten anzuwenden bedeutet nicht in erster Linie, die Umgebung zu verändern, sondern sie zu respektieren und sie mit den dort lebenden Menschen zu harmonisieren. Die Kunst besteht darin, die Formen der sichtbaren Welt mit den Energieflüssen der unsichtbaren Welt harmonisch zu vereinen.

Ein harmonisch gestalteter Garten, in dem das Chi gut fließt, wird Sie inspirieren, nähren und energetisieren. Ein solcher Garten ist nicht nur eine Augenweide, er spricht auch Herz und Seele an. In ihm fühlen Sie sich wohl, geborgen und lebendig. Zwar empfindet jeder Mensch Harmonie und Schönheit etwas unterschiedlich, aber ein Garten, der lebendig schwingt und eine positive Energie hat, wird auf jeden Betrachter eine angenehme Wirkung entfalten.

Harmonie im Garten erzeugen

Um Ausgleich und Harmonie zu schaffen, werden die Energieströme in Haus und Garten nach den Kriterien des Feng Shui und der Geomantie untersucht und dann sanft beeinflusst und gelenkt. Ziel ist, eine lebendige Gestaltung für den Ort und seine Bewohner zu entwickeln. Der Garten wird als Abbild des Kosmos betrachtet, in beiden gelten die gleichen Gesetze. Die chinesische Theorie der fünf ordnenden Elemente ist hier ebenso zentral wie das Prinzip von Yin und Yang, den beiden Urkräften, aus deren Wirken der ganze Erdenkosmos besteht. Das Gleichgewicht der Elemente sollte sich im Garten ebenso widerspiegeln wie das Vorhandensein gegensätzlicher Pole im Leben. Im Feng Shui-Garten wird der Wechsel von Licht und Schatten, hoch und tief, vorn und hinten, oben und unten, groß und klein bewusst gestaltet, um so die polaren Yin- und Yang-Kräfte immer wieder auszugleichen.

Mit der Auswahl der Pflanzen nach Form und Farbe und ihrer Platzierung können Sie das energetische Gleichgewicht Ihres Gartens bestimmen. Durch das Spiel mit den Polaritäten lassen sich sowohl ruhige und ausgleichende als auch dynamische und kontrastreiche Gartenbereiche gestalten. Für welche Energiequalität Sie sich im Einzelfall entscheiden, hängt auch von Ihrer eigenen Persönlichkeit ab – damit der Garten seine harmonische Wirkung voll entfalten kann, muss er zu Ihnen und Ihren Lebensumständen passen!

Auch hat jeder Garten durch seine Lage und Ausrichtung, zum Beispiel im Hinblick auf die Himmelsrichtungen und seine Einbettung in eine größere Landschaft, einen eigenen und unverwechselbaren Charakter, der bei der Gestaltung berücksichtigt werden muss. Ein stei-

Drei Steine verkörpern die kosmische Ordnung im Zusammenwirken von Himmel, Erde und Mensch.

ler Hanggarten wird anders beurteilt als ein ebener Garten, eine nach Süden ausgerichtete Terrasse weist einen anderen Charakter auf als eine nach Westen orientierte, ein lichter und offener Garten beinhaltet andere Aspekte als ein Garten mit vielen schattigen Bereichen. Auch der Größe eines Gartens kommt hierbei Beteutung zu. So grundverschieden die Ausgangsbedingungen auch sein mögen – mit dem Feng Shui bietet sich Ihnen eine Möglichkeit, Ihren Garten Ihren Wünschen und Bedürfnissen anzupassen und dabei gleichzeitig den spezifischen Charakter des jeweiligen Orts zu berücksichtigen. Richtig angewandt bringen Feng Shui und Geomantie Harmonie in den Lebensraum Garten, der so dem Bedürfnis seiner Bewohner nach Schutz und Geborgenheit, nach Lebendigkeit und Inspiration entgegenkommt.

Harmonie im eigenen Leben schaffen

Das Feng Shui betrachtet den Hausgarten als den erweiterten Körper des Menschen und seines Wohnhauses. Nach chinesischer Vorstellung ist ein gutes Feng Shui in Haus und Garten auch die Voraussetzung für Wohlstand, Glück und Gesundheit seiner Bewohner. Da dem Garten eine so zentrale Bedeutung zukommt, ist es wichtig, diesem Lebensbereich jede nur mögliche liebevolle Aufmerksamkeit zu widmen. Zwischen Ihnen und Ihrem Garten besteht also eine Wechselbeziehung, die Sie ganz bewusst für sich und Ihre Familie gestalten können und sollten. Ist Ihr Garten harmonisch und im Einklang mit Ihren Bedürfnissen, ist die Chance groß, dass auch in Ihrem Leben Harmonie und Zufriedenheit herrschen. Da der Garten zugleich die Schwelle zum Außenbereich beziehungsweise zur Natur darstellt, können Sie über ihn auch das Verhältnis zu Ihren Nachbarn und zur Außenwelt beeinflussen. Ob ungünstig oder günstig – das liegt auch in Ihrer Hand. Ein harmonischer Garten mit einer ebenso harmonischen Grenze – auch hierzu werden Sie im praktischen Teil des Buches wichtige Hinweise finden – wird sich nicht nur auf Ihre Nachbarschaft, sondern auch auf Ihr gesamtes Lebensumfeld günstig auswirken. Betrachten Sie Ihren Garten als ein Übungsfeld für Ihr persönliches Wachstum, hier lassen sich

Lebensthemen und Werte ausdrücken und gestalten. Sie können ausprobieren, Fehler machen, korrigieren, neu anfangen.

Fließendes Wasser versprüht lebendiges Chi und weckt unsere Lebensgeister.

Freiraum für Kreativität

Eine Gartengestaltung nach den Kriterien des Feng Shui erfordert in großem Maße Wissen um die Regeln und handwerkliches Können, wiewohl jede kreative oder künstlerische Gestaltung ohne das dazu nötige handwerkliche Rüstzeug kaum denkbar ist. Doch auch im Feng Shui gilt, was in vielen Bereichen der Kunst und der Gestaltung gilt: Regeln sollte man beherrschen, um sie im Einzelfall bewusst überschreiten zu können. Nicht die hundertfünfzigprozentige Regelerfüllung ist das Ziel – das hieße, in der Erstarrung zu leben –, sondern das Erschaffen von lebendiger Harmonie. Lassen Sie sich bei der Gestaltung Ihres Gartens inspirieren und geben Sie Ihrer Fantasie, Ihren Empfindungen und Ideen Ausdruck! Mit einer so inspirierten Gestaltung kreieren Sie Ihren ganz persönlichen und authentischen Garten, in dem sich Harmonie nicht starr und künstlich, sondern sehr lebendig anfühlt.

Einführung in die Grundlagen

Mensch und Natur:
die Lehre von
Feng Shui

Das jahrtausendealte Feng Shui ist die Lehre von den Kräften der Natur. Basierend auf dem uralten Erfahrungswissen der Chinesen erklärt sie, wie wir die unserem Lebensumfeld innewohnenden Kräfte so gestalten und nutzen können, dass jeder Garten und jedes Haus zu einer Quelle der Energie und Harmonie wird.

DIE KUNST DES FENG SHUI wird in China seit etwa 5000 Jahren praktiziert und hat sich immer wieder den wechselnden historischen Lebensbedingungen angepasst. Entsprechend tief ist Feng Shui im Geist der Menschen verwurzelt und wirkt sich auf Entscheidungen in allen Lebensbereichen aus, wie das folgende Beispiel zeigt: Im Jahre 1900 zerstörten die Boxer, eine politische Gruppierung in China, bei ihrem Aufstand alle Eisenbahnstrecken ihres Gebiets. Am meisten mag uns Europäer die Begründung der Chinesen irritieren: Feng Shui. Sie sagten, die schweren Züge würden auf den »Kopf des Drachen« drücken, sodass er kaum noch atmen könne und sich keine Wolken mehr bilden würden. Das galt als Ursache für die damalige Dürre in Nordchina. Als Drachenkopf bezeichnet man im Feng Shui den höchsten Punkt einer Bergkette, zudem ist er ein Symbol für die Lebensenergie Chi. Feng Shui basiert auf einer Vorstellung von der Natur, die uns modernen Europäern zunächst eher fremd erscheint. Erst wenn wir die Grundlagen dieser Gedankenwelt kennen und verstehen, können wir Einwände der Chinesen gegen westliche Bauvorhaben, wie sie früher häufiger vorkamen, verstehen.

Chinesische Naturalisten betrachten die Natur nicht als einen toten, regungslosen Stoff, sondern als lebenden, atmenden Organismus. Diese poetische, emotionale und ehrfürchtige Weise, die Welt zu betrachten, ist grundlegend für die Philosophie des Feng Shui.

»Wind-Wasser«

Feng Shui heißt übersetzt »Wind-Wasser«. Gute Luft und reines Wasser sind Lebensgrundlagen. Wind entsteht, indem sich die Luft bewegt. Diese Bewegung können wir nicht sehen, doch wir spüren den Wind auf der Haut, hören sein Pfeifen oder sehen, wie er die Bäume bewegt. Es gibt verschiedene Windstärken: die heftige Böe, die ein Gewitter ankündigt, oder das laue Lüftchen am Abend. Auch das Wasser hat viele Erscheinungsformen. Es fällt als Regen vom Himmel oder hängt als dichter Nebel im Tal. Im Unterschied zum Wind können wir viele Erscheinungsformen des Wassers unmittelbar wahrnehmen. Wir sehen eine Pfütze oder hören den Regen auf das Fenster prasseln. Die beiden Elemente Wind und Wasser sind im Feng Shui die grundlegenden Formen der Lebensenergie Chi. Ursprung dieser Energie ist die Sonne, die sie erzeugt und in die Atmosphäre abgibt, wo sie vom Wasser gespeichert und vom Wind verteilt wird.

Immer im Fluss – die Lebensenergie Chi

Die Hauptaufgabe des Feng Shui ist es, die Menschen und alle Lebewesen mit der Lebensenergie Chi zu versorgen. Dies geschieht, indem man möglichst viel Chi zu den Wohn- oder Arbeitsräumen und Gärten der Menschen lenkt. Doch was ist Chi? Übersetzt bedeutet Chi »Lebensenergie«. Es ist der kosmische Atem, der sowohl die Natur als auch den Menschen lebendig macht. Es ist die Lebensessenz, die Pflanzen wachsen lässt, den Wind zum Wehen bringt und dem Wasser die Kraft verleiht, zu fließen oder sich als Teich zu sammeln. Vom Chi empfängt die Erde den Impuls für den Wandel der Jahreszeiten und wir Menschen unsere Lebendigkeit. Sogar ein Apfel ist ein Beispiel für die Verkörperung der Lebensenergie: Die Sonne lässt ihn wachsen und reifen. Aus der Erde kommt mit dem Wasser die Kraft für den Baum, an dem der Apfel wächst. Ein Mensch, der einen Apfel isst, nimmt also nicht nur den Apfel an sich, die Materie, sondern ebenso die darin enthaltene Lebensenergie zu sich.

Allerdings nehmen wir das Chi nicht nur durch frische Nahrung in uns auf, sondern auch durch den täglich neuen Impuls der aufgehenden Sonne in der Morgendämmerung. Bei einem Spaziergang am Meer belebt uns das erquickende Chi des weiten Wassers, von dem wir genauso bei Regen profitieren können. Im täglichen Leben nutzen wir das Chi unserer Gärten, indem wir beispielsweise morgens mit nackten Füßen auf den Rasen treten und die Schönheit und Harmonie, die die Natur ausstrahlt, genießen. Die Vorstellung von der Lebensenergie Chi ist nicht nur Bestandteil der chinesischen Naturphilosophie, sondern findet sich auch in der modernen Naturwissenschaft wieder. Aus Sicht der Quantenphysik besteht die gesamte Materie aus Schwingungen. In unserer Alltagserfahrung schlägt sich diese Auffassung beispielsweise in der Redensart »Ich bin beschwingt« nieder. Sie bezeichnet einen Zustand, in dem wir gut mit Chi versorgt sind.

Wie sich das Chi bewegt

In natürlichen Landschaften fließt die Energie von selbst. Auch in der Stadt ist dies der Fall, allerdings haben die Energien dort andere Qualitäten und müssen gelenkt werden, damit sie förderlich sind. Dies kann durch Parkanlagen, Gärten und Gebäude sowie eine bestimmte

> » Es ist Dein Bewusstsein, das die Welt erschafft. «
>
> BUDDHA

INFO Diesen Regeln folgt das Chi

➤ Die Lebensenergie Chi füllt den Raum aus.
➤ Chi fließt und ist immer in Bewegung.
➤ Es gibt nur ein Chi; dieses tritt in vielen verschiedenen Qualitäten auf.
➤ Chi bindet sich an Wasser, und Wasser bindet sich an Chi.
➤ Chi lässt sich durch Bewegung, Klang, Formen und Farben beeinflussen.
➤ Auch wir Menschen beeinflussen das Chi: Es folgt unseren Blicken, unserer Aufmerksamkeit, unseren Bewegungen, unseren Gefühlen und Gedanken.

Straßen- und Wegeführung geschehen. Von
Natur aus bewegt sich Chi in geschwungenen
Bahnen, nie in geraden Linien. Wenn es sich auf
geraden Linien bewegt, wird es zu schnell, und
es entsteht ein Sog, der die Energie aus den
umgebenden Bereichen absaugt. In diesem Fall
nennt man das Chi »Sha«, ihm wird ein schäd-
licher Charakter zugesprochen. Es ist deshalb
wichtig, Wege, Straßen und auch die Blickfüh-
rung so anzulegen, dass sie geschwungenen
Bahnen folgen. Dies gilt auch für Gebäude:
Spitzen und harte Kanten wirken aggressiv, wir
fühlen uns angegriffen. Stattdessen sollte man
besser weiche, fließende Formen wählen.

Chi-Quellen im Garten fördern

Auch im Garten können Sie die Ansammlung
von Chi fördern. Nach Feng Shui betritt das Chi
den Garten durch das Gartentor. Eine gezielte
Gestaltung lenkt es so, dass es den ganzen Garten belebt. Zusätzliche Chi-Quellen wie Wasser
oder Licht verstärken diesen Effekt noch.

➤ **Wasser** ist der beste Chi-Speicher. Die fließende Bewegung des Wassers und der Wind
verteilen das Chi. Je nachdem, in welcher Form
Sie Wasserelemente anlegen, entstehen verschiedene Arten von Chi und damit unterschiedliche
Stimmungen im Garten: Ein stiller Teich hat
eine andere Wirkung als ein sich schlängelnder
Bach. Im Idealfall wird das Wasser stets leicht
vom Wind bewegt. Liegt ein Teich sehr geschützt, können ans Ufer gepflanzte Bäume wie
eine Trauerweide oder Birke dafür sorgen, dass
sich die Luft bewegt und das Wasser kräuselt.
Dasselbe gilt auch für andere sich zurückhal-
tende Plätze im Garten. Sehr dynamisierend für
die Atmosphäre wirkt auch eine Wasserfontäne.
Wichtig: Stehendes Wasser sollte immer frisch
sein, damit es kein abgestandenes Chi ausstrahlt.

➤ Auch **Pflanzen** bilden und lenken Chi. Doch
im Wechsel der Jahreszeiten hat die Lebensenergie der Pflanzen eine ganz unterschiedliche
Dynamik. Die ersten Frühjahrsblüher verbreiten
eine zart aufstrebende Atmosphäre der Hoffnung und Erwartung, die üppige Sommerblüte
sprüht voller Lebenslust, im Herbst ernten wir
das Reife, Satte, Fruchtige, und im Winter hängt
ein Hauch von Stille über unserem Garten.

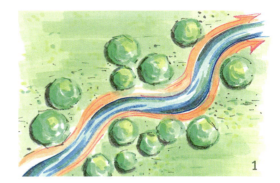

So bewegt sich das Chi:
1 | Die mäandrierenden
Bewegungen eines Flusses
entsprechen der natürli-
chen Bewegung des Chi.
2 | Auf sanft geschwun-
genen Bahnen strömt
das Chi durch den Garten
zum Haus.
3 | Wasser verstärkt das
Chi auf seinem Weg.
4 | Mauern und dichte
Tannen blockieren das Chi.
Bei lichten Bäumen und
Zäunen findet es dagegen
eher einen Durchgang.

➤ Die Sonne spendet nicht nur **Licht**, sondern
ist auch eine wichtige Chi-Quelle für den Garten. Zusätzlich können Sie durch geschickt
platzierte dekorative Lampen, die ein angeneh-
mes Licht ausstrahlen, das Chi im Garten anregen – sinnvoll ist dies vor allem in schattigen
Ecken und zu Jahreszeiten, zu denen es in der
Natur schon dunkler ist.

Balance der Kräfte – Yin und Yang

Das Chi setzt sich aus den beiden Urkräften Yin und Yang zusammen. Yang entspricht dem Himmels-Chi, Yin dem Erden-Chi. Sie sind Gegensätze, die sich ergänzen, und zusammen umfassen sie alle Aspekte des Lebens. Yin und Yang sind die zwei Seiten einer Medaille: Yin existiert nicht ohne Yang und Yang nicht ohne Yin. Ohne Tag gibt es keine Nacht, und ohne neu ist alt nicht denkbar.

Yin und Yang sind jedoch keine absoluten Werte: Ob etwas Yin- oder Yang-Kraft besitzt, ist davon abhängig, aus welcher Perspektive man es betrachtet. Steht zum Beispiel ein Mensch am Fuß eines großen Berges, wird er sich als kleines Yin fühlen, als die weiche, weibliche Kraft. Umgekehrt wird sich sogar ein kleines Mädchen im Verhältnis zu seinem jüngeren Bruder als das starke Yang empfinden.

Das Spiel mit den Gegensätzen

Wenn Sie dieses duale Lebensprinzip bei der Gestaltung Ihres Gartens berücksichtigen, können Sie Ihre innere Ausgewogenheit fördern. Ausgleichen können Sie Yin und Yang durch

> » Lass trübes Wasser zur Ruhe kommen, dann wird es klar werden. «
>
> BUDDHA

den Einsatz komplementärer Gegensätze. So erzeugen Sie ein dynamisches Gleichgewicht zwischen dem fließenden, vorübergehenden, weiblichen Prinzip und dem soliden, permanenten, männlichen Prinzip. Einseitigkeit und Langeweile werden dann in Ihrem Garten keinen Platz mehr finden.

Yang-Energie bringen Sie in Ihren Garten, indem Sie Licht und Sonne einlassen, für Weite sorgen und farbliche Kontraste verstärken. Auch rote Farbtöne, helle Strahler, immergrüne Pflanzen oder hoch aufragende Formen erzeugen Yang-Stimmung. Und ein Beet mit lauter gleich niedrigen Blumen gewinnt an Dynamik, wenn Sie eine Gruppe höherer Stauden als Yang-Element integrieren.

Umgekehrt können Sie eine Yin-Atmosphäre schaffen, wenn Sie Ruhe in Ihren Garten bringen wollen. Gut geeignet dafür sind stille Teiche, schattige Laubengänge und lauschige Sitzplätze sowie Pflanzen mit weichen, runden Formen und sanften Farben.

Der Garten und sein Umfeld

Yin und Yang sollten aber nicht nur im Garten selbst, sondern auch zwischen dem Garten und seiner Umgebung ausgeglichen sein. Ein Beispiel ist ein Schrebergarten in einem feuchten Tal: Durch die Lage im Tal wird Yin erzeugt. Den Yang-Pol bilden die umliegenden Gärten durch ihre Berglage. Der Schrebergarten ist also in seiner Beziehung zum Umfeld in Harmonie, weil er Yin-Elemente enthält und die Nachbarschaft durch Yang dominiert ist. Trotzdem sollte auch innerhalb des Gartens der Ausgleich zwischen Yin und Yang hergestellt werden: Dies kann beispielsweise durch einen Yang-Pol in Form einer Granitstele oder durch einen Yang-Baum wie eine Sumpfzypresse geschehen. Erst diese Integration des Gegenpols bringt den Garten in Ausgleich mit sich und der umgebenden Landschaft.

YIN	YANG
Erde	Himmel
Materie	Geist
Mond	Sonne
Nacht	Tag
Wasser	Feuer
Tal	Berg
weiblich	männlich
innen	außen
passiv	aktiv
nehmen	geben
links	rechts
kalt	heiß
unten	oben

Die Fünf Tiere sichern
die Gartengrenzen

Drache, Phönix, Tiger, Schildkröte und Schlange sind mythologische Tiere, die die Grenzgestaltung eines Grundstücks nach dem so genannten Lehnstuhlprinzip ermöglichen. Sie geben dem Garten Geborgenheit und Schutz.

Schutz und freie Sicht

Die Fünf Tiere sind ein Modell, das man auf jedes Grundstück legen kann. Im Idealfall liegt der Eingang des Gartens im Süden, sodass Drache, Phönix, Tiger und Schildkröte den Himmelsrichtungen entsprechen. Die Schlange symbolisiert die Mitte.

➤ Der hellblaue oder türkisfarbene **Drache** verkörpert den Frühling und den Osten. Er symbolisiert Wohlwollen, Kultur, Höflichkeit und Glück und sollte sich immer linker Hand zur Hauptblickrichtung befinden. Im Garten bildet er die zweithöchste Grenze und wird durch schlanke Formen wie Bambus, Birken oder Kletterpflanzen wie Clematis gestaltet.

➤ Der rote **Phönix** entspricht dem Sommer und dem Süden. Er steht für Hoffnung, Freude, Ruhm und Reichtum, bringt Glück und liefert Informationen über die Umgebung. Der Phönix bildet eine Öffnung nach Süden, damit von dort das Leben die Bewohner in seiner ganzen Fülle erreichen kann. Hier ist der passende Ort für den Garteneingang. Kein Wall oder Berg sollte diesen Zugang versperren, als wichtigstes Gestaltungsprinzip gilt hier Offenheit. Ein passender Ausdruck des Phönix ist eine Fläche, in die ein rot blühendes Blumenbeet integriert ist.

➤ Der weiße **Tiger** ist das Tier des Herbstes und des Westens. Er ist das Sinnbild für Kraft, Geschwindigkeit und Unberechenbarkeit und befindet sich auf der rechten Seite, wo er als dritthöchste Erhebung den Garten Richtung Westen schützt. Er bietet der Dunkelheit und den Geistern die Stirn. Im Garten symbolisieren ihn runde Formen wie weiß blühende, immergrüne Büsche.

Die Fünf Tiere symbolisieren die Qualitäten der Himmelsrichtungen und der Gartengrenzen.

➤ Die schwarze oder dunkelblaue **Schildkröte** ist dem Winter und dem Norden zugeordnet. Mit ihrem Panzer repräsentiert sie Sicherheit. Sie liegt hinter dem Haus, bildet dort den höchsten Punkt des Gartens und bewahrt vor Angriffen aus dem »Hinterhalt«. Sie wird durch Nadelbäume oder einen Erdhügel symbolisiert.

➤ Die gelbe **Schlange** versinnbildlicht die Mitte und bildet als Erdentier den ruhenden Pol. Sie ist geduldig, aber stets bereit, zu handeln und sich durchzusetzen. Die Schlange empfängt die Informationen, die Drache, Phönix, Tiger und Schildkröte zusammentragen, und unternimmt, wenn nötig, etwas zur Erhaltung der Harmonie der Umgebung. Ihre Qualität wird durch die Mitte des Gartens manifestiert.

Die Fünf Elemente
und ihre Zyklen

Nach Feng Shui lassen sich alle Erscheinungen der Welt nicht nur auf die Urkräfte Yin und Yang zurückführen, sondern auch auf die Fünf Elemente. Diese sind die fünf Grundkräfte Holz, Feuer, Erde, Metall und Wasser.

Die Energieformen der Elemente

Die Fünf Elemente ermöglichen es, das Wechselspiel zwischen Yin und Yang differenzierter zu betrachten. Wie auf den kalten Winter nie abrupt der heiße Sommer folgt, sondern sich mit dem Schwung des Frühlings daraus entwickelt, ist der Übergang von Yin zu Yang auch nie plötzlich, sondern ergibt sich allmählich und abgestuft. Diese Wandlung gliedert sich in die Fünf Elemente, die verschiedene Energiezustände verkörpern. So stellt das Element Holz eine sich schnell ausdehnende Energie dar. Das Feuer ist eine pulsierende Kraft. Die Erde bildet eine sammelnde, zentrierende und stabilisierende Energieform. Das Metall ist eine komprimierte, verdichtende Energie. Die langsam fließende, auflösende Energie des Wassers bildet den Übergang zwischen der stark zusammenziehenden Kraft des Metalls und der sich rasch ausbreitenden Energie des Holzes.

>> Wer ständig glücklich sein möchte, muss sich oft verändern. <<

KONFUZIUS

Eine feurig-holzige Kombination bringt frischen Schwung in Ihren Garten.

Die Elemente in der Landschaft

Auch ganze Landschaften können durch ein einzelnes Element charakterisiert sein. Dies ist der Fall, wenn in einer Landschaft bestimmte Formen vorherrschen. Sie besitzt dann die Atmosphäre und die Qualität dieses Elements.
➤ Eine Landschaft ist durch das Element Holz geprägt, wenn Bäume oder Laubwälder das Landschaftsbild bestimmen (> Abb. 1). Auch Alleen aus säulenförmigen Bäumen sind Ausdruck für die Dominanz dieses Elements.
➤ Heiße, trockene Steppen oder Wüsten und in unseren Breitengraden spitze, schroffe Berge wie der Großglockner und andere spitze Formen sind typisch für das Element Feuer (> Abb. 2). Feurige Dörfer sind geprägt durch gotische Kirchen, die von Häusern mit steilen Satteldächern umringt sind. Palmengärten, der Hohe Meißner als Basaltberg in Nordhessen oder die Sanddornwälder am Strand von Hiddensee sind Beispiele für Feuerlandschaften.
➤ Das Element Erde manifestiert sich in lang gezogenen, flachen Hügeln, Plateaus, Tafelbergen und natürlich auch in Flachland (> Abb. 3). Ebenso zeugen Häuser mit Flachdächern wie Bungalows oder Lehmziegelhäuser von der Dominanz dieses Elements. Gelb blühende Äcker mit Sonnenblumen oder Raps und reife Kornfelder in der Ebene vermitteln das bodenständige Gefühl der Erde.
➤ Eine durch das Element Metall geprägte Landschaft erkennt man an ihren kuppelartigen Erhebungen, beispielsweise Vulkanen. Auch sanft gerundete Hügelkuppen und Kuppelbauten wie Moscheen sind Ausdruck dieses Elements (> Abb. 4).
➤ Weite Strände am Meer, Seelandschaften mit ausgedehnten Schilfflächen, Sumpfgebiete, Moore oder wellige, unregelmäßige Hügellandschaften sind typische Landschaftsformen des Elements Wasser (> Abb. 5). Auch unregelmäßige Formen bei Bauwerken, zum Beispiel

mehrere verschieden hohe Gebäude in einem Komplex zusammengefasst, sind eine Erscheinungsform dieses Elements. Ein schönes Beispiel für eine durch das Element Wasser bestimmte Baukunst ist die Hundertwasser-Architektur in Bad Blumau in Österreich.

Die Elemente und ihre Analogien in der Natur

Nach der chinesischen Naturphilosophie entsprechen diesen fünf grundlegenden Energieformen vielfältige Erscheinungsweisen in der Natur. Man könnte auch sagen, dass die Fünf Elemente die Grundlage eines auf Analogie basierenden Bezugssystems darstellen. Jedes dieser Elemente steht in Beziehung zu einer Jahreszeit, zu einer Himmelsrichtung sowie zu bestimmten Farben, Formen und Eigenschaften (> Tabelle Seite 20).

Die Zuordnung der Elemente zu den Himmelsrichtungen spielt im Feng Shui eine wichtige Rolle. Die Erde bildet dabei gewissermaßen die ruhende Mitte. Dem Osten, wo der neue Tag beginnt, entspricht das frühlingshafte Holz. Im Süden steht die Sonne am höchsten, er ist heiß und entspricht dem Feuer. Der Westen ist dem Element Metall zugeordnet, und im Norden ist das kalte Wasser.

Die Lehre von den Fünf Elementen kann als wichtiger Ansatz bei der Gestaltung eines Gartens dienen: Soll ein Garten harmonisch und ausgeglichen sein, sollten grundsätzlich alle Fünf Elemente im Garten durch Formen, Farben oder Symbole gleichberechtigt vertreten sein. Fehlen Elemente, werden sie durch eine geschickte Gestaltung integriert.

Das Element Holz

Das Holz symbolisiert das Erwachen, Einatmen und das Wachsen. Ihm entspricht der Frühling mit seiner Frische und Leichtigkeit, und es symbolisiert den kreativen, inspirierten Neubeginn. Als Farben sind diesem Element Hellgrün, Türkis und ein helles Blau zugeordnet. Dem Holz entsprechen hohe, schlanke und säulenartig aufragende Formen. Typisch sind feingliedrige, hochstrebende Pflanzen mit zarten, frischgrünen Blättern. Aber auch mit

Die Fünf Elemente zeigen sich auch in der Landschaft:

1 | Ein lichter Laubwald repräsentiert das Element Holz.

2 | Spitze Berge wie der Großglockner symbolisieren das Element Feuer.

3 | In Tafelbergen wie dem Ipf oder in Ebenen zeigt sich das Element Erde.

4 | Rundliche Hügelformen – hier in der Rhön – entsprechen dem Element Metall.

5 | In Seenlandschaften wie der Mecklenburger Seenplatte kommt das Element Wasser zum Ausdruck.

der Pflanzenwelt im Allgemeinen und dem Sauerstoff in der Luft ist diese Form der Lebensenergie verbunden.

Wie alle anderen Elemente steht auch das Holz in Beziehung zu bestimmten menschlichen Sinnesorganen und spezifischen Fähigkeiten. Bei diesem Element sind es die Augen oder ganz allgemein das Sehen, das ihm analog ist. Das Holz bildet aber auch eine Entsprechung zur Fantasie, was sich im Garten durch eine kreative Gestaltung ausdrücken kann. Die Materialien, in denen sich das Element manifestiert, sind neben dem Holz auch alle anderen faserigen Naturstoffe wie Bast, Spanplatten oder Papier.

Das Element Feuer

Das Feuer erzeugt eine Atmosphäre der Kraft und Aktivität und zugleich des Gedeihens und der Wärme. Daher ist der Sommer die dem Element analoge Jahreszeit. Hier artikuliert sich die ganze Kraft der Natur. Die Pflanzenwelt wächst und gedeiht durch die nötige Wärme. Wenn wir uns südliche Länder vergegenwärtigen, spüren wir die Atmosphäre des Feuers. Es ist rot oder orange, laut und lebendig. Feurige Menschen sind sehr präsent und mit allen Sinnen in der Welt verhaftet, ihre

Augen funkeln, und sie reden und lachen meistens gerne.

Üppige Blumenbeete in feurigen Farben, stachelige oder rotfrüchtige Sträucher und Bäume bringen dieses Element in Ihren Garten. Das Feuer steht in Beziehung zu den durch chemische Prozesse mithilfe von Hitze geschaffenen Kunststoffen sowie zum Licht und natürlich zu Feuer. Es kann also durch Beleuchtung oder auch durch eine Grillstelle in den Garten integriert werden.

Das Element Erde

Das Element Erde bildet das Zentrum. Es steht in Beziehung zur Welt der Steine, zum fruchtbaren Boden und zur Materie im Allgemeinen. An Naturstoffen entsprechen ihm Stein, Ziegel und Lehm. Die Farbe Gelb sowie Erdtöne sind charakteristisch für dieses Element.

Das der Erde entsprechende Sinnesorgan ist der Mund, die zugehörige Wahrnehmung der Geschmack. Geborgenheit und Mitgefühl sind der Erde ebenfalls analog. Die von diesem Element geprägten Menschen haben eine sehr herzliche, gefühlsbetonte Beziehung zu anderen Menschen und zu ihrem Garten. Traditions- und Realitätsnähe, Körperlichkeit, Bodenständigkeit und Ruhe zeichnen sie aus.

Element	Richtung	Jahreszeit	Bewegung	Form	Farbe	Qualitäten
Holz	Osten, Südosten	Frühling	aufstrebend	Säule	Hellgrün, Hellblau, Türkis	Kreativität, Integration, Vielseitigkeit, Feinheit
Feuer	Süden	Hochsommer	lodernd, hochschießend	Dreieck, Pyramide	Rot, Orange	Spiritualität, Intuition, Auflösung, Dynamik, Charisma
Erde	Mitte, Südwesten, Nordosten	Vorfrühling, Spätsommer	nach unten konzentrierend	Quadrat, Rechteck (liegend)	Gelb, erdige Farbtöne	Bodenständigkeit, Festigkeit, Körper, Tatkraft, Ausdauer
Metall	Westen, Nordwesten	Herbst	zusammenziehend	Kreis, Kugel	Weiß, Silber, Hellgrau	Ordnung, Kalkül, Struktur, Information, Güte, Weisheit
Wasser	Norden	Winter	fließend	formlos, unregelmäßig, Welle	Schwarz, Dunkelblau	Emotionalität, Anpassung, Bewusstwerdung, Hingabe, Empathie

Im Garten kann die erdige Qualität zum Beispiel durch große flache Steine, niedrige Erdwälle oder eine Kuhle gestaltet werden. Passend sind rechteckige Formen wie Quader oder Würfel, dazu eignen sich schwere niedrige Gefäße aus Stein oder Terrakotta. Pflanzen, die zu dieser nach unten gerichteten Energieform gehören, haben einen tiefen Schwerpunkt wie etwa Bodendecker oder Kartoffeln. Auch gelb blühende niedrige Blumen entsprechen diesem Element. Eine besonders erdige Ausstrahlung hat auch die Eibe – dies können wir deutlich spüren: Mehrere Eiben nebeneinander strahlen ähnlich einer Höhle Geborgenheit aus.

Das Element Metall

Das Metall entspricht dem Ausatmen oder dem Drang, etwas zu vollenden. Wir beenden einen langen Arbeitstag mit dem Feierabend oder das hektische Alltagstreiben mit dem Heimkommen. Das Element Metall steht auch in Analogie zum Einholen der Ernte. So überrascht es nicht, dass dieses Element dem Herbst zugeordnet ist. In dieser Jahreszeit sind die Reifungsprozesse abgeschlossen, die Natur atmet gleichsam aus. Bei manchen Menschen, die vom Element Metall geprägt sind, kann diese Jahreszeit, in der die Bäume kahl werden und die Blätter am Boden liegen, eine leichte Trauer und Melancholie auslösen.

Charakteristisch für das Element Metall sind die Farben Weiß und Silber sowie glänzende Farben. Das Material, in dem es sich manifestiert, ist Metall. Seine Form ist rund, und es resoniert mit dem Prinzip der Struktur, der klaren Ordnung sowie dem Lauf der Gestirne. Metall steht in Beziehung mit dem Geruchsinn und dem Tastsinn. Es entspricht dem eigenen Rhythmus sowie der eigenen inneren Struktur des Menschen.

Ein klar gegliederter Garten mit kompakten, immergrünen Büschen und kugeligen Formen ist der sichtbare Ausdruck dieses Elements.

Das Element Wasser

Das Element Wasser steht für Stille, Tiefe und für Emotionen. Eine entsprechende Atmosphäre empfinden wir, wenn wir uns einen ruhigen See oder das Meer vorstellen. Das Wasser ist aber auch ein Symbol für Schlaf und Kälte und steht daher in Beziehung zum Winter. Es ist die Jahreszeit, in der die gesamte Natur zur Ruhe kommt. Dem Element Wasser sind die Farben Schwarz und Dunkelblau zugeordnet. Als Material entspricht ihm Glas, da dieses eine erkaltete Schmelze ist, und natürlich Wasser. Wasser besitzt keine eigene Form. Es bewegt sich frei fließend, mäandrierend oder in Wellen. Erst durch ein Ufer, ein Flussbett oder zum Beispiel durch eine Schale wird es in eine

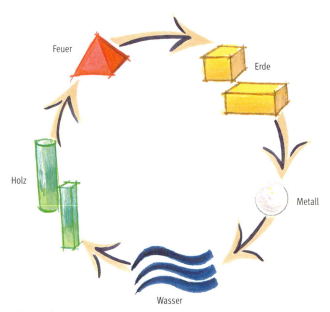

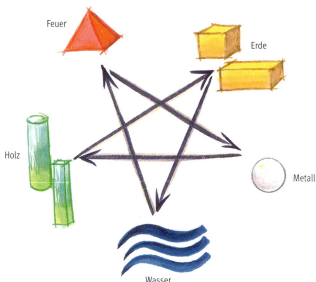

Der nährende Kreislauf
zeigt, welche Elemente
sich stärken (links).
Der zehrende Kreislauf
dagegen macht deutlich,
welche Elemente sich
schwächen (rechts).

bestimmte Form gebracht. Diese Eigenschaft des Elements Wasser lässt sich durch unregelmäßige Formen zum Ausdruck bringen. Im Feng Shui spielt Wasser eine besondere Rolle, weil es Energie speichern kann.

Wasser steht für das Urvertrauen und umgekehrt bei dessen Fehlen für die Angst. Bei den menschlichen Sinnen drückt es sich über das Gehör aus. Das Hören von Musik, von harmonischen Klängen kann Sie diesem Urvertrauen ein Stück näher bringen.

In Ihren Garten können Sie das Wasser beispielsweise als Teich, Wasserlauf, Brunnen oder Springbrunnen einbringen. Auch ein Regenwasserablauf lässt sich sehr schön gestalten. Wenn Sie nur wenig Platz haben, können Sie das Element ganz einfach in Form einer kleinen Vogeltränke integrieren.

Die Kreisläufe der Fünf Elemente

Jedes der Fünf Elemente steht mit den anderen in Beziehung. Die Elemente bewegen sich in einem nährenden, unterstützenden Kreislauf oder in einem zehrenden Kreislauf.

Der nährende Kreislauf

Der nährende Kreislauf ist nach Feng Shui dem kontrollierenden übergeordnet. Sobald das Element, das dem nährenden Kreislauf entspricht, angeboten wird, fließt die Energie in diese Richtung. Innerhalb des nährenden

Kreislaufs nährt ein Element das folgende und wird von dem vorhergehenden unterstützt.

So nährt das Holz das Feuer, indem es brennt. Feuer hinterlässt Asche, die wiederum zu Erde wird. Aus dem Erdinnern gewinnen wir das Metall. Geschmolzenes Metall fließt wie Wasser. Wasser ist schließlich notwendig, damit Holz wachsen kann.

Ein Beispiel für den nährenden Kreislauf ist die in Deutschland traditionelle Verwendung von Baumstämmen, wenn man auf sehr nassem Untergrund bauen wollte. Die Burg Lenzen in der Elbtalaue wurde beispielsweise auf Eichenstämmen errichtet und das Hannoversche Rathaus in der Leineaue auf über 6000 Buchenstämmen. Solange keine Luft an das Holz gelangt, bleibt es im wassergesättigten Boden über Jahrhunderte stabil.

Der kontrollierende Kreislauf

Beim kontrollierenden Kreislauf sorgt ein Element dafür, dass ein anderes nicht überhandnimmt. So schmilzt das Feuer Metall. Aus Metall sind Sägen und Beile gefertigt, mit denen Bäume gefällt und Stämme zersägt werden. Das Holz entzieht beim Wachsen der Erde Nährstoffe. Und schon eine kleine Handvoll Erde verschmutzt das klarste Wasser. Dieses löscht wiederum das Feuer.

Der Deichbau verdeutlicht den kontrollierenden Kreislauf an einem praktischen Beispiel: Bei Überschwemmungen benutzt man Sandsäcke, um die Deiche zu verstärken. Durch diese dem Element Erde zugeordneten Säcke wird die Kraft des Wassers kontrolliert.

Gartengestaltung nach den Fünf Elementen

Durch ihr Geburtsjahr haben Menschen in ihren Eigenschaften und Charakterzügen einen besonderen Bezug zu einem der Fünf Elemente. Zu welchem Element Sie gehören, können Sie in der Liste im Anhang nachschauen (> Seite 180). In dieser Tabelle beginnt das Jahr an unserem 4. oder 5. Februar, da sich diese Übersicht nach dem traditionellen chinesischen Kalenderjahr richtet, dem der Mondzyklus zugrunde liegt. Unser Kalender in Europa richtet sich dagegen nach dem Sonnenjahr. Da jeder Mensch also jeweils einem der Fünf Elemente entspricht, gilt innerhalb Ihrer Familie, in Ihrem Freundeskreis, an Ihrem Arbeitsplatz ebenfalls der fördernde bzw. hemmende Kreislauf der Elemente. Zumindest im privaten Bereich können Sie mithilfe dieser Analogien die Beziehungssituation unterstützen.

Der Garten ist die Übergangszone vom Inneren des Hauses zur äußeren Welt. Er ist so eng mit Ihnen verbunden, dass Sie für Ihre Familiensituation im Bezug auf den nährenden und hemmenden Kreislauf Familienmitglieder und Orte im Garten als gleichwertig betrachten können. Fehlt beispielsweise in Ihrer Familie ein Element, das für das Fließen des nährenden Kreislaufs erforderlich ist, so können Sie es durch eine entsprechende Gestaltung des Gartens integrieren. Dieses Element sollte im Garten jeweils durch Farben und Formen oder durch künstlerische Objekte sinnlich erlebbar gemacht werden.

Ein Beispiel für das Beziehungsgeflecht zwischen Menschen, Familie, Haus und Garten in den Analogien der Fünf Elemente: Der Vater und die Tochter einer Familie entsprechen gemäß ihren Geburtsdaten dem Element Erde, die Mutter dem Element Metall. Da das Element von Vater und Tochter das Element der Mutter nährt, sollte in diesem Fall das Element Erde unterstützt werden, um Vater und Tochter zu stärken. Dies geschieht durch die Integrie-

rung des Elements Feuer, denn dieses stärkt gemäß dem fördernden Kreislauf das Element Erde. Die Entsprechungen des Elements Feuer sind der Süden, die Farbe Rot und spitze, dreieckige Formen (> Tabelle Seite 20). In unserem Beispiel besitzt die Familie ein rechteckiges Grundstück, dessen Eingangstor im Süden liegt. Auch der Hauseingang liegt im Süden. Den Eingangsbereich des Gartens bis zur Haustür hat die Familie zusätzlich in Rottönen gestaltet, dadurch wird das Element Feuer erlebbar. Grundstücks- und Hausform und auch das Hausmaterial Stein entsprechen dem Element Erde und sind deshalb grundsätzlich gut für die Familie. Denn es gibt uns ein Gefühl der Geborgenheit und des Einklangs, wenn wir uns mit den Analogien des eigenen Elements umgeben.

Nach diesem Analogiesystem geht die gebende Kraft des Elements der Mutter (Metall) in das Element Wasser, das den Gefühlen entspricht. Vater und Tochter sind für die Nahrung der Familie in materiellem Sinne zuständig, die Mutter nährt die Familie auf der emotionalen Ebene. Durch die Gestaltung eines Teichs im Garten wird dem Element Wasser, das von demjenigen der Mutter genährt wird, Raum gegeben. Jetzt fehlt nur noch das Element Holz, das den Kreislauf schließt. Ihm sind Kinder ganz besonders verbunden, sodass die Tochter sich einen bunten Spielplatz im Garten kreativ gestalten könnte.

Ein feurig roter Sitzplatz lädt zu heiterem, angeregtem Zusammensein im Garten ein.

Das Bagua als Modell
für das Leben

Das Bagua ist im Feng Shui ein weiteres Modell zur Gestaltung der Lebensenergie im Garten. Es entstammt nicht der traditionellen Kompassschule, sondern dem magischen Feng Shui aus Kalifornien. Man entwickelte es, weil man nach einem System suchte, das unabhängig von den Himmelsrichtungen zu verwenden ist. Mithilfe des Bagua lassen sich deshalb auch Grundstücke, die nicht den Idealen des Feng Shui entsprechen, nach Feng-Shui-Regeln gestalten. Hilfreich ist dies zum Beispiel bei Grundstücken, die nicht nach Süden ausgerichtet sind oder bei denen die Öffnung zu einer Himmelsrichtung durch ein Hochhaus oder einen Berg blockiert ist.

Das Bagua ist ein Rechteck, das man als Schablone auf das Grundstück legt. Es besteht aus neun Feldern, die die acht universellen Lebensthemen symbolisieren, die um die zentrale Mitte angeordnet sind. Diese Lebensthemen sind »Karriere«, »Partnerschaft«, »Familie, Gesellschaft und Soziales«, »Reichtum«, »Hilfreiche Freunde«, »Kinder und Kreativität«, »Wissen« sowie »Ruhm und Anerkennung«. An der Reihenfolge der Zahlen der Bagua-Felder kann man ersehen, in welcher Beziehung die Lebensthemen zueinander stehen.

> » Eine Reise von tausend Meilen beginnt mit dem ersten Schritt. «
>
> LAO-TSE

So wenden Sie das Bagua an

Wenn Sie das Bagua für Ihr Grundstück anwenden wollen, nehmen Sie die Seite, auf der der Eingang liegt, als Grundlinie für das Bagua-Raster. Als Nächstes zeichnen Sie auf einem maßstabsgetreuen Plan entlang der Grundstücksgrenzen ein Rechteck oder Quadrat. Ist Ihr Garten nicht rechteckig oder quadratisch, ergänzen Sie die Form zu einer dieser Figuren. Sie können auch einen kleinen Teil des Grundstücks aus dem Rechteck herausragen lassen. Er bildet dann eine Verstärkung der Bagua-Zone, an die er anschließt (> Seite 48–51). Teilen Sie alle Seiten in drei gleich große Abschnitte und verbinden Sie die gegenüberliegenden Punkte miteinander. So entstehen neun Felder, denen man die Zahlen und neun Lebensthemen sowie die Fünf Elemente zuordnet. Bei dem hier beschriebenen Bagua-Modell handelt es sich um das sogenannte »Drei-Türen-Bagua«. Das heißt, dass der Eingang des Grundstücks nur in den drei Bagua-Zonen der Grundlinie liegen kann, also in den Bereichen Wissen, Karriere oder Hilfreiche Freunde.

Die neun Lebensthemen

Das Bagua ermöglicht, Lebensthemen, die für Sie wichtig sind, durch eine entsprechende Gestaltung im Garten anzuregen. Wenn Sie etwa einen Partner suchen, heben Sie liebevoll den Partnerschaftsbereich hervor. Wenn Sie eine Familie gründen wollen, aktivieren Sie den Bereich Kinder und Kreativität.

Karriere: was wir im Leben erreichen wollen

Die Karriere-Zone bezieht sich auf eine spezielle Lebensaufgabe – beispielsweise den Beruf –, aber auch auf die gesamte Lebensführung. Sie stellt den Anfangsimpuls dafür dar, wie man sein Leben anpackt. In diesem Bereich

Empfang für das Chi: Das Rot der Hauswand lockt das Chi an, der runde Vorplatz sammelt es, die beiden Kübelpflanzen lenken das Chi schließlich zur Eingangstür.

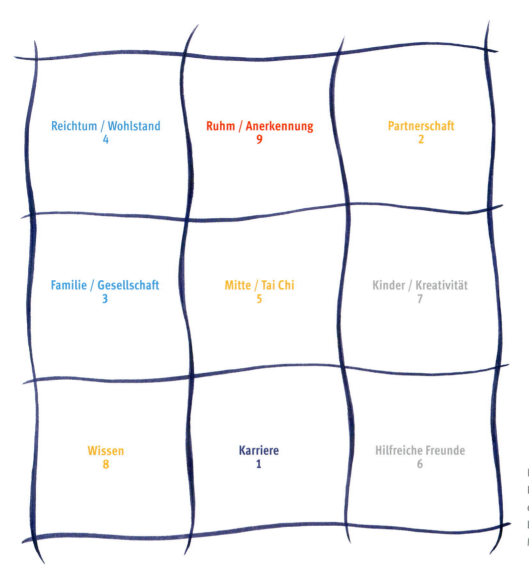

Reichtum / Wohlstand 4	Ruhm / Anerkennung 9	Partnerschaft 2
Familie / Gesellschaft 3	Mitte / Tai Chi 5	Kinder / Kreativität 7
Wissen 8	Karriere 1	Hilfreiche Freunde 6

Die neun Felder des Bagua symbolisieren die neun wesentlichen Lebensthemen des Menschen.

ist es besonders wichtig, für einen ungehinderten Chi-Fluss zu sorgen. Die Grundstimmung dieser Zone soll der Atmosphäre von bewegtem, frischem Wasser entsprechen. Und weil das Feld »Karriere« auch mit der Entscheidung für einen bestimmten Lebensweg zu tun hat, sollten Sie es gut strukturieren – zum Beispiel durch einen Weg, der durch diesen Bereich hindurchführt.

Wenn der Eingang zum Grundstück in dieser Zone liegt, sollte er gut zugänglich sein und einladend wirken. Ist er versperrt, und sei es durch noch so schön blühende Rosen, durch Kinderspielzeug oder Arbeitswerkzeug, wirkt dies wie ein Hindernis. Der Weg zum Hauseingang sollte auch nicht zugewuchert oder rutschig sein. Unterstützend wirken in diesem Feld eine ansprechende Beleuchtung sowie die Farbe Dunkelblau und das Element Wasser.

Partnerschaft: Zweisamkeit in allen Lebensbereichen

Die Partnerschafts-Zone symbolisiert unsere Beziehung zu einem anderen Menschen. Dies kann der Lebenspartner oder ein Freund, aber auch ein Arbeitskollege sein.

Um die Partnerschaft in Ihrem Privatleben anzuregen, können Sie in dieser Zone Ihres Gartens paarweise Gestaltungselemente einbringen, etwa einen romantischen Sitzplatz für sich und Ihren Lebenspartner. Gestalten Sie den Platz so, dass Sie sich wohlfühlen. Verwenden Sie zum Beispiel weiche Kissen in Erdtönen oder in anregendem Rot und zwei besonders schöne Pflanzen, beispielsweise Rosen. Liegt Ihr Schwerpunkt auf beruflicher Partnerschaft, gestalten Sie den Bereich mit Symbolen, die zu Ihrem Berufsfeld passen. Wichtig ist, eine Atmosphäre der Geborgenheit zu erzeugen. Dieser Zone entsprechen Farben und Formen aus dem Bereich des Elements Erde, sie werden durch feurige Elemente unterstützt.

Familie und Gesellschaft: Beziehungen pflegen

Die Familien-Zone steht in erster Linie für die Familie und für die Beziehung zu den Eltern, Großeltern und Ahnen. Auch das Verhältnis zu Gruppen und der gesamten Gesellschaft und der ganzen Menschheit spiegelt sich hier wider. Bestehen Konflikte oder Spannungen, sollten Sie sich bei der Gestaltung dieses Bereichs liebevoll mit diesem Thema auseinandersetzen. Dieser Zone sind die Farben Hellgrün, Hellblau, Türkis und das Element Holz zugeordnet. Als Naturphänomen ist der Zone Familie der Donner verwandt, deshalb haben zum Beispiel Musik, Lärm und Trubel hier ihren Platz. Das Feld eignet sich gut als Sitz- und Essplatz für die ganze Familie.

Bagua-Zone	Element	Farbe	Inhalt
Karriere	Wasser	Dunkelblau	bewegtes frisches Wasser
Partnerschaft	Erde	Gelb, Erdfarben	das Empfangende, Hingebende, Erdige
Familie/ Gesellschaft	Holz	Hellgrün, Hellblau, Türkis	das Erregende, Bewegende, der Donner
Reichtum	Holz	Hellgrün, Hellblau, Türkis	das Eindringende, der Wind, das Sanfte
Mitte	Erde	Gelb, Erdfarben	Zentrum, Tai Chi
Hilfreiche Freunde	Metall	Weiß, Silber	der Schöpfer, die Autorität, der Himmel
Kinder/ Kreativität	Metall	Weiß, Silber	das Heitere, Fröhliche, der See
Wissen	Erde	Gelb, Erdfarben	der Berg, die Ruhe, das Innehalten
Ruhm/ Anerkennung	Feuer	Rot, Orange	das Haftende, das Leuchtende

Reichtum: alles, was wir schätzen

In der Reichtums-Zone spiegelt sich Ihr Verhältnis zum Geld, aber auch Ihre Wertschätzung gegenüber immateriellem Reichtum und inneren Werten wider. Es geht um die Frage, ob Sie bereichernde und beglückende Erfahrungen in Ihrem Leben genießen und sich davon beflügeln lassen. Ihre Ideen und Wünsche bekommen hier einen Impuls, sodass sie sich nach und nach materialisieren können. Die Atmosphäre in diesem Bereich soll Leichtigkeit und Bewegung vermitteln. Lassen Sie Wind und Sonne hinein. Passend sind die Farben des Elements Holz – Hellgrün, Hellblau, Türkis, ergänzt von Dunkelblau. Plätscherndes Wasser – ein Wasserlauf oder ein Springbrunnen – bringt frische Energie.

Tai Chi – die Mitte als Kraftquelle

Tai Chi bedeutet »Mitte«. Der Begriff bezieht sich nicht nur auf das mittlere Feld des Bagua, sondern auch auf den Solarplexus, die Mitte des menschlichen Körpers. Der Solarplexus ist ein Geflecht aus Nervenfasern und liegt wenige Zentimeter über dem Nabel. Hier sitzt das Zentrum der Lebenskraft. Aus ihm schöpfen wir unentwegt Energie für unseren Alltag. Das Tai-Chi-Feld symbolisiert die Aufgeschlossenheit für unendliche Möglichkeiten und sollte so gestaltet sein, dass es diese empfangen kann. Eine freie Rasenfläche, ein flaches Beet oder eine große Schale sind dafür gut geeignet. Wenn das Chi durch alle Bereiche des Garten-Bagua fließt, schwingt es immer wieder auch in die Mitte, verweilt dort und wendet sich dem nächsten Lebensthema zu. Im Idealfall werden von der Mitte aus alle Bagua-Bereiche durchströmt und belebt. Die Energien aller Zonen bewegen sich mehr oder weniger im Gleichgewicht um das Zentrum herum. Mit der Tai-Chi-Zone ist das Element Erde verbunden, deshalb passen für dieses Feld die Farben Gelb und Braun.

Hilfreiche Freunde: Geben und Nehmen im Gleichgewicht

Das Bagua-Feld »Hilfreiche Freunde« steht für Unterstützung, Hilfe und Schutz. Gemeint sind glückliche Fügungen oder zufällige, unterstüt-

Eine vollendet schöne Gestaltung lädt Sie ein, am Wasser zu verweilen und sich vom Chi durchströmen zu lassen.

zende Begegnungen. Mit diesem Feld können Sie sich befassen, wenn Sie zur Verwirklichung Ihrer Lebensidee die Hilfe anderer brauchen oder einen Mäzen suchen. Oder wenn Sie sich als wohlsituiertes Rentnerpaar in einer ehrenamtlichen Arbeit engagieren wollen. In dieser Bagua-Zone geht es um Geben und Nehmen. Das Prinzip lautet: Je mehr man gibt, desto mehr kann auch zurückkommen. Die Qualität dieses Feldes steht in Beziehung zu Stärke, Autorität und Struktur. Sie können diese Zone im Garten durch Objekte, die mehrere Figuren darstellen, gestalten. Diesem Feld entspricht das Element Metall, das sich durch klare runde Formen und die Farben Weiß und Silber ausdrückt.

Kinder und Kreativität: der Fantasie freien Lauf lassen

Der Begriff »Kinder« ist im Feng Shui sehr weit gefasst. Gemeint sind nicht nur Töchter und Söhne, sondern auch »geistige Kinder«, also kreative Projekte und Ideen. Hier ist Platz für Fantasie, Spiel und Freude. Dies können Sie durch heitere Dekorationen ausdrücken. Das dieser Zone zugeordnete Element ist Metall, es kann sich in der Materialauswahl und der Farbgebung wiederfinden.
In diese Zone passen ein Kinderspielplatz, eine Werkstatt für kreative Tätigkeiten und selbst gemachte Töpfe oder Skulpturen.

Wissen: Erkenntnis und Erfahrung sammeln

Die Bagua-Zone »Wissen« bezieht sich sowohl auf bereits vorhandenes Wissen als auch auf das, was Sie noch erwerben möchten. Unter »Wissen« versteht man dabei nicht nur Fachkenntnisse, sondern auch Lebenserfahrungen. Ebenso sehr sind damit tiefe innere Erkenntnisse und Intuitionen gemeint. Dieser Bereich ist der richtige Ort, um einen ruhigen Sitzplatz zu gestalten, an dem Sie sich dem meditativ erfahrbaren Wissen öffnen können. Auch ein Tisch zum Lesen oder Lernen ist hier richtig. Dieser Zone sind die Farbe Gelb und das Element Erde zugeordnet. Deshalb ist eine Gestaltung in Erdtönen passend. Rottöne und Feuerpflanzen wirken unterstützend.

Ruhm und Anerkennung: die Früchte unseres Handelns

Das Thema der Bagua-Zone »Ruhm und Anerkennung« bezieht sich auf das, was wir im Leben erreicht haben. Hier spiegelt sich das Ergebnis unseres Wirkens in der Gesellschaft. Das Feld ist mit der Farbe Rot und dem Element Feuer verbunden. Sie können hier das ausdrücken, was andere Menschen von Ihnen sehen sollen. Setzen Sie mit Feuerpflanzen und -formen Akzente, die die Aufmerksamkeit auf sich ziehen. Sehr wichtig ist eine klare Gestaltung.

» Tadle nicht den Fluss, wenn du ins Wasser fällst. «

ASIATISCHE WEISHEIT

Was die Erde uns sagt: die Lehre der Geomantie

Die Geomantie ist das westliche Gegenstück zur fernöstlichen Lehre des Feng Shui. Ihr liegt die Einsicht zugrunde, dass die Natur ein lebendes Wesen ist. Auf praktischer Ebene ist Geomantie die Kunst, die lebendige Natur in all ihren Dimensionen wahrzunehmen und den Lebensraum des Menschen entsprechend zu gestalten.

DAS WORT GEOMANTIE setzt sich aus den altgriechischen Wörtern »geo« (Erde) und »manteia« (Weissagung/Orakelspruch) zusammen. Vereinfacht könnte man Geomantie als Kunst, die Erde zu interpretieren, verstehen. In der Geomantie stellt man sich die Natur – ähnlich wie im Feng Shui – als ein lebendiges Wesen vor, das ebenso wie wir Menschen zusätzlich zu seinem materiellen Körper auch seelische und geistige Aspekte hat. Mensch und Natur stehen laut Geomantie in einem wechselseitigen Verhältnis zueinander. Die Landschaft gilt als eine Spiegelung der menschlichen Seele nach außen. Vom Menschen verursachte Umweltschäden sind demnach äußere Symptome für seine seelischen Schäden. Umgekehrt können uns heilende Plätze in der Natur unseren Seelenfrieden wiedergeben.

Gemäß dieser Herangehensweise können Sie versuchen, die seelischen Aspekte der Natur wahrzunehmen und ein Gefühl dafür zu entwickeln, wie diese auf Sie wirken: Wir können uns in der Natur geborgen fühlen, sie kann aber auch schroff und abweisend sein. Gelingt es Ihnen, eine solche Sensibilität für die unsichtbaren atmosphärischen Qualitäten des Raums zu entwickeln, können Sie daraus ableiten, wie sich diese Qualitäten am besten gestalterisch umsetzen lassen. Das ermöglicht es Ihnen, Häuser, Landschaften oder Gärten so zu arrangieren, dass die Eigenheiten des Orts und seine energetische Qualität berücksichtigt werden.

Die Kräfte der Natur

Die Geomantie berücksichtigt zunächst einmal all das, was auch bei einer konventionellen Gartenplanung eine Rolle spielt: die Bodenverhältnisse, das Klima, die Lage und die direkte Umgebung. Zusätzlich erfasst sie den Raum als Ganzes, also die jeweiligen Pflanzen und Energiefelder des Gartens. Sie achtet auch darauf, wie diese auf unseren Körper und auf unsere Gesundheit wirken und wie sie unser Verhalten und Bewusstsein beeinflussen.

Mithilfe der Geomantie können Sie herausfinden, welcher Platz im Garten zu einer bestimmten Zeit für Sie wichtig ist und wie er dabei hilft, Ihre optimale Entwicklung zu fördern. Sie lernen, welche kosmischen, irdischen und menschlichen Kräfte auf einen Platz einwirken. Die Kunst der Geomantie ermöglicht es, einen Garten so anzulegen, dass seine Kräfte eine positive Wirkung auf seine Bewohner haben und es zu einem lebendigen Austausch und Miteinander zwischen Ihnen und Ihrem Garten kommt.

Im Dialog mit der Natur:
Kraftplätze gestalten

> » Nichts ist im Verstand, was nicht vorher in der Wahrnehmung gewesen wäre. «
>
> THOMAS VON AQUIN

Bei der Gestaltung eines Gartens nach der Geomantie geht es zum einen darum, eine Atmosphäre zu schaffen, die dem Platz angemessen ist: Ein Schrebergarten wird eine andere Atmosphäre haben als der elegante Vorgarten eines Eigenheims, der Garten eines Kinderhorts drückt eine andere Stimmung aus als der Park eines Altenheims. Zum anderen geht es bei der Geomantie darum, Kraftplätze im Garten zu integrieren. Das sind Orte mit einer hohen Konzentration von Lebensenergie. Nach dem Verständnis der Geomantie stehen wir in einer wechselseitigen Beziehung zu diesen Orten: Wenn wir ihnen Aufmerksamkeit schenken, indem wir sie bepflanzen und gestalten, stärken wir sie. Dies kommt uns Menschen zugute, weil diese Plätze uns noch mehr Lebensenergie (Chi) geben. Sie werden zu Oasen im Garten, an denen wir unseren Seelenfrieden finden können.

Und nicht zuletzt ist es ein Anliegen, einen Platz für die sogenannten Elementarwesen im Garten zu schaffen. Darunter versteht man in der Geomantie Wesen, die das seelische, emotionale Bewusstsein der Natur vertreten. Zu ihnen zählen etwa Elfen, Gnome, Zwerge oder Nymphen, wie sie in unseren Märchen und Mythen überliefert sind.

Die Geomediation®

Für diesen Austausch mit der Natur habe ich den Begriff der Geomediation geprägt. Es geht darum, die Natur und den Garten als Partner anzusehen, mit dem Sie eine wechselseitige Beziehung eingehen. Wichtig ist dabei der achtsame Umgang. So wie es in der sozialen Mediation darum geht, eine Einigung zwischen den Parteien zu erzielen, will die Geomediation eine Übereinstimmung zwischen dem Menschen und seinem Lebensraum bzw. Garten entwickeln. Kommunizieren Sie also mit der Natur und verknüpfen Sie die Gestaltung Ihres Gartens damit. So kann eine Beziehung zwischen der Ausstrahlung Ihres Gartens und Prozessen in Ihrer Familie entstehen – etwa indem Sie die richtigen Pflanzen zur richtigen Zeit an den passenden Ort setzen. Dann kann Ihr Garten Sie so unterstützen wie Sie ihn – z. B. durch Wildkräuter, die für Sie heilsam sind.

INFO Grundmeditation

Suchen Sie sich zunächst einen ruhigen Platz in Ihrem Garten, an dem Sie ungestört sind. Positionieren Sie sich so, dass Sie einen etwas federnden Stand mit gutem Bodenkontakt haben. Schließen Sie die Augen, um sich von nichts ablenken zu lassen. Spüren Sie Ihrem Ein- und Ausatmen nach und richten Sie Ihre Aufmerksamkeit darauf. Ihr Atem wird ruhiger werden und Ihren ganzen Körper durchfluten. Verbinden Sie sich nun mit der Erde, indem Sie mit Ihrer Aufmerksamkeit im Körper nach unten bis zu den Füßen wandern. Konzentrieren Sie sich auf Ihre Fußsohlen und auf Ihre Wurzeln, die Sie in der Erde verankern. Von Ihren Wurzeln aus gelangen Sie bis ins Innerste der Erde. Nun verbinden Sie sich von Ihrer Mitte aus mit dem Kosmos, indem Sie die Zugkraft spüren, die Sie vom Scheitelpunkt an Ihrer Schädeldecke nach oben zieht. Diese beiden Kräfte verbinden Sie in Ihrer Mitte, sodass Sie aufmerksam und aufgerichtet zwischen Himmel und Erde stehen. Eine solche Haltung ist die Grundlage, auf der Sie sich mit der Qualität des gesuchten Kraftplatzes verbinden können.

Kraftplätze im Garten erkennen

Mit etwas Geduld und Übung können Sie lernen, Kraftplätze im Garten mithilfe von Meditationen zu erspüren. Wenn Sie die entsprechenden Fähigkeiten besitzen, können Sie Kraftplätze auch mit der Rute finden.

Gehen Sie zunächst so nah wie möglich an den Grenzen Ihres Gartens entlang, um den Garten als Ganzes zu erfassen. Dann beginnen Sie mit einer Meditation, die auf den jeweiligen Kraftplatz ausgerichtet ist, und verbinden sich mit der Qualität dieses Platzes. Wenn Sie den Herzplatz suchen, stellen Sie sich an diesem Platz Qualitäten wie Liebe und Herzlichkeit vor. So stellen Sie eine Beziehung zwischen diesem Platz und Ihrem Herzen her. Haben Sie Geduld, wenn Sie zum ersten Mal einen Kraftplatz suchen. Das Wichtigste ist, dass Sie sich auf Ihr Gefühl verlassen. Wenn Sie einen Ort gefunden haben, an dem Sie Herzlichkeit und Zuneigung spüren, dann vertrauen Sie darauf, dass dies ein Herzplatz und Ihre Wahrnehmung richtig ist. Der Beginn einer Meditation ist immer die Grundmeditation: Sie zentrieren sich in Ihrer Mitte und verbinden sich mit Erde und Himmel (> Info Seite 30). Danach gibt es für jeden Platz eine andere Weiterführung.

Der Kraftplatz der Mitte

Unter der Mitte versteht man in der Geomantie den Punkt, an dem die Qualität eines Raums im Ganzen erfahrbar ist. Dieser Punkt stellt den »Nabel« dar, d. h., er verbindet Himmel und Erde. Der Mittelpunkt unseres Gartens entspricht der Mitte unseres Lebens. Wenn Sie den Garten durch eine Mitte gut zentrieren, hilft dieser Punkt, Ihre eigene Mitte zu stärken. Seien Sie nicht verwirrt, wenn Sie an verschiedenen Tagen die Mitte an unterschiedlichen Stellen im Garten finden – die Suche ist ein Prozess. Haben Sie die Mitte gefunden, markieren Sie sie mit einem Stein. Dann warten Sie, was passiert. Festigt sich Ihr Gefühl einige Tage später, überlegen Sie, wie Sie die Mitte gestalten können (> Seite 112/113).

Meditation: Um die Mitte in Ihrem Garten zu finden, führen Sie zunächst die Grundmeditation durch. Dann achten Sie wieder bewusst auf Ihren Atem. Lassen Sie ihn in sich fließen und in Ihnen die Mitte suchen. Sie werden merken, dass sich in Ihrem Körper ein Gefühl entwickelt, als würde sich der Atem an einer Stelle verdichten. Es entsteht gewissermaßen ein dichterer Pol in Ihnen, auf den sich der Atem von allen Seiten hin zubewegt. Auf diesen Pol legen Sie Ihre rechte Hand. Die ausgestreckte linke Hand nutzen Sie wie eine Antenne. Drehen Sie sich um Ihre eigene Achse, und lassen Sie sich von dieser Hand ziehen, bis Sie das Gefühl haben, an der richtigen Stelle zu stehen. Sie können das auch kontrollieren: Haben Sie das Gefühl, dass Ihnen an diesem Punkt Ihr ganzer Garten präsent ist, befinden Sie sich an der richtigen Stelle.

Links: Ein Ort im Garten, der Stille und Konzentration ausstrahlt, ist der richtige Platz zum Meditieren.

Rechts: Ein solches Kosmogramm ist eine Kommunikation zwischen Mensch und Natur.

Der Kraftplatz des Herzens

Auch der Kraftplatz des Herzens verbindet Himmel und Erde. So wie das Blut zu unserem Herzen strömt, dort mit einem rhythmischen Impuls versehen wird und wieder in den Körper fließt, verbindet sich die Lebensenergie aus der Landschaft und dem Kosmos im Herzplatz. Er nimmt diese Energie in sich auf und verleiht ihr eine bestimmte rhythmische Prägung. Und er behält diese Energie nicht für sich, sondern gibt sie wieder an die Umgebung ab.

An einem Kraftplatz des Herzens herrscht eine Atmosphäre von Herzenswärme, Wohlwollen und Mitgefühl. Wir empfinden einen solchen Ort als sanft und lieblich. Diese Qualität des Taktes und der Herzensliebe ist für alle Heilungsprozesse sehr wichtig.

Meditation: Um den Kraftplatz des Herzens zu finden, machen Sie am Rand Ihres Grundstücks zunächst die Grundmeditation. Anschließend legen Sie beide Hände auf Ihr Herz. Die Handrücken sollten dabei so aufeinanderliegen, dass die rechte Handfläche zum Körper zeigt und die linke Handfläche in den Garten gerichtet ist. Nun öffnen Sie die Augen etwas und blinzeln Sie durch Ihre Wimpern. Achten Sie darauf, ob Ihnen im Garten etwas besonders auffällt. Gehen Sie an diesen Platz und verharren Sie in der beschriebenen Position. Beobachten Sie, ob Sie eine positive Resonanz spüren. Es sollte ein Gefühl sein, das Ihnen sagt: »Ja, das ist der Herzplatz.«

Die Natur formt charaktervolle Steine, die in Ihrem Garten ganz besonders wirken. Dieser Stein erinnert an einen Bären und symbolisiert seine Stärke.

Eine Quelle der Lebensenergie

Was im Feng Shui »Chi« genannt wird, heißt in der Geomantie »Lebensenergie«. Ausatmungspunkte der Erde sind laut Geomantie eine Form der Lebensenergie-Quellen. Ein- und Ausatmungspunkte gehören zu den Organen der Erde und sind für ihre Energieversorgung von großer Bedeutung. Am Einatmungspunkt strömt die kosmische Kraft in die Erde und wird dort durch die Kraft der Erde gewandelt. So entsteht eine sehr aktive, bodenständige Energie, die das irdische Leben nährt. Sie steigt am Ausatmungspunkt wie eine Fontäne nach oben und strömt kreisförmig in die Landschaft. Wir können Ausatmungspunkte nutzen, um uns von der Energie der Erde durchströmen und in Fluss bringen zu lassen.

Meditation: Beginnen Sie mit der Grundmeditation. Wenden Sie sich dann wieder Ihrem Atem zu und spüren Sie, wie er in Ihnen fließt. Konzentrieren Sie sich auf das Ausatmen, und halten Sie die rechte Hand so vor den Mund, dass Sie Ihren Atem in der Hand spüren. Machen Sie sich bewusst, dass Sie einen Ausatmungspol der Erde in Ihrem Garten suchen, und lassen Sie sich von Ihrer linken »Antennenhand« so lange ziehen, bis Sie das Gefühl haben, den richtigen Punkt erreicht zu haben. Wenn Sie spüren, dass Energie an dieser Stelle von unten in Ihre Füße strömt, haben Sie diesen Punkt gefunden. Vielleicht nehmen Sie an diesem Platz auch einen von unten nach oben gerichteten Energiestrom wahr. Oft stellt sich dabei im Körper ein Gefühl der Wärme ein.

Elementarwesen: die Seele der Natur

Elementarwesen bilden aus Sicht der Geomantie das emotionale Bewusstsein einer Landschaft – sie sind die seelische Seite der Natur. Es gilt, sie zu beachten, ihre Plätze zu schützen und so zu gestalten, dass dem menschlichen Bewusstsein eine Brücke zu ihrer Welt ermöglicht wird. Auch diese Plätze kann man durch Meditation erspüren. Vor und bei den Gestaltungsarbeiten ist es nötig, den Kontakt zu diesen wesenhaften Energien aufrechtzuerhalten.

Der Weltenbaum ist ein uraltes Symbol für die Achse, die Himmel und Erde verbindet.

In unseren alten Märchen und Sagen sind Elementarwesen den vier Elementen der europäischen Kultur zugeordnet: Gnome oder Zwerge der Erde, Nymphen und Undinen dem Wasser, Elfen und Sylphen der Luft und Salamander dem Feuer. Dieses Wissen ist nicht ganz verloren gegangen: In Island gibt es eine staatliche Elfenbeauftragte, die die Interessen dieser Wesen vertritt. Sie sorgt zum Beispiel dafür, dass eine neue Straße so verlegt wird, dass sie die Lebensräume der Elfen nicht zerstört. Wenn Sie sich als Vertreter der Elementarwesen verstehen, sollten Sie einige Plätze im Garten so gestalten, dass diese Wesen sich dort wohlfühlen. Wenn Sie keinen solchen Platz in Ihrem Garten finden, können Sie ihn auch selbst anlegen und gestalten.

Meditation: Um beispielsweise einen Elfenplatz zu finden, vergegenwärtigen Sie sich, dass das Element der Elfe die Luft ist. Elfen sind da, wo Bewegung und Leichtigkeit ist, wo zum Beispiel eine helle Birke steht oder eine sanfte Brise weht. Gehen Sie an einen solchen Platz, und verbinden Sie sich mit dem Element Luft, indem Sie sich dem Charakter der Luft durch Tanz und Bewegung annähern. Nehmen Sie leichte Seidentücher zu Hilfe. Spielen Sie mit dem Atem, machen Sie ihn hörbar, spüren Sie Ihre Lungen, Ihr Zwerchfell. Indem Sie sich selbst leicht und beschwingt fühlen, spüren Sie die Atmosphäre, in der diese Elementarwesen leben, und bekommen Kontakt zu ihnen. Anschließend lassen Sie sich zur Gestaltung dieses Ortes inspirieren.

Die sieben Chakren – Energiezentren im Garten

Nach der chinesischen und indischen Medizin setzt sich das energetische Feld des Menschen aus sieben Energiezentren zusammen. Diese »Chakren« verlaufen entlang der Wirbelsäule. Das Wort »Chakra« bedeutet »Rad« oder »Wirbel«. Die Chakren befinden sich in einer ständigen Drehbewegung. Durch dieses Kreisen ziehen sie Lebensenergie aus der Umgebung an, transformieren sie und stellen sie für körperliche, seelische und geistige Prozesse zur Verfügung. Umgekehrt können wir Menschen durch die Chakren Energie in die Umgebung abstrahlen. Die Chakren ermöglichen also den Austausch zwischen Innen und Außen, zwischen uns und unserer Mitwelt.

Die Chakren im Körper

Die Chakren des Körpers stehen in Beziehung zu Themen des menschlichen Lebens sowie zu Naturerscheinungen. Zudem bestehen vielfältige Analogien – zum Beispiel zu Farben, Formen, Heilpflanzen und anderen Gartenpflanzen (> Tabelle). Affirmationen helfen, sich mit den jeweiligen Chakren zu verbinden.

➤ Das **Kronenchakra**, das über dem höchsten Punkt des Kopfes lokalisiert ist, steht in Analogie zu den Themen Spiritualität und Erleuchtung. In der Natur entsprechen ihm Berggipfel. Zum Kronenchakra gehören die Edelsteine Diamant, Bergkristall und Amethyst. Affirmation: Ich bin bewusst in jedem Augenblick.

➤ Dem **Stirnchakra** sind Intuition, Wahrnehmung und Fantasie zugeordnet. Es liegt in der Stirnmitte über der Nasenwurzel. Seine Entsprechung finden Sie im Nachthimmel und in den Sternen. Zugehörige Edelsteine sind blauer Saphir, Opal und Turmalin. Affirmation: Ich nehme die Weisheit des Göttlichen wahr und öffne mich für mein inneres Licht.

➤ Beim **Halschakra**, das sich am Kehlkopf befindet, finden wir als analoge Themen die Kommunikation, die Wahrheit sowie die Synthese. In der Natur entsprechen diesem Chakra

Chakra	Thema	Zuordnungen	Heilpflanzen	Weitere Pflanzen
Kronenchakra *(über dem höchsten Punkt am Kopf)*	Spiritualität, Erleuchtung, Selbstverwirklichung	Berggipfel, Lotosblüte, Weiß, Violett, Gold	Lampionblume	Maiglöckchen, weißer Sommerflieder
Stirnchakra *(an der Stirn über der Nasenwurzel)*	Intuition, Wahrnehmung, Fantasie, Weisheit	Nachthimmel, Sterne, Kreis mit Flügeln, Indigo	Augentrost, Johanniskraut, Fichte	Blauregen, lila Flieder, Glockenblume
Halschakra *(Kehlkopf)*	Kommunikation, Wahrheit, Synthese	wolkenloser Himmel, klare Gewässer, Kreis, Hellblau	Huflattich, Pfeffer-Minze, Salbei	Jakobsleiter, Lein, Rittersporn
Herzchakra *(Brustmitte in der Herzgegend)*	Liebe, Mitgefühl, Menschlichkeit	Wald, Wiesen, unberührte Natur, Hexagramm, Grün	Melisse, Thymian, Weißdorn	Herzkirsche, Rosen, Tränendes Herz
Solarplexuschakra *(oberhalb des Bauchnabels)*	Selbstvertrauen, Willen, Durchsetzungsfähigkeit	Sonnenlicht, Feuer, gelbe Blumen, Dreieck, Gelb	Fenchel, Kamille, Wacholder	Goldregen, Sonnenblume, Sonnenröschen
Sakralchakra *(unterhalb des Nabels)*	Sexualität, Sinnlichkeit, Kreativität, Körperbewusstsein	Mondlicht, fließendes Wasser, Mondsichel, Orange	Brennnessel, Petersilie, Schafgarbe	Apfelbaum, Nelkenwurz, Zinnie
Wurzelchakra *(am Beckenboden)*	Lebenswille, Urvertrauen, Stabilität, Erdung	Morgen- und Abendröte, rote Erde, Quadrat, Rot	Baldrian, Holunder, Linde (Blüten)	Begonie, Eibe, Türkischer Mohn

ein wolkenloser Himmel und stehende, klare Gewässer. Ihm sind die Edelsteine Aquamarin, Topas und Lapislazuli zugeordnet. Affirmation: Ich öffne mich für die Kraft der Wahrheit und spreche sie aus.

➤ Mit dem **Herzchakra** verbinden wir Liebe, Mitgefühl, Herzensgüte und Menschlichkeit. Wald, Wiesen und unberührte Natur sind ihm analog. Die zugehörigen Edelsteine sind Smaragd, Chrysopas, Jade und Rosenquarz. Affirmation: Ich empfinde Liebe und Mitgefühl.

➤ Das **Solarplexuschakra** liegt oberhalb des Nabels. Ihm sind die Themen Selbstvertrauen, Willenskraft, Durchsetzungsfähigkeit und Macht zugeordnet sowie das Sonnenlicht, das Feuer und gelbe Blumen. Die entsprechenden Edelsteine sind Bernstein, Tigerauge, Citrin und gelber Jaspis. Affirmation: Ich vertraue dem Leben und meiner Lebenskraft.

➤ Das **Sakralchakra** finden wir unterhalb des Nabels. Ihm sind die Themen Sexualität, Sinnlichkeit, Fortpflanzung und Körperbewusstsein zugeordnet. Außerdem steht dieses Chakra in Beziehung zu Kreativität. Mondlicht und fließendes Wasser sind die Naturphänomene, die dem Sakralchakra analog sind. Die dem Chakra entsprechenden Edelsteine sind Goldtopas, Aventurin, Koralle und Feueropal. Affirmation: Ich genieße das Leben mit allen Sinnen.

➤ Das **Wurzelchakra** hat seinen Sitz am Beckenboden. Es steht in Beziehung zu Lebensthemen wie Lebenswillen, Sicherheit, Urvertrauen, Stabilität und Erdung. In der Natur entsprechen ihm Morgen- und Abendröte. Zugehörige Edelsteine sind Rubin, Granat und Hämatit. Affirmation: Ich vertraue der Kraft der Erde und spüre meinen Körper.

Die Chakren im Garten

Wie der menschliche Körper besitzt auch ein Garten Chakren. Sie können wie bei uns Menschen auf einer Linie liegen, aber auch unregelmäßig oder kreisförmig im Garten angeordnet sein. Wenn Sie die Chakren in Ihrem Garten bewusst gestalten, können Sie von ihnen profitieren. Schauen Sie, welches der Lebensthemen, die die Chakren repräsentieren, für Sie und Ihre Familie gerade wichtig ist. Nutzen Sie den

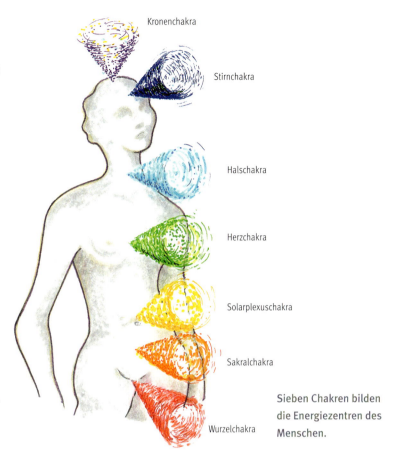

Sieben Chakren bilden die Energiezentren des Menschen.

entsprechenden Platz, indem Sie sich dort längere Zeit aufhalten und sich inspirieren lassen. Sie können alle sieben Chakren mithilfe einer Meditation suchen. Haben Sie sie gefunden, markieren Sie die Stellen mit einem Holzpflock oder mit einem Stein. Später verwenden Sie bei der Gestaltung des Platzes als Elemente die Farben, Formen und Pflanzen, die dem jeweiligen Chakra zugeordnet sind.

Meditation: Verbinden Sie sich im Anschluss an die Grundmeditation mit dem Chakra, das Sie im Garten suchen möchten. Dazu legen Sie die rechte Hand in das Energiefeld des entsprechenden Chakra kurz vor Ihrem Körper. Lassen Sie die Hand leicht schwingen, da das Energiefeld selbst auch nicht starr ist. Hüllen Sie sich in Ihrer Vorstellung in die Farbe des Chakra, und sprechen Sie die jeweilige Affirmation wie ein Mantra, sodass Sie ganz in diese Energie eintauchen. Gehen Sie dabei durch Ihren Garten. Ihre linke Hand dient wieder als Suchhand, um den Ort zu finden, der Sie anzieht.

Die richtige Wahl:
Pflanzen, Steine, Holz & Co

Materialien wie Natursteine, Ziegel, Holz oder Metall gehören zu den Grundelementen jeder Gartengestaltung. Die Hauptrolle kommt jedoch immer den Pflanzen zu: Sie prägen das Bild und den Charakter jeder Landschaft und jedes Gartens. Und mit ihren speziellen Qualitäten können sie einen Platz beeinflussen und verändern.

OHNE PFLANZEN wäre das Leben auf der Erde nicht denkbar: Mithilfe von Sonnenlicht, Kohlendioxid aus der Luft und Wasser, das sie über ihre Wurzeln aus der Erde aufnehmen, produzieren Pflanzen Kohlenhydrate. Bei diesem Prozess der Photosynthese geben sie zudem lebenswichtigen Sauerstoff ab. So schaffen sie gleichsam aus »Himmel und Erde« die Lebensgrundlage für Mensch und Tier. In diesem Vorgang offenbart sich das wechselseitige Geben und Nehmen von Pflanze und Mensch: Was die Pflanze nicht mehr benötigt, nimmt der Mensch auf und umgekehrt.

Neben der Sonne spielen auch der Mond und die Planeten eine wichtige Rolle für die Pflanzen. Die Sonne bestimmt den Rhythmus von Tag und Nacht. Der Mond beeinflusst nicht nur die Gezeiten, sondern auch das Pflanzenwachstum. Und die Planeten wirken auf die Kräfte von Sonne und Mond und verändern auf diese Weise Eigenschaften der Pflanzen wie Farbe und Duft.

Die Seele der Pflanzen

Wir Menschen betrachten uns als eine Einheit von Körper, Seele und Geist. Wir sind Individuen. Die Pflanze dagegen hat eine Gruppenseele und einen Geist, der der ganzen Art gemeinsam ist. Geist und Seele befinden sich nicht im Körper der einzelnen Pflanze, sondern in der Erde und im Kosmos.

Einen Zugang zu dieser seelisch-geistigen Ebene der Pflanze bekommen Menschen durch Meditation oder Ekstase. Auf diesen Bewusstseinsebenen arbeiteten einst Schamanen und Heiler und nahmen so Kontakt zu den Pflanzengeistern auf.

Besonders auffällig unter den Pflanzen sind Bäume. Sie symbolisieren die Weltenachse und stehen aufrecht wie ein Mensch. Bäume gedeihen, reifen und sterben wie wir. Diese Entsprechungen führten dazu, dass Bäumen einst eine spezielle Bedeutung zukam: Gerichtsplätze lagen oft unter Eichen; und noch heute wird ein Maibaum als Fruchtbarkeitssymbol aufgestellt. In unserer Sprache zeigen sich diese Parallelen in Wörtern wie »stämmig« oder »Stammbaum«.

Die Bedeutung der Materialien

Neben Pflanzen bestimmen Wege, Bauten und andere Elemente den Charakter des Gartens. Je nach den Materialien, die Sie beispielsweise für Wege, Zäune und Objekte verwenden, haben auch diese ihre eigene Ausstrahlung. Indem Sie die Materialien geschickt wählen, können Sie die Wirkung der Pflanzen unterstützen.

Wie Pflanzen die Lebensenergie fördern

Wir Menschen und die Pflanzenwelt stehen in einem permanenten Dialog. Die Pflanzen ernähren uns, und wir können von ihren Heilkräften profitieren. Umgekehrt versorgen wir die Pflanzen mit unseren Gedanken und Gefühlen. So kann es zum Beispiel für das Wachstum von Pflanzen förderlich sein, wenn wir liebevoll mit ihnen sprechen und ihnen auf diese Weise Achtung schenken.

> » Als meine Augen alles gesehen hatten, kehrten sie zurück zur weißen Chrysantheme. «
>
> BASHÓ

Im Austausch mit den kosmischen Kräften

Der europäische Begriff »Äther« entspricht so wie der Ausdruck »Lebensenergie« dem chinesischen »Chi«. Nur durch den Äther ist eine Kommunikation zwischen uns und der gesamten Natur möglich. Vergleichbar ist dies in etwa mit Mobilfunksignalen: Wie diese werden auch die Energien von Pflanzen, Steinen, Tieren sowie unsere Gedanken über den Äther transportiert. Man stellt sich den Äther oder das Chi als eine etwa zehn Kilometer dicke Schicht vor, die die Erde umgibt.

In einem gewissen Rahmen haben auch Bäume die Fähigkeit, kreativ mit ätherischen Kräften umzugehen. Sie gleichen gewissermaßen riesigen Pumpen, die kosmische Kräfte in die Erde saugen und irdische Kräfte nach oben abgeben. So sorgen Bäume für eine Erneuerung der durch menschliche Emotionen verbrauchten Chi-Kräfte. In stark bevölkerten waldarmen Gebieten können deshalb Depression und Gewalt als Folge des mangelnden Austauschs der Chi-Kräfte auftreten.

Das Chi der Pflanzen tritt in den verschiedenen Energiequalitäten von Yin und Yang und der Fünf Elemente auf.

Was Pflanzen uns zeigen

Pflanzen sind bei der Bewertung von Ortsqualitäten eine wichtige Hilfe: Durch sie können wir etwas über die Bodenqualität, die Witterung oder die Lichtverhältnisse erfahren. Zusätzlich geben Pflanzen Auskunft über den Einfluss von Strahlungsphänomenen, etwa die Strahlungen von unterirdischen Wasseradern oder geologischen Verwerfungszonen.

Wir Menschen sind sogenannte Strahlenflüchter: Wir meiden instinktiv Plätze mit starker Strahlung. Bei Pflanzen gibt es dagegen neben Strahlenflüchtern regelrechte Strahlensucher (> Info Seite 39). Beispiele für Strahlensucher sind Holunder und Efeu, aber auch Weide und Fichte. Strahlenflüchter sind unter anderem Linde, Buche und Birke. Viele Pflanzen reagieren auf Strahlungen mit Wuchsanomalien wie Drehwuchs oder Verkrebsungen, oder sie verkürzen ihre Nadeln, um störenden Frequenzen zu entgehen.

Bevor Sie ein Grundstück kaufen, um dort ein Haus zu bauen, sollten Sie sich deshalb zuerst die Pflanzen genau ansehen. Stehen dort viele Strahlensucher, sollten Sie das Grundstück nicht kaufen. Sie setzen sich sonst anstelle der Bäume diesen Strahlungen aus, und dies kann Konsequenzen für Ihre Gesundheit haben. Suchen Sie sich besser einen Platz, an dem Strahlenflüchter üppig wachsen.

Reizzone	Wachstumsreaktion
Wasserader	gegabelte Stämme, Bemoosung, Wasserreiserbildung, Wülste am Stamm
Verwerfung (Störung geologischer Schichten)	starke Verkrebsung, Wasserreiserbildung, Verdickungen oder Wülste am Stamm
Strahlung	linksdrehend: Schrägwuchs; rechtsdrehend: Hexenbesen, Verwachsungen, Entwicklung großer, sehr kräftiger alter Bäume
Kreuzung	Drehwuchs, Krebsknoten
Chi-Quelle	ausgeprägte Äste, anomale Wuchsrichtung
Hochspannungsleitungen, Mobilfunk etc.	Nadelbäume: abgeknickte Spitzen, Nadeln verkürzt, verdreht, vergilbt; partielle Entlaubung

INFO Eichen sollst du weichen...

... Buchen sollst du suchen. Der alte Spruch macht Sinn: Denn Buchen sind wie wir Menschen Strahlenflüchter. Weder starke linksdrehende noch rechtsdrehende Erdstrahlung ist auf Dauer gut für uns, vielmehr brauchen wir die Lebensenergie in einem harmonischen Maß. Auch Obstbäume, Beerensträucher, Gemüse und Rosen wachsen am besten auf neutralen Orten. Ungünstige Plätze erkennen Sie an Strahlensuchern wie Eiche, Holunder, Hasel, Mistel und vielen Heilkräutern.

Die Analogie der Pflanzen zu den Elementen

Alle Pflanzen haben die Fähigkeit, Lebensenergien von verschiedener Qualität zu erzeugen und sie in ihrer Umgebung zu verbreiten. Daher bieten sie sich geradezu dafür an, besondere Energie-Formen in der Landschaft oder im Garten zu fördern. So können Sie mithilfe von Bäumen langfristig bestimmte ätherische oder geistige Prinzipien in Ihrem Garten wirksam werden lassen.

Die Qualitäten der Pflanzen erkennen

Oft lässt sich schon an den Wuchsformen oder der Form einzelner Pflanzenteile ablesen, welcher Energie-Form eine Pflanze entspricht.

➤ Das **Holz-Chi** steht in Verbindung mit Kommunikation, Bewegung und Poesie. Es wird als Luftzug und als nach oben gerichtet betrachtet. Bei den Pflanzen offenbart sich das Holz-Element besonders in den Stängeln. Auch langstängelige oder filigrane Pflanzen vermitteln uns die mit dem Holz-Element verbundenen geistigen Wirkkräfte.

➤ Das **Feuer-Chi** steht für Herzenskräfte, Dynamik und geistige Kraft. Es wird als starke Wärme und nach oben strebend wahrgenommen. Es repräsentiert im Menschen den Willen und stellt sich uns als Freude dar. In der Pflan-

zenwelt obliegt dem Feuer-Element die Fruchtbildung sowie die Einlagerung von Inhaltsstoffen bei Duft-, Gewürz- und Heilpflanzen.

➤ Das **Erd-Chi** umgibt alle geistigen oder materiellen Wesen wie eine Art Haut. Es schafft also eine Grenze, gibt Schutz und Vitalität und vermittelt das Gefühl von Druck, Schwere und Dichte. Es steht in Korrespondenz mit Traditions- und Realitätsnähe sowie Körperlichkeit. Ihm sind Yin-Kräfte zugeordnet, und es ist nach unten gerichtet.

Der Qualität des Erd-Elements entsprechen Pflanzen mit ausgeprägten Wurzeln, beispielsweise Kartoffeln, oder solche mit großem Ausbreitungsdrang wie Quecke und Giersch. Diese Pflanzen vermitteln die geistigen Prinzipien des Elements Erde. Sie erden uns und geben uns Realitätssinn.

➤ Das **Metall-Chi** steht für Struktur, Formgebung und Ordnung. Es wird als zusammenziehend, komprimierend und fest wahrgenommen. Rundlich und kompakt wachsende Pflanzen mit immergrünen, ledrigen Blättern gehören diesem Element an. Auch weiße oder kugelförmige Blüten oder weißlich-silbrige Blätter strahlen das Metall-Chi aus.

➤ Das **Wasser-Chi** hat einen flüchtigen Charakter und ist als feuchtes Yin wahrnehmbar. Es steht für Emotionen, Romantik, Träumerei und Zärtlichkeit, spricht also die Gefühle an.

Dem Wasser-Element unterstehen großblättrige oder massige Pflanzen.

Man sollte sich jedoch vor Verallgemeinerungen bei der Einordnung der Pflanzen hüten. Stark ausgeprägte weiche Blätter können beispielsweise auf die verstärkte Anwesenheit von Wasser-Chi zurückzuführen sein, aber auch auf übertriebene Düngung. In den Pflanzenporträts ab Seite 152 werden diese Zuordnungen verwendet und erklärt.

Die Chi-Kräfte der Pflanzen nutzen

Mit einer geschickten Pflanzenwahl können Sie die geistige und energetische Qualität Ihres Gartens gestalten. Wenn Sie beispielsweise eine Gruppe aus Weiden, Hängebuchen oder anderen Bäumen mit hängendem, welligem Habitus pflanzen, erzeugen Sie ein starkes Feld wässrigen Chis, das die Gemüter anspricht. Birken, Birnbäume, Lärchen und sonstige Bäume des Holz-Elements fördern dagegen die Poesie. Eiben – und abgeschwächt auch Buchen und Kastanien – sind vom Erd-Chi bestimmte Pflanzen. Sie wirken durch ihre Bodenständigkeit und Schwere. Mit Pyramideneichen und Zypressen können Sie Feuer-Chi erzeugen, das sich an den Spitzen dieser Bäume sammelt. Mit weiß blühendem Rhododendron, kukgelförmigem Buchs und Christrosen erzeugen Sie das ordnende Metall-Chi. Zum Teil verwenden wir Pflanzen schon seit Langem unbewusst auf diese Art und Weise:

Wir pflanzen Hecken aus Buchen oder Nadelgehölzen und grenzen uns damit ab. Die Pappeln, die unsere Sportplätze oft zieren, strahlen Dynamik und Zielgerichtetheit aus. Oder denken Sie an Biergärten, in denen uns Kastanien behüten. Und an Straßen steht oft Ahorn, der unsere Leistungsgesellschaft widerspiegelt.

Yin- und Yang-Pflanzen

Pflanzen besitzen auch Yin- und Yang-Kräfte und können dementsprechend in zwei Gruppen eingeteilt werden. Kerzengerade aufstrebende Bäume haben Yang-Kräfte. Ganz deutlich ist dies bei Fichten, Tannen, Lärchen und Kiefern zu sehen. Zu den Bäumen, bei denen diese Yang-Kräfte etwas weniger stark ausgeprägt sind, zählen Birke, Esche und Ahorn. Ein gedrungener, runder Wuchs mit horizontal wachsenden Seitenästen verweist dagegen auf einen Yin-Charakter. Am auffälligsten ist dies bei der Eibe und beim Buchsbaum zu sehen. Auch Eiche und Buche gehören in diese Gruppe, ebenso Kastanie, Linde und Ulme.

Yin- und Yang-Pflanzen können Sie im Garten gezielt einsetzen: Verwenden Sie überwiegend Pflanzen, die der Yin-Kraft zuzuordnen sind, unterstützen Sie irdische Kräfte wie Vitalität, Bodenständigkeit und Körperlichkeit. Setzen Sie vor allem Yang-Pflanzen ein, fördern Sie kosmische geistige Kräfte wie Inspiration, Spiritualität und Visionen.

Element	Gestein	Metall	Holzart	Wasser im Garten
Holz	Kalkstein, Muschelkalk Sandstein	Bronze	Bambus, Linde, Buche, Birke	Wassersäulen, Springbrunnen mit Fontäne, schlängelnder Bach
Feuer	Basalt, Feuerstein, Terrakotta, Lava, Gabbro, Diorit, Klinker	Eisen, Stahl	Mahagoni, Esche, Lärche, Douglasie	sich wild versprühendes Wasser
Erde	Basalt, Granit (gelb- und rötlich), Tongestein, Ziegel, Terrakotta	Messing, Kupfer	Eibe, Robinie, Kastanie, Olive	eckige niedrige Quellsteine, viereckige Wasserbecken
Metall	Marmor, Gneis, Grau-Granit, Grauwacke	Silber, Edelstahl	Eiche, Tropenhölzer: Bongossi, Bankirai	rundes Wasserbecken, kugelförmige Brunnen
Wasser	Glimmerschiefer, Kies, Beton, Muscheln	Quecksilber, Zink, Zinn	Weide, Hasel, Pappel	jede Form von Wasser

Natürliche Materialien
und ihre Botschaft

Alle Baumaterialien, die Sie verwenden, sind den verschiedenen Elementen zugeordnet (> Tabelle Seite 40). Sie können sie deshalb zur Gestaltung einer bestimmten Atmosphäre im Garten einsetzen.

Steine sind das häufigste Material im Garten – sie eignen sich für Wege, Stufen, Einfassungen, Mauern und vieles mehr. Ihre Ausstrahlung ist durch ihre Entstehungsweise bestimmt.

➤ **Primärgesteine oder Magmatite** sind direkt durch Erkaltung von flüssiger Magma im Erdinneren, in Vulkanschloten oder in oberirdischen Lavaströmen entstanden. Zu dieser Gruppe zählen unter anderem Granit, Basalt, Gabbro, Diorit oder Lava. Diese aus dem Ungeformten neu entstandenen Gesteine sind verbunden mit dem Prinzip des Neuanfangs und Lernprozessen.

➤ **Sekundär- oder Sedimentgesteine** entstehen, indem Felsen durch Erosionskräfte verwittern. Staub und Geröll rutschen hangabwärts, werden vom Wasser transportiert, zerkleinert oder aufgelöst und sammeln sich an anderer Stelle wieder an. Dort bilden die Ablagerungen unter dem Einfluss der jeweiligen Umweltbedingungen ein neues Gestein. Sandstein, Kalkstein, Muschelkalk und Tongesteine sind Beispiele für Sedimente. Uns Menschen können diese Steine helfen, uns neu zu orientieren. Deutlich wird dies, wenn wir zum Beispiel durch einen Umzug in eine Region wechseln, die von anderen Gesteinen geprägt ist. Durch den Einfluss dieser Steine können sich unsere Verhaltensmuster ändern.

➤ **Metamorphite** entstehen, indem Steine umgewandelt werden. Durch Überlagerung oder Verschiebung der Kontinentalplatten der Erdkruste wird das Gestein wieder in die Nähe des heißen Erdinneren transportiert und ist dort enormem Druck und großer Hitze ausgesetzt. Die Kristalle im Gestein ordnen sich dabei neu. In solchen Umbildungsprozessen entstehen Gesteine wie Marmor, Gneis und

Glimmerschiefer. Sie stehen mit Wandlungsprozessen in Verbindung und unterstützen uns dabei, zu erkennen, was in unserem Leben Bestand haben und was verändert werden sollte.

➤ **Holz** ist sehr nuancenreich und wird im Garten für Bänke und Tische, aber auch Terrassen eingesetzt. Es besitzt prinzipiell die Qualitäten des Elements Holz, aber je nach der verwendeten Holzart schwingen noch andere Eigenschaften mit. Viel genutzt werden die weichen Hölzer Kiefer, Tanne und Fichte und das dauerhafte Holz von Eiche, Lärche und Robinie.

➤ **Metall** ist ein sehr vielseitiges Material. Meist wird im Garten Eisen bzw. Stahl verwendet. Diese harten Metalle stehen mit dem Planeten Mars in Verbindung – und damit mit dem männlichen Prinzip der Tatkraft. Die konkrete Wirkung einzelner Metallobjekte hängt jedoch von ihrer Form und Zusammensetzung ab. Die oft für Objekte verwendete Bronze besteht aus Kupfer und Zinn. Dies sind weiche Metalle, und Bronze schmiegt sich der Form an, in die sie gegossen wird. Kupfer steht in Verbindung zur Venus, der sanften Schönheit, Zinn zum Jupiter, dem Prinzip des Wachstums.

Wählen Sie als Wegbelag am besten natürliche Materialien aus Ihrer Region.

Gärten zum Wohlfühlen

In Einklang bringen: der Garten und seine Umgebung

Vielleicht wollen Sie ein Haus mit Garten kaufen, vielleicht haben Sie längst ein Heim gefunden und möchten der Gestaltung Ihres Gartens mithilfe der Grundsätze von Feng Shui und Geomantie eine neue Richtung geben. Wichtig ist in jedem Fall: Sorgen Sie dafür, dass Grundstück und Landschaft harmonisch verbunden sind.

EIN GARTEN KANN nur dann harmonisch gestaltet werden, wenn er auch mit seiner Umgebung in Einklang steht. Dazu zählen neben der Landschaft auch die Lage des Gartens im Verhältnis zu den Nachbargärten. Landschaft und Lage sind Faktoren, die Sie nicht verändern können. Wenn Sie sie jedoch bei der Gartenplanung berücksichtigen, können Sie sie so integrieren, dass Garten und Umfeld in Harmonie zueinander stehen. Sie werden sich in Ihrem Garten wohlfühlen, und Ihr Garten wird sich positiv auf die Umgebung auswirken. Bevor Sie mit der Planung beginnen, sollten Sie deshalb erst einmal Bilanz ziehen.

Das Umfeld prüfen

Nehmen Sie sich Zeit, das landschaftliche Umfeld Ihres Gartens wahrzunehmen. Gehen Sie Ihr Grundstück dazu am besten ab und erkunden Sie die nähere Umgebung. Ist es von einer sanften Hügellandschaft oder Feldern umgeben? Liegt es in einer weiten Ebene, zwischen Seen oder in einem Waldgebiet? Ist es von Bergen umschlossen? Liegt es frei oder neben anderen Reihenhausgärten? Ist es nach allen Himmelsrichtungen offen, oder ist eine Seite blockiert? Es ist auch von

Bedeutung, ob Ihr Grundstück in einer ruhigen Seitenstraße oder im Ortskern liegt. Prüfen Sie, ob die Umgebung Ihres Grundstücks von einem der Fünf Elemente (> Seite 18) besonders geprägt ist: So entsprechen zum Beispiel runde Hügel oder Kuppelbauten dem Element Metall, Ebenen dem Element Erde. Finden Sie ähnliche Formen in Ihrem Garten? Wenn Sie entdecken, dass Qualitäten bestimmter Himmelsrichtungen oder Elemente fehlen, sollten Sie sie später durch die entsprechende Gestaltung Ihres Gartens – etwa durch Farbgebung oder Pflanzenwahl – integrieren. Schließlich sollte Ihr Grundstück durch eine achtsame Gestaltung auch mit den Nachbargärten harmonieren. Wichtig sind dabei die Gartengrenzen: Sollen sie einen verbindenden Charakter haben, oder möchten Sie die Grenzen betonen, um mehr Privatsphäre zu schaffen?

Ein freundlicher Empfang

Eine besondere Bedeutung kommt im Feng Shui der Gestaltung des Gundstückseingangs sowie des Vorgartens zu: Sind beide einladend gestaltet, heißen Sie das Chi willkommen. Es wird bereitwillig in Ihr Haus und Ihren Garten strömen. Sie und Ihr Garten sind dann gut in die Nachbarschaft eingebettet: Natur und Lebensenergie werden Sie nähren (> Seite 53ff.).

Das Grundstück und
seine Eigenschaften

Zahlreiche Faktoren prägen den Charakter von Haus und Grundstück. Boden, Klima, Himmelsrichtung und Form bestimmen, welchem Element ein Grundstück zuzuordnen ist, Material und Bauweise beeinflussen die Eigenschaften des Hauses. Nur in wenigen Fällen entsprechen diese Faktoren dem, was im Feng Shui als Ideal gilt: Demnach sollte ein Grundstück rechteckig sein, das Haus in der Mitte stehen und der Zugang im Süden liegen. Es sollte – den Fünf Tieren entsprechend – an den Seiten und im Rücken geschützt und nach vorne, also wieder in Richtung Süden, offen sein (> Seite 17). Feng Shui und Geomantie bieten viele Ansätze, wie man jedes Grundstück in eine harmonische Oase verwandeln kann. Werden Sie sich zuerst aller Gegebenheiten und deren Wirkungen bewusst (> Seite 178). Dann können Sie den richtigen Gestaltungsansatz wählen (> Seite 48ff.).

Wie der Grund den Garten prägt

Die Beschaffenheit des Untergrunds kann auf Sie und Ihre Umgebung ganz unterschiedliche Wirkungen haben (> Seite 41). Magmatite wie etwa Granit stehen für Lebensthemen wie Neu-anfang. Sedimentgesteine wie Kalk oder Sandstein können Auseinandersetzungen positiv unterstützen. Metamorphite wie Schiefer oder Gneis symbolisieren Beständigkeit. Diesen Charakter des Gesteins sollten Sie bei der Gestaltung des Gartens berücksichtigen. So hat etwa ein Garten in der Eifel mit vulkanischem Untergrund einen eher erdigen Charakter, ein Garten in Berlin hat gemäß dem sandigen Boden eine eher leichte Atmosphäre.

Auch der Wassergehalt im Boden beeinflusst das Pflanzenwachstum ebenso wie die Stimmung: Stehendes Wasser – etwa durch einen hohen Grundwasserspiegel – besitzt ähnlich wie ein stiller Teich Yin-Qualität und wirkt deshalb beruhigend. Dagegen strahlt ein trockener Sandboden, in dem das Wasser schnell versickert, eher anregende Yang-Qualität aus. Oft hilft ein Blick in die geologische Karte, um etwas über den Untergrund zu erfahren. Manchmal geben aber schon die Ortsnamen Hinweise auf die Beschaffenheit des Bodens. Namen wie »Backemoor« deuten an, dass der Untergrund eher wasserreich als trocken ist. Umgekehrt lassen Namen wie »Hochberg« einen eher steinigen Boden vermuten.

Die Lage Ihres Grundstücks hat ebenfalls Einfluss auf seinen Charakter: Liegt es am Wald, herrscht ausgeglichene »Waldatmosphäre« vor. Grenzt es an Wasser, ist die Atmosphäre eher feucht. Eine Südlage garantiert meist trockenes Klima, während ein Grundstück an einem Nordhang eher kühl und feucht ist.

Himmelsrichtungen integrieren

Im Feng Shui haben Himmelsrichtungen großen Einfluss auf das Grundstück. Sie sollten möglichst alle auf das Grundstück wirken. Richtungen, die zum Beispiel durch Nachbarhäuser blockiert sind, integriert man im Garten durch eine Gestaltung mit Analogien, die der jeweiligen Himmelsrichtung entsprechen.

Das verspielte Holztor ist ein passender Eingang für diesen Garten mit Wald-Charakter.

Dies ist nicht immer ganz einfach: Liegt etwa im Osten Ihres Grundstücks ein dunkler Nadelwald, der eine Nordqualität besitzt, fehlt die Ostqualität. Auf übertragener Ebene heißt dies, dass die Kreativität – die dem Osten zugeordnet ist – »im Schatten« liegt und Sie herausgefordert sind, sich mit ihr besonders zu beschäftigen. Um die fehlende Ostqualität zu berücksichtigen, müssten Sie Pflanzen mit hellen, luftigen Eigenschaften integrieren, doch die meisten gedeihen im Schatten nicht. In diesem Fall verzichten Sie auf eine Gestaltung mit Pflanzen und weichen auf Kunstobjekte aus: Bringen Sie den leichten, beweglichen Charakter des Ostens durch Windspiele in den Garten. Wie wichtig die Integration einer fehlenden Himmelsrichtung ist, hängt auch stark von Ihrer Lebenssituation ab: Für ein älteres Ehepaar etwa, dessen Kinder das Haus bereits verlassen haben, ist der Osten mit seinen Qualitäten nicht mehr so wichtig. Das Paar kann in einem solchen Fall den Schwerpunkt bei der Gestaltung auf die Westseite richten. Es kann sich gelassen dem Gefühl des Feierabends zuwenden und den Sonnenuntergang genießen.

Die Grundstücksform

Die Form Ihres Grundstücks kann Ihnen viel über die ihm innewohnende Kraft verraten. Eine rechteckige Form wirkt ruhig, stabil und ausgewogen. Deshalb gilt sie im Feng Shui als sehr günstig. Häufig trifft man aber auf unregelmäßige Formen. Sie können anregend, aber auch anstrengend sein. Durch geschickte Unterteilung oder Bepflanzung können Sie solche Formen in Rechtecke verwandeln.

Das Haus und sein Element

Je nach Form und Material ist auch das Haus einem bestimmten Element zuzuordnen. Ein Haus aus Ziegeln oder Natursteinen mit einer eher bodenständigen Form entspricht dem Element Erde. Zum Element Holz zählen Holzhäuser – aber nur, wenn sie eine schlanke Form haben. Wohnhäuser in moderner Glas-Stahl-Architektur sind oft variabel und schwunghaft in den Formen und damit dem Wasser-Element

Blühende Stauden flankieren den geschwungenen Weg. Er verbindet verschiedene Gartenräume, zum Beispiel den Vor- und den Hauptgarten.

zuzuordnen. Häuser, die dem Element Metall entsprechen, haben Kuppeldächer und runde Segmente im Grundriss. Typisch für das Element Feuer sind Häuser mit spitzen Dächern.

Bestandsaufnahme im Garten

Prüfen Sie nun Ihren Garten. Dazu zeichnen Sie am besten einen Plan. Besitzen Sie einen Grundrissplan, vergrößern oder verkleinern Sie ihn entsprechend. Bewährt hat sich ein Maßstab von 1 : 25 oder 1 : 50.
Tragen Sie als Erstes Grenzen, Grundstückseingang und Haus ein. Gehen Sie dabei genau vor: Sind die Grenzen als Hecken oder Mauern angelegt? Wie hoch sind sie? Dann tragen Sie alle Wege und Elemente wie Pergolen oder Sitzplätze samt der verwendeten Materialien ein. Nun fehlen nur noch die Pflanzen: Markieren Sie die Standorte aller Pflanzen mit Buntstiften in den Farben der Blüten und Früchte.
Nun überlegen Sie anhand des Plans, was Ihnen in Ihrem Garten besonders gut gefällt und was Sie verändern möchten. Grundsätzlich gilt: Ob Neuanlage oder Umgestaltung – reagieren Sie mit der Gartengestaltung auf Ihre sich wandelnde Lebenssituation und haben Sie den Mut, Ihrem Garten im Lauf der Jahre auch einmal ein ganz neues Gesicht zu geben.

>> Man achte gerade auf die kleinen Dinge. Gehe ihnen nach. <<
ERNST BLOCH

Der richtige Ansatz
für die Gartengestaltung

Prinzipiell stehen Ihnen bei der Gestaltung des Gartens alle Möglichkeiten offen, die Feng Shui und Geomantie bieten: Sie können Ihren Garten nach den Prinzipien der Urkräfte Yin und Yang oder nach den Himmelsrichtungen anlegen. Ein solcher Garten zeichnet sich durch eine Grundharmonie aus, die Ihnen Ruhe und Ausgeglichenheit schenkt – eine gute Basis für Ihr tägliches Leben.

Wenn Sie sich zusätzlich Unterstützung bei der Entwicklung Ihres Lebens wünschen, empfiehlt es sich, die Gartenplanung am Kreislauf der Fünf Elemente auszurichten oder das Bagua-System anzuwenden. Letzteres ermöglicht außerdem, dass Sie Ihren Garten unabhängig von den Himmelsrichtungen planen können. Das ist von Vorteil, wenn beispielsweise Nachbarhäuser so dicht an einer Seite Ihres Grundstücks stehen, dass die Qualität dieser Himmelsrichtung kaum noch in Ihren Garten gelangt.

Wenn Sie sich für eine Gestaltung nach den Fünf Elementen oder dem Bagua entscheiden, können am Anfang der Planung ganz persönliche Fragen stehen (> Seite 179): In welcher Lebenssituation befinden Sie sich? Welche Lebensziele sind für Sie und Ihre Familie wichtig? Und welches Thema ist in Ihrem Leben aktuell? Je nachdem, ob Sie gerade eine Familie gründen, im Beruf vorankommen möchten oder sich zur Altersruhe niederlassen, variieren die Schwerpunkte bei der Gestaltung: Wünschen Sie sich Ruhe, benötigen Sie eine andere Energie im Garten als in einer Lebensphase, in der Sie Anregung suchen.

Und schließlich gibt es noch die mehr intuitive Herangehensweise der Geomantie – auch sie lässt Ihnen einen großen Spielraum für Ihre Wünsche. Sie haben sogar die Möglichkeit, zwei oder mehrere Ansätze miteinander zu kombinieren. Möglich ist dies, weil all diese Systeme einen ganzheitlichen Charakter haben und gleichwertig nebeneinanderstehen. Nehmen Sie sich also Zeit, und horchen Sie in sich hinein.

Mithilfe Ihrer Antworten und der Bestandsaufnahme Ihres Grundstücks können Sie dann den richtigen Ansatz für Ihre Gestaltung wählen.

Viele Wege führen zum Ziel

Welcher Weg für Sie der richtige ist, bestimmen vor allem Ihre persönlichen Beweggründe: Ein wichtiges Kriterium für die Wahl des Gestaltungsansatzes ist die Form des Grundstücks.

➤ **Rechteckige Grundstücke:** Im Feng Shui geht man im Idealfall von einem rechteckigen Grundstück aus. Solche Grundstücke kann man sehr gut mithilfe des Bagua gestalten (> Abb. 1 und 2). Doch auch auf L-förmige Grundstücke lässt sich das Bagua-System anwenden (> Abb. 3). Bei einem L-förmigen Grundstück etwa fehlen oft mehrere Bagua-Zonen. Da Sie nur in den seltensten Fällen die fehlenden Bereiche dazukaufen können, behelfen Sie sich, indem Sie die zu diesen Fehlbereichen gehörenden Themen an anderer Stelle bewusst gestalten und so in Ihr Grundstück integrieren. Hat das Grundstück eine extreme

INFO Wu Chi und Tai Chi

Der Vorläufer des Yin-Yang-Zeichens ist ein leerer Kreis. Er steht für die Urenergie Wu Chi. Dieser Kreis symbolisiert Leere und Fülle zugleich, aus denen alles entsteht. Mit einer einzigen in sich geschlossenen Linie werden ewige Bewegung und völlige Stille dargestellt. Das Yin-Yang- oder Tai-Chi-Zeichen steht als Symbol für Yin und Yang. Alles Geschehen entwickelt sich fortwährend im polaren Wechselspiel der beiden Urkräfte. Das eine entsteht immer neu aus dem anderen.

L-Form, können Sie es auch in zwei Rechtecke
untergliedern und durch entsprechende
Gestaltungselemente deutlich voneinander
abgrenzen. Dies kann beispielsweise durch eine
Hecke mit Eingangstor geschehen, die beide
Teile optisch trennt. Auch die Anlage verschie-
dener Niveaus, die sich durch Stufen voneinan-
der abheben, ist eine gute Möglichkeit, ein
Grundstück optisch zu teilen. Nun haben Sie
zwei rechteckige Grundstücksflächen, auf die
Sie das Bagua problemlos anwenden können.
Diese einzelnen Gartenräume können Sie auch
nach verschiedenen Themen gestalten: Der eine
Gartenteil dient ganz der Entspannung, den
anderen legen Sie als Gemüsegarten an.
➤ **Unregelmäßige Grundstücksformen:** Ist ein
Grundstück sehr unregelmäßig – zum Beispiel
drei- oder vieleckig –, bietet es sich an, eine
Gestaltung nach Yin und Yang oder nach den
Fünf Elementen zugrunde zu legen: Denn bei
diesen Gestaltungsansätzen ist die Außenform
nicht mehr das wichtigste Kriterium
(> Abb. 4 und 5).
Für jede Grundstücksform geeignet ist außerdem eine Gestaltung des Gartens nach geomantischen Gesichtspunkten. Auch hier steht
die Form nicht im Mittelpunkt, vielmehr verleiht man den verschiedenen Orten im Garten
entsprechend ihrer Eigenart Ausdruck.

Einfach und klar: Yin und Yang

Die Urkräfte Yin und Yang mit ihren gegensätzlichen Polen bieten einen sehr klaren Ansatz der Gestaltung. Die Gestaltung nach diesen Prinzipien bietet sich am besten dann an,
wenn Sie mit einigen Bereichen Ihres Gartens
unzufrieden sind oder das Gefühl haben, dass
in Ihrem Garten etwas fehlt.
Prüfen Sie zunächst, wo in Ihrem Garten die
Schwerpunkte liegen: Überwiegen eher Yin-
oder mehr Yang-Anteile (> Tabelle Seite 70)?
Diese Analyse Ihres Gartens nach dem Yin-
Yang-System zeigt Ihnen, wie Sie das fehlende
Prinzip im Garten ergänzen und einen Gegenpol setzen können. So erreichen Sie Ausgewogenheit und Harmonie.
Zunächst mag Ihnen die Gestaltung nach Yin
und Yang vielleicht etwas starr oder schema-
tisch erscheinen. Wenn Sie sich jedoch näher

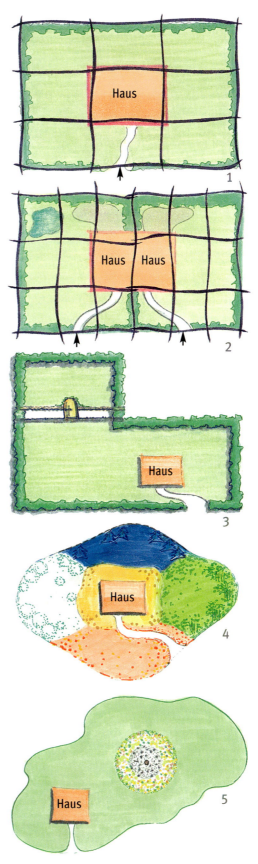

Für jede Grundstücksform
gibt es den passenden
Gestaltungsansatz:
1 | Für rechteckige Grund-
stücke eignet sich eine Gestaltung nach dem Bagua.
2 | Bei Doppelhäusern legt
man für jede Grundstücks-
hälfte das Bagua-Raster
gesondert auf. Die Haus-
hälften stehen in verschiedenen Bagua-Zonen.
3 | L-förmige Grundstücke
unterteilt man am besten
in zwei Rechtecke und
betrachtet sie als zwei
getrennte Gartenräume.
4 | Bei unregelmäßigen
Grundstücken empfiehlt
sich eine Gestaltung nach
den Fünf Elementen.
5 | Wichtig bei unregel-
mäßigen Grundstücksfor-
men ist die Gestaltung
einer zentralen Mitte.

Diese schönen, künstlerisch gestalteten Baumstämme repräsentieren das Element Holz.

damit beschäftigen, werden Sie merken, dass sich alle Erscheinungsformen dieser Welt diesen beiden Prinzipien zuordnen lassen. Sie können mit dem Yin-Yang-Prinzip sehr kreativ und spielerisch umgehen. Schließlich bekommen Sie ein sicheres Gefühl für die Balance der beiden Pole. Ein Beispiel: Sie haben im Garten eine Rasenfläche, die mit niedrigen Bodendeckern und flachen Stauden eingefasst ist. Der Garten zeichnet sich also durch ein Übermaß an Yin-Qualität aus, da er über viele flache Elemente verfügt. Ihm fehlt das hohe, aufstrebende Yang. Man könnte nun einfach das fehlende Yang in Form eines über zwei Meter hohen Strauchs oder Baums oder durch einen hohen, aufrechten Stein integrieren. Doch solche Elemente allein führen zu einem beziehungslosen Nebeneinander von Yin und Yang. Die Gestaltung wirkt nicht harmonisch.

Einen Ausgleich erreichen Sie erst, indem Sie Übergänge schaffen. Symbolisiert wird dies durch das fernöstliche Yin-Yang-Zeichen: Der schwarze Punkt ist im weißen Feld vorhanden und umgekehrt. Yin entwickelt sich aus Yang und Yang aus Yin (> Info Seite 48). Achten Sie darauf, dass sich aus den flachen Beeten hohe Formen »entwickeln« können – zum Beispiel, indem Sie Stauden oder Sträucher in abgestuften Höhen pflanzen. Auch modellierte Mulden und kleine Hügel tragen dazu bei, dass ein schwungvolles Auf und Ab im Garten entsteht.

Mit den Fünf Elementen gestalten

Einer der reizvollsten – aber auch komplexesten – Ansätze ist die Gartengestaltung nach den Fünf Elementen. Dieser Ansatz ist besonders dann geeignet, wenn Sie sich und Ihre Familie durch die Gartengestaltung unterstützen möchten: Denn Sie können bei allen Arrangements im Garten die harmonisierende Wirkung des nährenden Kreislaufs der Fünf Elemente berücksichtigen.

Ein Beispiel: In einer Familie entspricht der Vater dem Grundelement Feuer, Mutter und Tochter sind dagegen dem Element Metall zugeordnet. Die Familie will ein Haus bauen und einen Garten anlegen. Nach den Kriterien der Fünf Elemente stehen der Vater und der Rest der Familie im zehrenden Kreislauf zueinander, denn Feuer schmilzt Metall. Ziel der Gestaltung ist es deshalb, das verbindende und fördernde Element Erde zu integrieren: Es schließt gleichsam die »Lücke« im nährenden Kreislauf und unterbricht so den zehrenden Kreislauf der Elemente. Werden zudem noch die in der Familie fehlenden Elemente Holz und Wasser integriert, wird schließlich der nährende Kreislauf für Familie, Haus und Grundstück in Gang gesetzt.

Alle Lebensthemen auf einen Blick: Gestaltung mit dem Bagua

Ein idealer Ansatz für ein rechteckiges Grundstück ist das Drei-Türen-Bagua. Damit haben Sie die Möglichkeit, sich mit allen Lebensthemen auseinanderzusetzen, die durch die neun Zonen des Bagua repräsentiert werden. Legen Sie als Erstes das Bagua so auf Ihren Grundstücksplan, dass der Grundstückseingang auf der unteren Linie des Bagua liegt. Prüfen Sie nun, in welcher Zone das Haus platziert ist: Grundsätzlich gilt, dass das Thema, das dieser Bagua-Bereich repräsentiert, immer ein Schwerpunktthema für die Bewohner ist. Denn nach Feng Shui verleiht das Haus der Zone, auf der es steht, eine besondere Bedeutung.

Schaffen Sie anschließend zwischen der Bagua-Zone »Familie« im Garten und dem Haus eine Verbindung und gestalten diesen Bagua-Bereich mit besonderer Aufmerksamkeit. Ein Beispiel:

Thema Kinderwunsch: Wenn Sie eine Familie gründen möchten und sich Kinder wünschen, legen Sie besonderes Augenmerk auf die Gestaltung der Bagua-Zone »Kinder/Kreativität«. Führen Sie die Wege vom Hauseingang oder von der Terrasse zu dieser Bagua-Zone und setzen Sie – etwa durch blühende Pflanzen – sogenannte Aufmerksamkeitspole. Halten Sie sich viel in diesem Bereich auf und »beleben« Sie ihn im wahrsten Sinne des Wortes durch Ihre Anwesenheit. Hilfreich ist es, wenn Sie dort zum Beispiel einen besonderen Sitzplatz, einen Platz für Morgenübungen oder einen Spielplatz anlegen.

Sind außerdem andere Themen, beispielsweise die Familie, für Sie von großer Bedeutung, gestalten Sie die Bagua-Zone »Familie« ebenfalls mit besonderer Aufmerksamkeit.

Mit Geomantie Kraftquellen aktivieren

Nach der Lehre der Geomantie gibt es in jedem Garten einen Kraftplatz der Mitte, verschiedene Arten von Lebenskraftquellen, einen Herzplatz, Ein- und Ausatmungspunkte, Chakren sowie Plätze, an denen Elementarwesen leben. Je nachdem, was Ihnen in Ihrem Leben zurzeit wichtig ist, können Sie diesen Räumen eine besondere Ausdrucksform geben, um mit ihnen in Kontakt und Austausch zu treten. Wenn Sie zum Beispiel anregende Energie suchen, so gestalten Sie den Ausatmungspunkt. Wenn Sie die Qualität des Herzens in Ihrem Garten verstärken wollen, dann gestalten Sie den Herzplatz. Wenn Sie einen gefühlsmäßigen Zugang zur Natur in Ihrem Garten suchen, beschäftigen Sie sich mit den Plätzen der Elementarwesen.

Wichtigstes Ziel jeder Gartengestaltung nach Geomantie ist eine deutlich zentrierte Mitte. Sie kann ganz unterschiedlich aussehen: So können Sie zum Beispiel einen Früchte tragenden Baum als Solitär in die Grundstücksmitte pflanzen. Statt eines Baums kann aber auch eine Steinstele oder ein Brunnen die Kraft der Mitte symbolisieren. Legen Sie rund um dieses zentrale Element eine Art »Mandala« an – beispielsweise mithilfe von Blumenbeeten oder mit unterschiedlichen Bodenbelägen, die ein kreisförmiges Muster bilden.

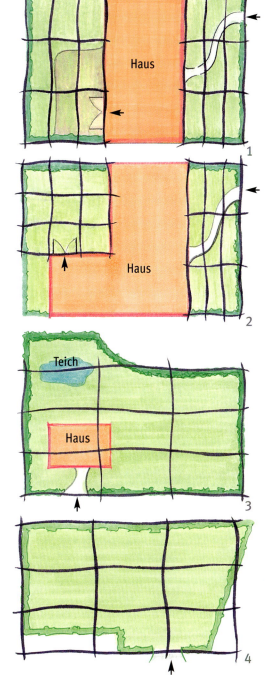

So wenden Sie das Drei-Türen-Bagua an:

1 | Bei einem Reihenhaus legen Sie je ein Bagua auf Vor- und Hauptgarten.

2 | Bei einem L-förmigen Haus sind die beiden Baguas in unterschiedliche Richtungen orientiert.

3 | Bei dieser Grundstücksform ist die Bagua-Zone Reichtum erweitert.

4 | Dieser unregelmäßig geformte Schrebergarten hat rechts und links unten Fehlbereiche sowie eine kleine Ergänzung im Bereich Partnerschaft.

Wenn Sie dann noch die äußere Form des Gartens durch eine einheitliche Einfassung betonen, ist klar ersichtlich, worauf sich die Mitte bezieht. Und schaffen Sie sich unter dem Baum einen schönen, anheimelnden Sitzplatz – so können Sie am besten von diesem »Kraftplatz« in der Mitte profitieren und immer wieder neue Kräfte schöpfen.

Der Eingang: herzlicher Empfang für das Chi

Sie sind die Visitenkarte für Ihren Garten und Ihr Haus: Eingangstor und Vorgarten zeigen Ihnen und Ihren Besuchern auf einen Blick, ob Sie das Leben respektvoll und mit Freude willkommen heißen. Sind beide ansprechend gestaltet, wird die Lebensenergie Chi mit dynamischem Schwung Ihr Grundstück und Ihr Haus erfüllen und Sie beleben.

EINGANG UND VORGARTEN haben eine ganz wesentliche Funktion: Beide wirken sich auf die Lebendigkeit Ihres Gartens aus. Der Eingang ist die Pforte, durch die das Chi auf Ihr Grundstück gelangt, bevor es durch den Vorgarten weiter zum Haus fließt. Er bestimmt die Qualität der Lebensenergie, mit der Ihr Garten genährt wird: Wirkt er freundlich, wird positive Lebensenergie auf Ihr Grundstück kommen. Auch die Menge des Chi können Sie durch die Gestaltung des Eingangs regulieren. Signalisiert dieser Bereich Offenheit und hat einen einladenden Charakter, gelangt viel Chi in Ihren Garten. Denken Sie daran: Ein ansprechender Eingang und Vorgarten machen Ihnen Lust, durch das Tor zu gehen und nach Hause zu kommen – ganz genauso geht es dem Chi.

Der Eingang spiegelt auch Ihre Haltung wider, die Sie anderen Menschen gegenüber einnehmen.

Das Chi einladen

Vergegenwärtigen Sie sich noch einmal die wichtige Chi-Regel: Das Chi folgt dem Blick, und dem Blick folgt die Aufmerksamkeit. Sie können deshalb das Chi durch einen anregenden Eindruck auffordern, durch Ihr Gartentor hereinzukommen. Sie können das Chi aber auch durch einen ungünstig gestalteten Eingang blockieren und den Schwung der Lebensenergie bremsen. Vielleicht lenken Sie das Chi auch ungewollt am Eingang vorbei, sodass es Ihnen nicht in dem Maße zugutekommt, wie es möglich wäre.

Wenn Sie Ihren Eingang und Vorgarten neu gestalten wollen, prüfen Sie als Erstes, auf welchem Weg das Chi zu Ihnen kommen kann. Liegt Ihr Haus beispielsweise direkt an einem Weg oder der Straße, stellen Sie sich diese einfach als Wasserlauf vor. Kann das Wasser in freien Schwüngen und fröhlich wie ein Wiesenbach zu Ihnen fließen? Ist es so, öffnen Sie Ihr Gartentor, um das Chi zu empfangen. Stellen Sie jedoch fest, dass der Weg zum Grundstückseingang für das Chi blockiert ist, locken und lenken Sie es zu sich. Hängen Sie ein Klangspiel, ein Mobile oder ein anderes buntes, bewegliches Objekt weithin sichtbar im Eingangsbereich Ihres Gartens auf.

Auch die Beleuchtung regt den Chi-Fluss an. Sie sollte so angebracht sein, dass sie nicht blendet und dennoch den gesamten Eingang und Vorgarten gleichmäßig ausleuchtet. Noch ein wichtiger Tipp: Sorgen Sie dafür, dass die Namen aller Hausbewohner an der Klingel gut lesbar sind – nur dann werden alle Personen im Haus vom Chi erreicht.

Ganz in ihrem Element:
Gartentore gestalten

Der Garteneingang ist Ihr Tor zur Welt: Zeigt es sich offen und freundlich, werden Sie und auch das Chi beschwingt hindurchgehen. Der einladende Charakter eines Gartentors spiegelt sich in vielen Dingen wider: Wichtig ist zunächst einmal, dass es überhaupt einen richtigen Grundstückseingang gibt, sodass man den Garten nicht durch eine beliebige Öffnung in der Mauer oder in der Hecke betreten muss. Achten Sie dabei auf das Verhältnis zwischen der Größe des Eingangs und der des Grundstücks: Ein großes Gelände benötigt einen respektablen Eingang, für ein kleines Grundstück reicht ein zierliches Gartentor.

Stimmt die Atmosphäre des Eingangs mit dem Grundton Ihres gesamten Gartens überein? So passt beispielsweise zu einem romantisch verwilderten Schrebergarten durchaus ein geheimnisvolles Gartentörchen, während ein klar strukturierter stattlicher Hausgarten nach einem Eingang mit klaren Formen verlangt.

Doch der schönste Eingang verfehlt seine Wirkung, wenn das Tor klemmt, quietscht oder der Weg nicht gut zugänglich ist. Achten Sie deshalb darauf, dass der Eingang nicht zugepflanzt wirkt oder man um etwas umständlich herumgehen muss. Störende Dekorationen, Kinderspielzeuge oder Fahrräder im Eingangsbereich bringen nicht nur Sie oder Ihre Besucher zum Stolpern, sie bremsen auch das Chi. Auch wenn der Eingang durch Bäume verdeckt ist, hat das Chi Mühe, auf Ihr Grundstück zu finden. Achten Sie außerdem auf Sicherheit: Bei Nässe darf keine Rutschgefahr bestehen. Besonders wichtig ist dies bei einem Nordeingang, denn dort bleiben Steine nach Regen lange rutschig oder vermoosen sogar. Und nicht zuletzt trägt eine gute Beleuchtung von Tor und Weg zur Sicherheit bei. Auch spitze Gegenstände und scharfe Kanten haben im Eingangsbereich nichts zu suchen: Sie vermitteln das Gefühl, man würde angegriffen oder könnte sich verletzen.

Die Qualitäten der Himmelsrichtungen

Sie können Ihren Grundstückseingang nach verschiedenen Ansätzen des Feng Shui anlegen. Eine klare und einfache Lösung ist eine Gestaltung nach Yin und Yang, aber auch eine Gestaltung nach den Fünf Elementen ist möglich. Oft gestaltet man den Eingang jedoch nach der Himmelsrichtung, in die er weist. Denn die Eigenschaft, die dieser Richtung entspricht, ist die erste Energiequalität, die sich auf Ihren Garten auswirkt. Sie beeinflusst den Charakter des Chi, das in den Garten gelangt, und wirkt sich letztlich auch auf Sie selbst aus.

Gestalten Sie den Eingangsbereich durch eine dieser Himmelsrichtung entsprechende Farb- und Formgebung und durch geeignete Materialien (> Tabelle Seite 56). Dann harmoniert der Eingang mit der durch seine Lage vorgegebenen Qualität und steht im Einklang mit ihr.

Kreative Seiten: Osten und Südosten

Der Osten und Südosten entsprechen der Energie des Elements Holz. Diese Energie steht in Analogie zu den Qualitäten des Neuen und Kreativen – daher haben beide Richtungen

Ein freundlich und offen gestalteter Eingang lädt das Chi in den Garten ein.

einen sehr positiven Einfluss auf den Eingang. Als Material eignet sich für einen Ost-Eingang vor allem Holz. Weil dem Osten und Südosten säulenartige Formen entsprechen, darf das Tor ruhig etwas höher sein und zum Beispiel aus schmalen, hohen Holzlatten bestehen. Optimale Farben sind Hellblau, Hellgrün und Türkis. Die Pfosten des Eingangs können ebenfalls aus Holz sein. Passen Steinpfosten besser zum Stil von Haus und Garten, wählen Sie am besten Kalkstein. Er entspricht dem Element Holz (> Tabelle Seite 40).

Auch die Pflanzen rund um den Eingang sollten in Harmonie mit dem Osten und Südosten stehen: Geeignet sind Pflanzen mit hellgrünen Blättern und aufrechtem Wuchs – beispielsweise Bambus – sowie alle Frühjahrsblüher. Für die übrigen Jahreszeiten wählen Sie Pflanzen mit hellen, zarten Blüten und Kletterpflanzen. Sie alle sind dem Element Holz und damit dem Osten und Südosten zugeordnet.

Auch Briefkasten und Namensschild dürfen Sie sehr frei und künstlerisch gestalten. Lassen Sie ruhig auch Ihre Kinder dabei mitmachen: So entsteht eine verspielte und kreative Grundstimmung, die ganz den Qualitäten dieser Himmelsrichtungen entspricht.

Aus dem Süden kommt die Fülle

Der Süden ist ein Symbol der Üppigkeit. Deshalb sollte ein Süd-Eingang einen besonders weiten und einladenden Charakter haben. Diese Himmelsrichtung wirkt sehr fördernd: Sie bringt die Kraft der Sonne und große Vitalität zu Ihnen. Statuen von Frauen oder herrschaftlichen Löwen betonen diese Eigenschaften. Nach Feng Shui ist der Süden dem Element Feuer analog. Als Material für das Eingangstor eignet sich Eisen, da es dem Feuer zugeordnet ist. Da dem Süden alle rötlichen Farbtöne entsprechen, sollten Sie vor allem Pflanzen mit roten Blüten oder Früchten wählen. Perfekt sind hoch aufstrebende rote Strauchrosen, die rechts und links des Eingangs das Tor markieren. Rotlaubige Hecken oder ein großer, weiter Torbogen, mit Rosen oder Wein berankt, sind ebenfalls eine gute Alternative. Als Wegbelag eignen sich, passend zum Element Feuer, rote gebrannte Klinker. Integrieren Sie aber noch

Wenn Gartentore nach der Himmelsrichtung, in die sie weisen, und den zugehörigen Elementen gestaltet sind, leiten sie das Chi kraftvoll auf das Grundstück.

1 | Für den Osten und Südosten passt ein schmales, hohes Holztor.

2 | Rote Rosen entsprechen dem Süden und dem Element Feuer.

3 | Ein schwungvolles Metalltor eignet sich für einen Zugang, der im Westen oder Nordwesten liegt.

4 | Ideal für einen Nordeingang: ein Tor aus Schmiedeeisen.

5 | Für einen Zugang im Südwesten oder Nordosten wählt man ein Stein- oder Keramiktor.

	Osten/ Südosten	Süden	Westen/ Nordwesten	Norden	Südwesten/ Nordosten
Element	Holz	Feuer	Metall	Wasser	Erde
Material	Holz, Kalkstein	Kunststoff, Eisen, Klinker	Metall	Schmiedeeisen	Stein, Messing
Pflanzen-charakter	hohe Pflanzen, Frühjahrsblüher	rote Blüten, rote Früchte, stachelige Pflanzen	immergrüne, weiß blühende Pflanzen	dunkelblaue Blüten; große, weiche Blätter	gelbe Pflanzen, Bodendecker
Pflanzen	Bambus, Birke, Blaustern, Kletter-pflanzen	Berberitze, Feuerdorn, Feuerlilie, Palmen	Buchskugeln, wei-ßer Rhododendron	Haselnuss, Holunder, Weide	Eibe, Felsen-Stein-kraut, Türkischer Mohn
Farbe	Hellgrün, Hellblau, Türkis	Rot, Orange	Weiß, Silber, Hellgrau	Schwarz, Dunkelblau	Gelb, Braun, Erdfarben
Form	Säule	Dreieck, Pyramide	Kreis, Kugel	formlos, wellenförmig	Quadrat, Rechteck
Accessoire	Stelen, Mobiles	Licht, Fackel, Feuerschale	Dekokugeln	Klang- und Wasser-spiele, Schalen	Terrakottatöpfe und -figuren

andere Farben und Formen in den Weg – ähnlich wie in einem Mosaik. Erst das bringt die Lebendigkeit des Südens ganz zum Ausdruck.

Westen und Nordwesten: klare Linien

Westen und Nordwesten entsprechen dem Element Metall. Seine Energie wirkt vor allem auf strukturliebende Menschen sehr fördernd. Ein West- oder Nordwest-Eingang kann einen repräsentativen Grundcharakter haben. Als Material eignet sich Metall. Je nach Geschmack kommen Edelstahl sowie weiß lackiertes oder verzinktes Metall infrage. Eine passende Form ist ein Bogen.

Wählen Sie analog dem Element Metall einen hellen Wegbelag und weiß blühende Pflanzen mit eher runder Wuchsform. Sehr gut passen immergrüne Pflanzen mit festen Blättern wie weiß blühender Rhododendron oder Kugeln aus Buchsbaum, die den Eingang flankieren.

Der Norden: kühl und wässrig

Die Energie, die aus dem Norden kommt, zeichnet sich durch ihren wässrigen Charakter aus. Als Material für eine Pforte eignet sich dunkles Schmiedeeisen besonders gut. Und da Wasser in ständiger Bewegung ist, ist ein kunstvoll verziertes Tor mit verschiedenen Formelementen genau richtig. Auch unterschiedliche Höhen sind erlaubt, etwa eine wellenförmige Oberkante. Rechts und links des

Eingangs greifen vielleicht eine efeuüberankte Mauer oder eine wellenartig geschnittene Eibenhecke den bewegten Charakter des Wassers auf. Als Farben dominieren dunkle Töne: Dunkellila Eisenhut, dunkelblaue Clematis, violetter Rhododendron oder eine Weide entsprechen dem Norden. Als Dekoration sind dunkelblaue Keramikschalen oder Pflanzkübel mit dunkelvioletten Blumen ideal. Ist der Eingangsbereich hell, wirken auch samtig dunkelrote Rosen sehr attraktiv. Dazu passen immergrüne Pflanzen. Für eine etwas ausgefallenere Gestaltung installieren Sie rechts und links neben den Eingangspfosten kleine Becken mit Wasserspeiern – ein Accessoire, das wunderbar zum Norden passt.

Südwesten und Nordosten

Der Südwesten und Nordosten entsprechen dem Element Erde, dem als Qualitäten Ausdauer und Tatkraft analog sind. Liegt Ihr Eingangstor in einer dieser Richtungen, gestalten Sie es lang gestreckt und nicht zu hoch. Als Material für Pfosten eignen sich Ziegelsteine in Gelb- bis Brauntönen. Gute Begleiter für die Torpfosten sind Ranunkelstrauch oder Zierquitte. Oder Sie stellen Terrakottakübel mit gelben Blumen auf. Grundsätzlich passen Pflanzen in Herbsttönen gut. Als Wegbelag empfiehlt sich gelblicher Sandstein – allerdings nur, wenn der Eingang nicht befahren wird. Sonst wählen Sie besser Granit in einem ähnlichen Farbton.

Das Chi im Vorgarten
willkommen heißen

Ganz gleich, ob »Handtuchgärtchen« oder großzügiger Eingangsbereich – eine einladende Atmosphäre wirkt sich nicht nur positiv auf Ihr Wohlbefinden aus: Hier fühlt sich auch das Chi willkommen. Ziel bei der Gestaltung des Vorgartens ist es, das Chi zum Hauseingang zu lenken, um dadurch die Lebenskraft der Hausbewohner zu unterstützen.

So fließt das Chi zum Hauseingang

Ein Prinzip der Chi-Lenkung ist die richtige Wegführung. Auch durch Blickfänge wie einen Brunnen und eine der Himmelsrichtung entsprechende Bepflanzung kann man das Chi gezielt zum Haus hinführen (> Plan Seite 58).

Der Weg beschwingt das Chi

Der Charakter des Wegs vom Gartentor zum Hauseingang hat einen wesentlichen Einfluss auf die Menge und Eigenschaft der Lebensenergie, die von draußen zum Haus gelangt. Ein in sanften Schwüngen geführter Weg fördert den Chi-Fluss, weil dies der natürlichen Bewegung des Chi entspricht: Die positive Lebensenergie bewegt sich wie Wasser in schlängelnden Kurven. Vermeiden Sie daher gerade Wege und geben Sie dem Chi-Fluss durch leicht geschwungene Wege sichtbaren Ausdruck. Wie das Beispiel zeigt, kann der Bodenbelag den Fluss des Chi zusätzlich positiv beeinflussen: Der Lauf des Granitpflasters ist von einzelnen quer zur Längsachse des Wegs liegenden Platten unterbrochen. Dieses Muster verlangsamt das Chi. Zusätzlich lenkt die Drehung der Platten den Blick um die Kurve zum Hauseingang. Diese Umlenkung ist hier wichtig, damit das Chi nicht am Haus vorbei zur Garage fließt.

Um diesen Effekt zu verstärken, sind am Wegende zwei Objekte – ein Baumstamm und ein Blumenkübel – platziert. Der massive Baumstamm hat genügend Kraft, um dem Chi den Weg am Haus vorbei zu »versperren«. Unterstützt wird er dabei von einer violett blühenden Fächerblume, die in einem Kübel rechts neben dem Eingang steht.

Trotzdem sollte ein schmaler Durchgang zur Garage frei bleiben. Bei der Wahl der Objekte ist es wichtig zu beachten, welche Qualität sie einbringen. Ein verrotteter Baumstamm etwa strahlt keine positive Energie aus, er spricht vielmehr von Abbau und Verfall. Seinen Platz nimmt besser ein schöner großer Stein oder ein schirmförmiger Strauch ein.

Ein Brunnen als Chi-Tankstelle

Wasser speichert Chi, es ist ein Träger der Lebensenergie. Ein kleiner kreisrunder Springbrunnen – wie hier gegenüber der Haustür –

> » Das alltägliche Bewusstsein, das ist der Weg. «
>
> MAZU DAOYI

Ein sanft geschwungener Weg lenkt das Chi zum Hauseingang. Unterstützend wirken die quer liegenden Platten: Sie bremsen den Chi-Fluss.

bindet Chi. Die hoch sprudelnde Fontäne verteilt und aktiviert die im Vorgarten verweilende Lebensenergie. Und jeder, der das Haus verlässt, schaut zuerst auf den Brunnen. Durch diesen Anblick und das sprühende Chi gestärkt, kann er frischen Muts in die Welt hinausgehen.

Blütenträume in Pastell

Das leichte Fließen der Lebensenergie im Vorgarten kann auch – wie in diesem Beispiel – eine abwechslungsreiche Bepflanzung unterstützen. Ein duftiger blauer Sommerflieder, an dessen Blüten sich stets einige Schmetterlinge tummeln, wechselt sich mit dem etwas früher blühenden Flieder ab. Zusammen mit dem

grazilen Weißdorn stellen sie die höchsten Formen in der Pflanzung dar und dienen als freundlicher Sichtschutz zur Straße. Auf der rechten Seite bilden Rosen mit Lavendel einen bewegten Blickfang, der auf das den Eingang markierende Mandelbäumchen hinführt. Das zarte Rosa des Bäumchens, das im Frühjahr mit duftigen Blüten das Bild prägt, wird im Lauf des Sommers von Blau-, Violett- und Rottönen abgelöst. Einen schönen Rahmen für die blauvioletten Kerzen von Salbei und Lavendel und die zartblauen Blütenkugeln der Hortensie bilden die attraktiven Blätter und gelbgrünen Blüten des Frauenmantels. Der dichte Teppich aus Storchschnabel rahmt den Weg auf der linken Seite ein und malt viele Monate lang mit seinen Blüten rosafarbene Tupfen in das Gartenbild. Naht schließlich der Herbst, schmückt sich die Japanische Herbst-Anemone mit ihren weißen Schalenblüten. Dieser blütenreiche Vorgarten bedeutet keineswegs viel Gartenarbeit. Immergrüner Lavendel, Bodendecker wie der Storchschnabel, der von Frühjahr bis in den Winter hinein schönes dichtes Blattwerk trägt, und die großblättrige Herbst-Anemone lassen dem Unkraut wenig Raum. Freuen Sie sich auf die harmonische Formenvielfalt und Blütenfülle, die Sie Tag für Tag begrüßen wird, wenn Sie das Haus verlassen oder zurückkommen.

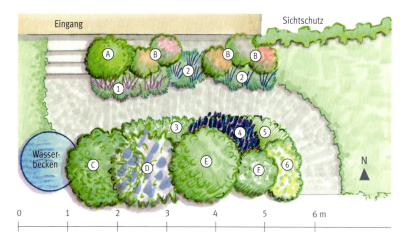

PFLANZENLISTE

Nr.	Anz.	Name	Höhe (cm)	Blütezeit	Farbe
		STAUDEN UND ZWIEBELBLUMEN			
1	3	Echter Lavendel *Lavandula angustifolia* ssp. *angustifolia* | S. 159	40	Juli – Aug.	●
2	6	Lavendel *Lavandula angustifolia* 'Grappenhall' | S. 159	80	Juli – Aug.	●
3	3	Jap. Herbst-Anemone *Anemone japonica* 'Honorine Jobert' | S. 152	120	Aug. – Okt.	○
4	3	Steppen-Salbei *Salvia nemorosa* 'Mainacht' | S. 162	30–40	Mai – Sept.	●
5	3	Rosa Storchschnabel *Geranium endressii* | S. 156	30–50	Juni – Juli	●
6	5	Weicher Frauenmantel *Alchemilla mollis* | S. 152	30–40	Juni – Juli	●

Nr.	Anz.	Name	Höhe (m)	Blütezeit	Farbe
		GEHÖLZE			
A	1	Mandelbäumchen *Prunus triloba* | S. 173	2–2,5	April	●
B	5	Edelrosen *Rosa* in Sorten | S. 174	0,4–2	Juni – Okt.	●
C	1	Eingriffliger Weißdorn *Crataegus monogyna* | S. 170	6–8	Mai – Juni	○
D	1	Sommerflieder *Buddleja davidii* 'Empire Blue' | S. 168	2–3	Juli – Okt.	●
E	1	Flieder *Syringa vulgaris* 'Andenken an Ludwig Spaeth' | S. 175	3–7	Mai	●
F	1	Garten-Hortensie *Hydrangea macrophylla* | S. 171	1,5	Juni – Sept.	●

Der Yang-Pol
symbolisiert
Kraft und Stärke

Grundsätzlich gilt: Um das Chi günstig zu beeinflussen, sollten Sie Ihren Vorgarten so gestalten, dass die dort vorhandene Energie einen ihr entsprechenden Ausdruck findet. Das kann durch eine Gestaltung nach den Prinzipien von Yin und Yang geschehen. Yin steht für das weiche, dunkle, weibliche Prinzip, Yang für das starke, aufgerichtete, männliche Prinzip. Ein dynamisches Gleichgewicht der dualen Lebensprinzipien äußert sich in einer harmonischen Wirkung des Gartens.

Yin- und Yang-Pol erkennen

In jedem Garten befindet sich sowohl ein Yin- als auch ein Yang-Pol. Beide manifestieren sich an verschiedenen Orten. Mit etwas Übung können Sie diese Pole bzw. diese gegensätzlichen Energieformen erspüren. Am Yang-Pol ist eine nach oben strebende, geradlinige, feste und starke Kraft zu spüren. Sie drückt sich auch in Form von Klarheit oder Hitze aus. Weil dem Yang das Auge zugeordnet ist, haben Sie an dieser Stelle vielleicht den Eindruck, klarer zu sehen. Die Wahrnehmung dieser Energieform kann sich auch auf das Denken beziehen: An Yang-Polen lassen sich leichter klare Gedanken fassen.
Sie können die Pole finden, indem Sie langsam durch Ihren Garten gehen und versuchen, die Yin- und Yang-Energien wahrzunehmen. Verbinden Sie sich mit den beiden Energieformen, und schauen Sie, wo es Sie hinzieht. Wenn Sie darin geübt sind, können Sie die Plätze auch mithilfe des Pendels oder mit der Rute entdecken. Auch der kinesiologische Muskeltest ist eine geeignete Methode.

Objekte im Zweiklang

In dem hier gezeigten Vorgarten befindet sich in der Nähe der Haustür der Yang-Pol des Grundstücks (> Plan Seite 60). Der Yin-Pol liegt im hinteren Teil des Gartens. Der Yang-

Die kantige Form des Steins und die Härte des Granits verkörpern das Yang-Prinzip.

Punkt ist mit einem starken Yang-Element gestaltet, einem großen, etwa 1,2 m hoch aufragenden Stein. Der harte und grobkörnige Granit repräsentiert den Yang-Pol nicht nur durch seine Materialeigenschaften, sondern auch durch seine kantige, aufrechte und schlanke Form. Der auf dem Stein liegende eiförmige Kiesel verleiht der kraftvollen Ausstrahlung des Steins einen Hauch von Verspieltheit. Eine bizarre Wurzel lehnt sich an den Fuß des Steins. Sie repräsentiert den Gegenpol und fügt dem Ort einen Yin-Aspekt hinzu. Damit stellt sie im Vorgarten ein Gleichgewicht der Pole her.

Ausgleich von Yin und Yang

Umgeben sind beide Objekte von Pflanzen, die dem Yang bzw. dem Yin zugeordnet sind. Neben dem Stein ragt – streng und nadelig – eine große Schwarzkiefer auf, die die gleiche Energiequalität vertritt wie er.
Auf der anderen Seite des Wegs neben dem Hauseingang wächst eine anmutige japanische Säulenkirsche. Trotz ihres schlanken Wuchses, der sie dem Yang zuordnet, vertritt sie – in diesem Fall im Verhältnis zur Schwarzkiefer – den Yin-Aspekt. Ebenso der niedrige, kugelige Buchs, der sich von hinten an den Stein lehnt.

Die zartrosa blühenden Buschmalven umspielen den harten Stein. Üppige Dreimasterblumen, zierliches Seifenkraut, Efeu und Wilder Wein ergänzen die Palette der Yin-Pflanzen. Der Yang-Aspekt wird durch den Sommerflieder mit seinem energiesprühenden Wuchs und den königsroten Blütenrispen vertreten. Die feurig roten Blüten der Brennenden Liebe, die hoch aufragenden Staudensonnenblumen und die struppigen hohen Beifußpflanzen runden diese Seite ab. Ergänzt wird die Pflanzung durch die Einsaat einer Trockenrasenmischung. Dafür wurde der Beetrand mit Sand ausgemagert. Jetzt wachsen dort Stauden, die den Yang-Aspekt von sehr durchlässigem Boden um ihre Wurzeln brauchen.

Weitere Ideen

Es gibt auch andere Möglichkeiten, dem Yang-Pol Ihres Gartens einen wesensgemäßen Ausdruck zu geben. Sie können ihn beispielsweise als Gartenarbeitsplatz nutzen. Die Energie an einem Yang-Pol ist sehr tatkräftig und passt deshalb gut zu einem Arbeitsplatz. Legen Sie hier zum Beispiel eine Terrasse an, auf der Sie einen stabilen Tisch platzieren. Hier können Sie Ihre Pflanzen umtopfen oder handwerklichen Tätigkeiten nachgehen.

Der Yang-Pol ist auch ein ideales Experimentierfeld für Beleuchtung. Geeignet sind säulenförmige Objekte, etwa eine farbige Holzstele, die ein Bodenstrahler von unten anleuchtet. Die Helligkeit und das Aufwärtsstreben des Lichts sowie die aufrechte Form des angestrahlten Objekts symbolisieren den Yang-Charakter des Gartens.

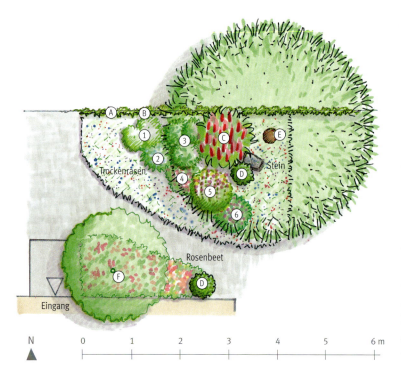

PFLANZENLISTE

Nr.	Anz.	Name	Höhe (cm)	Blütezeit	Farbe
		STAUDEN UND ZWIEBELBLUMEN			
1	3	Stauden-Sonnenblume *Helianthus decapetalus* | S. 157	120	Juli – Sept.	🟡
2	1	Dreimasterblume 'Zwanenburg Blue' | S. 163	50	Juni – Sept.	🔵
3	3	Gewöhnlicher Beifuß *Artemisia vulgaris* | S. 176	150	Aug. – Sept.	🟠
4	5	Echtes Seifenkraut *Saponaria officinalis* | S. 162	60–80	Juni – Aug.	🔴
5	1	Buschmalve *Lavatera thuringiaca* | S. 159	150	Juli – Sept.	🌸
6	5	Brennende Liebe *Silene chalcedonica* | S. 162	80–100	Juni – Juli	🔴

Nr.	Anz.	Name	Höhe (m)	Blütezeit	Farbe
		GEHÖLZE			
A	3	Gewöhnlicher Efeu *Hedera helix* | S. 170	20–25	Sept. – Okt.	🟠
B	3	Wilder Wein *Parthenocissus quinquefolia* | S. 172	10–15	Juli – Aug.	⚪
C	1	Sommerflieder *Buddleja davidii* 'Royal Red' | S. 168	3–4	Juli – Okt.	🔴
D	2	Gewöhnlicher Buchsbaum *Buxus sempervirens* | S. 168	2–6	März – April	🟠
E	1	Schwarz-Kiefer *Pinus nigra* ssp. *nigra* | S. 172	20–30	Juni	🟠
F	1	Säulenkirsche *Prunus serrulata* 'Amanogawa' | S. 173	4–7	Mai	🌸

Im Westgarten

Energie schöpfen für den Neuanfang

Das Chi im Vorgarten lässt sich auch durch eine Gestaltung nach den Himmelsrichtungen anregen. Da jeder Richtung im Feng Shui bestimmte Eigenschaften und Lebensthemen zugeordnet sind, können Sie auch bei diesem Ansatz Ihren ganz persönlichen Wünschen und Bedürfnissen Ausdruck verleihen.

Das Prinzip des Wandels

Der Westen ist die Himmelsrichtung der untergehenden Sonne, ihr entspricht der Abend und das Zur-Ruhe-Kommen. Der Westen verkörpert auch den zyklischen Wandel der Natur und berührt die Themen Ordnung und Struktur. Das Prinzip der Ordnung kann sich beispielsweise in Ordnungssinn, in Pünktlichkeit oder in einem guten Zeitgefühl ausdrücken, aber auch in dem Gefühl, Teil einer natürlichen Ordnung zu sein. Solche naturgegebenen Strukturen sind etwa der Lauf der Sterne und der Rhythmus der Jahreszeiten.

Ein Westvorgarten mit Struktur

Der hier gezeigte Vorgarten liegt in einer nach ökologischen Kriterien konzipierten Neubausiedlung, d. h., die Konzeption berücksichtigt ausdrücklich die Naturkreisläufe. Da sich außerdem Hauseingang, Vorgarten und Terrasse des Hauses im Westen befinden, ist es nahe liegend, das Prinzip der Himmelsrichtung als entscheidendes Gestaltungsmotiv für den Vorgarten zu wählen (> Plan Seite 62).

Der Westen ist dem Element Metall analog. Es findet in hellen Farbtönen wie Weiß, hellem Grau und Silber sowie in runden Formen und klaren Strukturen seinen Ausdruck.

Diese Aspekte sind in der Gestaltung des Vorgartens aufgegriffen. Das Zentrum des Vorgartens hat die Form eines Kreises, der Bodenbelag besteht aus hellen rundlichen Kieselsteinen. Der Kreis sowie Form und Farbe der kleinen Steine repräsentieren Ruhe und Stille – ein

Stelen aus dunklem Basalt sprechen von Wandlung, dem Thema des Westens.

Grundprinzip des Westens. In der Mitte des Vorgartens, direkt vor der Terrasse, befindet sich außerdem ein rundes Beet, in dessen Zentrum ein weiß blühender Flieder steht – ein kleiner Baum mit einer relativ kompakten Krone. Zu Füßen des Bäumchens kontrastiert der dichte, bodennahe Wuchs des Frauenmantels und der üppige Wurmfarn mit den aufstrebenden Silhouetten von Stockrosen, Rainfarn und Nachtkerzen.

Basaltstelen geben Impulse

Auch Gesteine wie der Basalt symbolisieren Wandlungskraft. Dieser harte Stein ist aus flüssiger Magma tief im Erdinneren entstanden und steht – analog zum Westen – für Lernprozesse und für Neuanfang.

Um diesen Prozess der Wandlung zum Ausdruck zu bringen, ist in die Kiesfläche eine Dreiergruppe aus Basaltstelen integriert. Die Steine stehen fest in der Erde, man kann sich an sie anlehnen und sich von ihnen anregen lassen. Dies kann helfen, Altes loszulassen und sich auf Neues vorzubereiten.

Runde Formen, kühle Farben

Dieser Vorgarten hat eine eher stille Ausstrahlung. Um eine frischere und leichtere Stimmung zu schaffen – wie sie zum Beispiel einer Familie mit kleinen Kindern entspricht –, sind viele Pflanzen in leuchtenden Farben und verschiedensten Formen integriert. Bei der Auswahl war immer auch entscheidend, dass die Pflanzen zum Westen passen.

Den Rahmen des Gartens bilden Ball-Hortensien, weißer Flieder, immergrüner Kirschlorbeer und weißer Rhododendron als typische Westpflanzen. Weiße Blüten, immergrüne Blätter und kompakt-rundlicher Wuchs weisen diese Pflanzen als Vertreter des Elements Metall aus. Auch der Sommerflieder und der Fünffingerstrauch tragen weiße Blüten. Zwei Kletterrosen schmücken die Hauswand. Die eine zeichnet sich durch schalenförmige Blüten in reinem Weiß aus, die andere blüht rot.

Zu den Metall-Pflanzen gesellen sich viele Stauden, die mit ihren leuchtend gelben und rosa Blüten und ihrem Wuchs eher dem Osten oder dem Süden entsprechen. Der Vorgarten erhält so einen fröhlichen Gesamteindruck und vermittelt Vitalität.

Um den Elemente-Kreislauf zu schließen, sind auch dem Element Wasser zugehörige Pflanzen integriert. Beispiele dafür sind Farn, Frauenmantel, Lavendel, Funkien und die Haselnuss.

Weitere Ideen

Man kann an das Thema Westen für den Vorgarten auch völlig anders herangehen. Eine alternative Gestaltung für einen West-Vorgarten ist eine streng formale Anlage, da der Westen für das Prinzip der klaren Struktur steht. Eine gute Wahl sind zum Beispiel runde Beete in symmetrischer Anordnung, die von niedrig geschnittenen Buchshecken eingefasst sind.

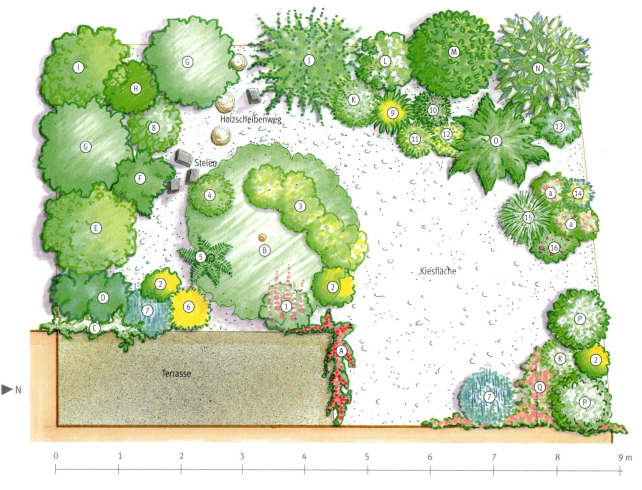

Als Bepflanzung eignen sich weiß blühende Stauden und Sommerblumen, als Wegbelag passt weißer Kies. Silbrig glänzende Metallkugeln bilden eine stimmige Ergänzung.
Ein anderes Thema für einen Westvorgarten sind Herbst und Reife. Ausdruck findet es zum Beispiel in einem Obstgarten mit Apfel- und Birnbäumen. Dicke Kürbisse sowie alle Früchte und Gemüse, die im Herbst reif sind und als Wintervorrat dienen, ergänzen die Palette.
Auch Herbstblumen wie Astern fügen sich harmonisch in den Nutzgarten ein.

PFLANZENLISTE

Nr.	Anz.	Name	Höhe (cm)	Blütezeit	Farbe
		STAUDEN UND ZWIEBELBLUMEN			
1	1	Stockrose *Alcea rosea* | S. 152	200	Juli – Sept.	●
2	3	Nachtkerze *Oenothera fruticosa* 'Fryverkeri' | S. 160	40–50	Juni – Aug.	●
3	5	Weicher Frauenmantel *Alchemilla mollis* | S. 152	30–40	Juni – Juli	●
4	1	Rainfarn *Tanacetum vulgare* | S. 163	70–130	Juni – Sept.	●
5	1	Gewöhnlicher Wurmfarn *Dryopteris filix-mas* | S. 156	100		
6	1	Goldrute *Solidago x hybrida* 'Strahlenkrone' | S. 162	60–70	Aug. – Sept.	●
7	2	Lavendel *Lavandula angustifolia* 'Grappenhall' | S. 159	80	Juli – Aug.	●
8	1	Funkie *Hosta x sieboldiana* 'Snowden' | S. 158	30–50	Juni	●
9	1	Zitronen-Taglilie *Hemerocallis citrina* | S. 157	120	Juli – Aug.	●
10	1	Rosmarin *Rosmarinus officinalis* | S. 177	50–100	Mai – Juni	●
11	1	Weißbunter Salbei *Salvia officinalis* 'Creme de la Creme' | S. 177	40–60	Juni – Juli	●
12	1	Weißbunter Thymian *Thymus vulgaris* 'Variegata' | S. 177	20–30	Juni – Aug.	●
13	1	Dalmatiner Glockenblume *Campanula portenschlagiana* | S. 154	15	Juni – Aug.	●
14	1	Graues Heiligenkraut *Santolina chamaecyparissus* | S. 162	40–50	Juli – Aug.	●
15	1	Rasenschmiele *Deschampsia caespitosa* | S. 155	100	Juni – Aug.	●
16	1	Langspornige Akelei *Aquilegia caerulea* | S. 152	60	Juni – Juli	●
		EIN- UND ZWEIJÄHRIGE			
a	3	Stink-Storchschnabel *Geranium robertianum* | S. 164	20–50	Mai – Okt.	●

Nr.	Anz.	Name	Höhe (m)	Blütezeit	Farbe
		GEHÖLZE			
A	1	Kletterrose *Rosa* 'Sympathie' | S. 174	4	Juni – Okt.	●
B	1	Flieder-Hochstamm *Syringa vulgaris* 'Mme. Lemoine' | S. 175	3–7	Mai – Juni	●
C	1	Kletterrose *Rosa* 'Ilse Krohn Superior' | S. 174	3	Juni – Okt.	●
D	1	Kirschlorbeer *Prunus laurocerasus* 'Otto Luyken' | S. 172	1,5	Mai	●
E	1	Roter Hartriegel *Cornus sanguinea* | S. 169	3–5	Mai	●
F	1	Kirschlorbeer *Prunus laurocerasus* 'Zabeliana' | S. 172	1,5	Mai, Sept.	●
G	2	Flieder *Syringa vulgaris* 'Mme. Lemoine' | S. 175	3–7	Mai – Juni	●
H	1	Gewöhnliche Mahonie *Mahonia aquifolium* | S. 171	1	April – Mai	●
I	1	Gewöhnliche Haselnuss *Corylus avellana* | S. 169	5–7	März – April	●
J	1	Scheinbuche *Nothofagus antarctica* | S. 171	6–8	Mai	●
K	2	Fünffingerstrauch *Potentilla fruticosa* 'Abbotswood' | S. 172	1	Juni – Okt.	●
L	1	Weiße Apfel-Rose *Rosa rugosa* 'Alba' | S. 174	1,5	Juni – Aug.	●
M	1	Rhododendron *Rhododendron catawbiense* 'Album' | S. 173	2,5	Mai – Juni	●
N	1	Sommerflieder *Buddleja davidii* 'Peace' | S. 168	2–3	Juli – Okt.	●
O	1	Wacholder *Juniperus x pfitzeriana* 'Compacta' | S. 171	0,8		
P	2	Hortensie *Hydrangea arborescens* 'Annabelle' | S. 171	1,5	Juni – Sept.	●
Q	1	Berg-Waldrebe *Clematis montana* 'Rubens' | S. 169	8	Mai	●

Der Nordeingang im Fluss der Elemente

Nach Norden orientierte Vorgärten sind meist schattig. Deshalb scheint es schwierig, sie attraktiv zu gestalten. Doch auch ein Nordvorgarten kann harmonisch sein.

Der Norden entspricht dem Element Wasser. Er steht für Klarheit und Emotionen. Eine Gestaltung nach dem Prinzip des Nordens besticht durch fließende Formen und dunkle Farben. Besonders klares Wasser und Dunkelblau aktivieren hier das Chi. Nach dem klassischen Feng Shui gilt die Nordseite zudem als Rückseite des Grundstücks. Sie ist der Schildkröte und dem Thema Sicherheit zugeordnet (> Seite 17). Deshalb sollte man darauf achten, dass die Gestaltung der Rückseite Geborgenheit vermittelt.

Die Energie des Westens nutzen

Weil sich heute viele Häuser mit der Terrasse und dem Garten Richtung Süden öffnen, liegt der Hauseingang samt Vorgarten oft an der Nordseite – wie auch in diesem Beispiel. Das ist nach Feng Shui ungünstig. Besser wäre ein Südeingang, durch den die für Haus und Bewohner fördernde Energie des Südens ungehindert auf das Grundstück fließen kann. Doch auch ein Hauseingang im Norden lässt sich so gestalten, dass der unterstützende Chi-Fluss in Gang gesetzt wird. So kann man es sich zum Beispiel zunutze machen, wenn der Zugang zum Grundstück auf einer anderen Seite liegt als der Hauseingang. In dem hier gezeigten Fall betritt man das Grundstück an der Seite aus westlicher Richtung. Dadurch leitet der Weg vom Grundstücks- zum Hauseingang von der West- zur Nord-Energie über, die den Eingangsbereich des Hauses prägt. Weil der Westen dem Element Metall zugeordnet ist und das dem Norden entsprechende Element Wasser unterstützt, bewegt man sich im nährenden Energiefluss der Elemente, wenn man vom Grundstückseingang zum Hauseingang geht. Die Materialien für Eingang und Weg sind analog diesen Elementen gewählt: Vom Metalltor am Eingang führt ein Weg aus unregelmäßig gebrochenen Natursteinplatten an der Nordseite des Hauses entlang zum Hauseingang. Weil die Nordseite des Grundstücks Schutz braucht, ist an der Grenze eine frei wachsende Hecke gepflanzt, die den Weg begleitet. Hortensien in Kübeln flankieren den Hauseingang, eine dunkelviolette Clematis und eine blaue Prachtwinde klettern hinter der Haustür zum Vordach hinauf. Diese Pflanzen bremsen den Energiefluss in diesem Bereich, sodass das Chi ins Haus gelenkt wird. Zur Unterstützung kann man noch ein Klangspiel oder ein Mobile aus Glasperlen und anderen Materialien in Blautönen am Eingangsvordach aufhängen. Auch sie lenken das Chi zum Eingang.

Symphonie in Blau

Die Qualität des Nordens findet sich auch in dem Beet, das sich am Haus entlang bis zur Eingangstür erstreckt (> Plan). Die Pflanzen sind nach ihrer Blütenfarbe gewählt – besonders dunkelblaue Töne entsprechen dem Element Wasser. Den Auftakt macht der Buchs. Er passt sehr gut in diese vom Westen zum Nor-

Der Frauenmantel sammelt Tautropfen auf seinen großen Blättern und wirkt behütend. Er ist die richtige Pflanze für den Norden oder das Element Wasser.

den überleitende Gestaltung, weil er zwar dem Westen zugeordnet ist, als dunkler Immergrüner aber auch Qualitäten des Nordens besitzt. Zwei weitere Buchskugeln stehen mitten im Beet. Dunkelblaue Veilchen, Akeleien und Lupinen sowie der dunkelpurpurn blühende Braune Storchschnabel liegen wie ein Teppich dem hoch aufragenden Eisenhut zu Füßen. Sie bringen zu verschiedenen Zeiten die Farbe des Nordens in das Beet. Auch Funkien und Frauenmantel symbolisieren das Element Wasser; unterstützt werden sie von dunkelblauen Keramikkugeln. Sterndolde und Christrose, zwei Pflanzen des Elements Metall, sorgen dafür, dass der Eingangsbereich trotz des Schattens und der dunklen Blautöne nicht zu düster wirkt. Zudem nähren sie als Metall-Pflanzen das Element Wasser. Auch die Stockrose profitiert als Holz-Pflanze vom Wasserelement und belebt durch ihre Höhe und Farbe das Beet. Diese Beetbepflanzung mit den ausdauernden Stauden und Buchsbüschen kann jedes Jahr erneut durch verschiedene einjährige Sommerblumen ergänzt werden, die auch in Töpfen die Stufe zum Eingang dekorieren. Geeignet sind zum Beispiel Männertreu, Sonnenwende (Vanilleblume) und Petunien.

Weitere Ideen

Die Qualität des Nordens und das Element Wasser lassen sich auch anders in den Vorgarten integrieren: So passt zum Beispiel ein Brunnen oder ein Becken mit sprudelndem Wasser gut in die Nähe eines Nordeingangs. Das Wasser verwirbelt das Chi und hilft, es umzulenken. Auch blaue Glassteine, die man wie blaue Bänder in die Fugen der unregelmäßig gebrochenen Natursteinplatten einpasst, sind ein Symbol für das Element Wasser und beleben den Weg.

PFLANZENLISTE

Nr.	Anz.	Name	Höhe (cm)	Blütezeit	Farbe
		STAUDEN UND ZWIEBELBLUMEN			
1	8	Weicher Frauenmantel *Alchemilla mollis* | S. 152	30–40	Juni – Juli	●
2	7	Blauer Eisenhut *Aconitum napellus* | S. 152	120–150	Juli – Aug.	●
3	2	Gewöhnliche Akelei *Aquilegia vulgaris* 'Dunkelblaue Riesen' | S. 152	60–70	Mai – Juni	●
4	3	Echtes Lungenkraut *Pulmonaria officinalis* | S. 161	20	März – April	●
5	5	Wohlriechendes Veilchen *Viola odorata* | S. 163	10–15	März – April	●
6	9	Brauner Storchschnabel *Geranium phaeum* | S. 157	50	Mai – Juni	●
7	4	Große Sterndolde *Astrantia major* | S. 153	80–100	Juli – Aug.	○
8	2	Roter Fingerhut *Digitalis purpurea* | S. 155	120	Juni – Juli	●
9	2	Wald-Frauenfarn *Athyrium filix-femina* | S. 153	70–90		
10	4	Stockrose *Alcea rosea* | S. 152	180–230	Juli – Sept.	●
11	1	Vielblättrige Lupine *Lupinus polyphyllus* 'Lindley' | S. 159	80	Mai – Sept.	●
12	1	Glocken-Funkie *Hosta ventricosa* | S. 158	60–80	Juli – Aug.	●
13	1	Blaublatt-Funkie *Hosta sieboldiana* | S. 158	80–100	Juli – Aug.	●
14	1	Wald-Segge *Carex sylvatica* | S. 155	20–70	Mai – Juli	●
15	1	Christrose *Helleborus niger* | S. 157	20–30	Jan. – April	○
		EIN- UND ZWEIJÄHRIGE			
a	3	Männertreu *Lobelia erinus* | S. 165	15	Mai – Sept.	●
		GEHÖLZE	Höhe (m)		
A	3	Gewöhnlicher Buchsbaum *Buxus sempervirens* | S. 168	2–6	März – April	●

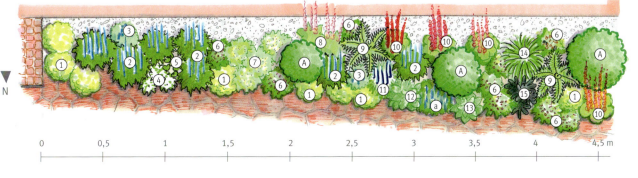

N

| 0 | 0,5 | 1 | 1,5 | 2 | 2,5 | 3 | 3,5 | 4 | 4,5 m |

Wie der Kreislauf der Elemente Sie unterstützen kann

Die Gestaltung eines Vorgartens muss nicht immer auf die Himmelsrichtung abgestimmt sein. Manchmal bietet es sich an, mithilfe einer Gestaltung nach den Fünf Elementen die Beziehung zwischen den dort lebenden Menschen zu unterstützen. Möglich ist dies, indem man dem Element im Vorgarten Raum gibt, das den nährenden Elemente-Kreislauf zwischen den Personen ins Fließen bringt (> Seite 22).

Eine Kräuterspirale am Teich

Ein Beispiel für eine solche Situation könnte ein Ehepaar sein. Ist die Frau nach ihrem Geburtsdatum dem Element Metall zugeordnet, der Mann dem Element Holz (> Seite 180), ist der nährende Kreislauf zwischen ihnen unterbrochen. Denn im nährenden Kreislauf nährt ein Element das folgende. Zwischen Metall und Holz ist es das Wasser, das den nährenden Kreislauf in Gang bringt. Fehlt es, wirkt der zehrende Kreislauf: Das Metall zehrt das Holz aus und raubt ihm die Kraft. Diese Elemente-Konstellation kann sich negativ auf die Paarbeziehung auswirken. Um diese Situation zu vermeiden, liegt der Schwerpunkt der Gestaltung darauf, das Element Wasser in Form eines Teichs im Vorgarten zu integrieren (> Plan).

Diese rechtsdrehende Kräuterspirale mündet in einen Teich. Weil ihre Form dem Element Metall entspricht, unterstützt sie das Element Wasser.

Der Vorgarten ist der beste Platz dafür, denn so kommen die Eheleute jedes Mal, wenn sie nach Hause kommen, in Kontakt mit dem sie verbindenden Element, ohne sich bewusst damit beschäftigen zu müssen. Das Wasser fördert so ihre Beziehung durch positive Impulse.

Um eine persönliche Note in die Gestaltung einzubringen, kann man die Gestaltung des Teichs zudem auf die berufliche Tätigkeit eines Ehepartners abstimmen. Hat zum Beispiel die Ehefrau mit dem Thema Heilpflanzen zu tun – etwa als Heilpraktikerin –, bietet es sich an, eine Kräuterspirale neben dem Teich anzulegen. Sie symbolisiert zum einen diesen wichtigen Teil in ihrem Leben, zum anderen entspricht die Grundform der Spirale dem Element Metall. Die mit Heilkräutern bepflanzte Spirale öffnet sich ins Wasser, also in das verbindende Element zu ihrem Mann. Auch die Richtung, in der sich die Spirale dreht, hat eine energetische Wirkung. Eine Drehung nach rechts, also im Uhrzeigersinn, ist aktiv und aufbauend, die Drehung linksherum entspricht der Richtung des Loslassens. Die hier gestaltete Kräuterspirale ist rechtsdrehend, sie gibt also aktiv ihre Kraft ins Wasser ab. So wird das Element des Mannes – das Holz – genährt. Unterstützend für das Element Holz ist zudem, dass Vorgarten und Hauseingang im Osten liegen. Damit dieses Element jedoch nicht dominant wird, spielt es bei der Bepflanzung des Teichrands nur eine untergeordnete Rolle. Nur ein großer, im Wind raschelnder Bambus repräsentiert seine Qualitäten.

Auch der Bereich direkt vor dem Haus stellt die Situation des Paares bildlich dar. Die Pergola an der Eingangsseite des Hauses ist mit ihren dunkelblauen Metallpfeilern und dem gläsernen Dach dem Wasser analog. Darunter liegt ein viel genutzter Sitzplatz mit Blick zum Teich, der auch bei Regen sehr gemütlich ist. Um die Pergola ranken sich Blauregen und Wein. Beide sind dem Osten, also dem Element Holz, zugeordnet. Der Wein weist zudem wegen seiner Früchte und dem schön gefärbten Herbstlaub Aspekte des Elements Metall auf. So repräsentiert dieser Bereich ebenfalls die Elemente des Paares – Metall und Holz – sowie das verbindende Element Wasser.

> » Was wir heute tun, entscheidet darüber, wie die Welt morgen aussieht. «
>
> MARIE FREIFRAU VON EBNER-ESCHENBACH

Blüten vom Teich bis zur Pergola

Am Teichufer ergänzen Frauenmantel und Iris die Wirkung der Kräuterspirale und des Bambus und setzen im Zusammenspiel mit den Gauklerblumen und den Sumpfdotterblumen farbige Akzente. Eine Eschenrose zwischen Teich und Haus steht dort nicht nur wegen ihrer anmutigen Schönheit und ihres charmanten Wuchses. Die Rose symbolisiert als Blume der Liebe auch die Verbindung zwischen Mann und Frau.

Eine Kräuterspirale können Sie auch losgelöst von diesem Beispiel und unabhängig von dem Element Wasser in Ihren Garten integrieren – als schöne Variante für ein Küchenkräuterbeet.

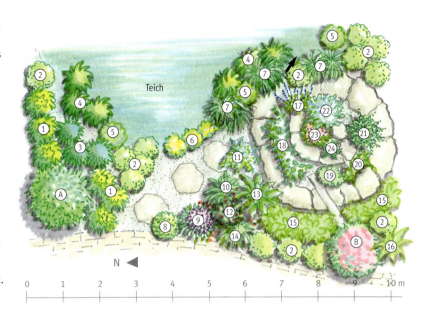

PFLANZENLISTE

Nr.	Anz.	Name	Höhe (cm)	Blütezeit	Farbe
		STAUDEN UND ZWIEBELBLUMEN			
1	6	Taglilie *Hemerocallis* in Sorten | S. 157	70–100	Juni – Aug.	🟡
2	14	Weicher Frauenmantel *Alchemilla mollis* | S. 152	30–40	Juni – Juli	🟠
3	3	Wiesen-Schwertlilie *Iris sibirica* | S. 167	60–80	Mai – Juni	🔵
4	6	Sumpf-Schwertlilie *Iris pseudacorus* | S. 167	100	Mai – Juni	🟡
5	3	Gewöhnliche Sumpfdotterblume *Caltha palustris* | S. 154	30	April – Mai	🟡
6	4	Gelbe Gauklerblume *Mimulus luteus* | S. 160	40	Mai – Aug.	🟡
7	4	Riesen-Segge *Carex pendula* | S. 155	80–100	Juni – Juli	🟤
8	1	Zitronen-Melisse *Melissa officinalis* | S. 176	80–100	Juni – Aug.	⚪
9	3	Schnitt-Lauch *Allium schoenoprasum* | S. 176	15–40	Juni – Aug.	🟣
10	3	Großer Sauerampfer *Rumex acetosa* | S. 177	30–100	Mai – Juli	🌸
11	1	Wein-Raute *Ruta graveolens* | S. 177	60–100	Juni – Aug.	🟡
12	1	Ananas-Salbei *Salvia rutilans* | S. 177	100–120	Okt. – Nov.	🔴
13	1	Meerrettich *Armoracia rusticana* | S. 176	60–120	Mai – Juli	⚪

Nr.	Anz.	Name	Höhe (cm)	Blütezeit	Farbe
14	1	Winter-Zwiebel *Allium fistulosum* | S. 176	30–50	Juli – Aug.	⚪
15	15	Gewöhnliches Maiglöckchen *Convallaria majalis* | S. 155	20	Mai	⚪
16	1	Echte Aloe *Aloe vera* | S. 152	60–100	Jan. – April	🟠
17	1	Ysop *Hyssopus officinalis* | S. 176	30–60	Juni – Aug.	🔵
18	1	Pfeffer-Minze *Mentha x piperita* | S. 176	40–60	Juni – Sept.	🌸
19	1	Pimpinelle, Kleine Bibernelle *Pimpinella saxifraga* | S. 177	50	Juni – Sept.	⚪
20	1	Echter Thymian *Thymus vulgaris* | S. 177	30	Juni – Sept.	🔴
21	1	Estragon *Artemisia dracunculus* | S. 176	60–150	Aug. – Okt.	⚪
22	1	Echter Salbei *Salvia officinalis* | S. 177	50	Mai – Juli	🟣
23	1	Oregano *Origanum vulgare* | S. 177	30–80	Juli – Sept.	🌸
24	1	Rosmarin *Rosmarinus officinalis* | S. 177	50–100	Mai – Juni	🔵
		GEHÖLZE	**Höhe (m)**		
A	1	Goldrohrbambus *Phyllostachys aurea* | S. 172	3–4		
B	1	Eschen-Rose, Labrador-Rose *Rosa blanda* | S. 174	2–3	Juni – Juli	🔴

Privates Refugium:
der Hauptgarten
als Kraftquelle

Der Hauptgarten ist das Herz Ihres Grundstücks: Er schlägt den Bogen zur umgebenden Landschaft und ist zugleich der private Bereich, in dem Sie Ihre Feng-Shui-Oase verwirklichen können. Der richtige Gestaltungsansatz hilft Ihnen, einen Garten voller Harmonie zu gestalten, der ganz Ihren persönlichen Bedürfnissen entspricht.

DIE LAGE DES HAUSES auf dem Grundstück unterteilt den Garten meist in zwei Bereiche: in einen Vor- und einen Hauptgarten. Bei einem Reihenhaus ist dies besonders deutlich. Während der kleinere Vorgarten den Zugang zum Haus bildet und einen öffentlichen und eher dekorativen Charakter hat, stellt der große Hauptgarten meist den privaten Teil des Grundstücks dar. Er ist eine Art grünes Wohnzimmer, in dem eine ähnlich persönliche Atmosphäre herrscht wie im Haus. Und zugleich ist Ihr Garten der Übergangsbereich zwischen Innen und Außen. Hier sind Sie der Natur nahe, haben den freien Himmel über sich und können sich den Wind um die Nase wehen lassen.

Eine individuelle Garten-Oase schaffen

Vielleicht möchten Sie sich im Garten entspannen, sich aus dem Alltagsstress zurückziehen und zur Ruhe kommen. Oder Sie möchten sich inspirieren lassen und den Rhythmus der Jahreszeiten erleben. Doch damit Sie sich wirklich erholen und im Garten Kraft schöpfen können, sollte er eine harmonische und lebendige Ausstrahlung haben, die auf Sie zurückwirkt.

Nach Feng Shui und Geomantie angelegte Gärten können so unterschiedlich sein wie ihre Besitzer. Die verschiedenen Gestaltungsansätze helfen Ihnen dabei, den für Sie und Ihre Familie idealen Garten zu kreieren. Sie können mit Yin und Yang einen Garten voller Harmonie und zugleich Spannung schaffen, nach den Himmelsrichtungen einen Garten gestalten, der sich perfekt in das Umfeld einfügt, nach den Fünf Elementen einen Garten anlegen, der die Beziehung zwischen den Bewohnern fördert, oder sich mithilfe des Bagua Unterstützung in bestimmten Lebensbereichen holen. Auch ein nach den Regeln der Geomantie angelegter Garten hilft Ihnen, die Kräfte der Natur zu nutzen. Die Gestaltungsvorschläge auf den Seiten 71–121 sollen Ihnen zeigen, wie Sie bei der Gestaltung spielerisch vorgehen und Ihre Ideen einbringen können. Beachten Sie dabei immer die Grundprinzipien wie die Förderung des Chi-Flusses, die Wirkung der Elemente und die Qualitäten bestimmter Bereiche im Garten. Und bleiben Sie über die Jahre offen für Veränderungen: Alles Lebendige ist in ständiger Bewegung, es wandelt sich und entwickelt sich weiter. Jede Veränderung im Garten kann eine Wandlung der Atmosphäre bewirken, die ganz neue Chancen eröffnet. Und umgekehrt können Sie jeder Veränderung Ihrer Lebensumstände in Ihrem Garten Ausdruck geben.

Yin und Yang: Gegenpole im Garten ausgleichen

>> Das Unscheinbare zu beachten, ist Einsicht. <<

LAO-TSE

Das System von Yin und Yang ist ein einfacher Gestaltungsansatz, der Ihnen hilft, mehr Leben in Ihren Garten zu bringen: Überprüfen Sie die Pflanzen und anderen Gestaltungselemente zuerst im Hinblick darauf, ob sie Yin oder Yang zugeordnet sind und welcher der beiden Pole an welcher Stelle im Garten überwiegt. Anschließend können Sie gezielt den Gegenpol dort ergänzen, wo er fehlt. So schaffen Sie einen harmonischen Ausgleich, ohne gleich den ganzen Garten umzugestalten.

Dieser Ansatz bietet sich auch dann an, wenn Ihr Fokus zurzeit nicht auf einem speziellen Lebensthema liegt, sondern Sie Ihr Leben grundsätzlich ins Gleichgewicht bringen möchten.

Harmonie durch Spannung

Die Spannung von Yin und Yang erzeugt Chi. Wo sich beide Gegenpole ergänzen, herrscht harmonische Lebendigkeit. Es ist ein Spiel mit den Polaritäten: klein und groß, hoch und tief, hell und dunkel, hart und weich. Gelingt es Ihnen, ein ausgeglichenes Verhältnis von Yin und Yang in Ihrem Garten herzustellen, wirkt sich dies auch auf alle Bereiche und Themen Ihres Lebens harmonisierend aus. Gehen Sie bei einer Gestaltung nach Yin und Yang spielerisch vor. Dann erhalten Sie vielleicht ein ebenso spielerisches Verhältnis zu den Gegensätzlichkeiten in Ihrem eigenen Leben. Es gibt kein Leben ohne Gegensätze, und jeder Pol hat seine Berechtigung. Denken Sie an Rosen und Lavendel – zwei Pflanzen, die unterschiedlicher nicht sein könnten. Doch gerade diese Polaritäten unterstreichen ihre Schönheit: Eine Rose kommt, umrahmt von Lavendel, besonders schön zur Geltung.

Dynamisches Beziehungsspiel

Yin und Yang sind aber keine unveränderlichen Qualitäten, sie sind vielmehr der Ausdruck einer Beziehung. Eine aufstrebende Pflanze kann im Verhältnis zu einer flach wachsenden den Yang-Pol bilden, im Verhältnis zu einem harten Stein jedoch den weichen Yin-Kontrast darstellen. Lassen Sie Pflanzen, Steine und Elemente in Ihrem Garten miteinander spielen. Aus den vielfältigen Beziehungen kann ein Konzert der Formen und Farben entstehen, in dem sich die einzelnen Stimmen perfekt ergänzen.

YANG-FORMEN	YANG-BEISPIELE	YIN-FORMEN	YIN-BEISPIELE
stehend	Baum	liegend	Rasen
aufstrebend	säulenförmige Lampe	flach	Kugelleuchte
trocken	Stein	feucht	Wasser
hart	Metallkugel	weich	Moos
nach außen gerichtet	hoher Springbrunnen	nach innen gerichtet	stiller Teich
eckig	Ziegelsteine	rund	Kiesel
stachelig	Feuerdorn	weich	Samt-Hortensie
rot-orange	Rose	blau-grün	Lavendel
hell	Kiesfläche	dunkel	Unterholz
tatkräftig	Spielplatz	ruhig	Liegestuhl

Mit Yin und Yang
Licht in den Schatten bringen

Sie haben einen Garten, der nur auf einer Seite wenige Stunden Sonne am Tag bekommt? Oder wirkt der ganze Garten kühl und feucht? In einer dunklen, klammen und ruhigen Atmosphäre dominiert der Yin-Charakter. Es fehlt der Gegenpol: das aktive, feurige Yang. Für mehr Harmonie können Sie sorgen, indem Sie Yin und Yang in Balance bringen.

So kommt Sonne in den Hof

In Innenhofgärten in der Stadt findet man – wie in diesem Beispiel – häufig folgende Situation vor (> Plan Seite 72): Die Häuser beschatten den halben Tag einen Teil des Hofs. An zwei Seiten umgibt eine hohe Mauer den Garten, nach Westen öffnet er sich durch einen Zaun zur waldartigen Anlage der Nachbarn. Dort stehen einige hohe Bäume. Da Bäume und Mauern nicht entfernt werden können, ist es nur möglich, die Äste auszulichten, damit mehr Sonne in den Garten gelangt. Ziel der Gartenplanung ist es, das Element Feuer in den Garten zu integrieren und so eine sonnig-heitere Atmosphäre zu schaffen. Diese Yang-Elemente sind dem ruhigen und schattigen Yin-Charakter bewusst gegenübergestellt, um einen Ausgleich beider Pole zu schaffen.

Das feurige Yang

Der nordöstliche Bereich des Gartens ist der hellste Teil, deshalb ist diese Seite dem Yang-Aspekt gewidmet. Spitze Formen repräsentieren zusammen mit Blüten und Früchten in flammenden Farben das Element Feuer. Auf dieser Seite sind mehrere Beete angelegt, deren gezackter Umriss durch ineinandergreifende Dreiecksformen zustande kommt. Es handelt sich um ein Hochbeet für Kräuter, ein Erdbeerbeet sowie Blumenbeete, in die eine Bank und ein Sandkasten integriert sind.
Viele Pflanzen, die dem feurigen Charakter entsprechen, brauchen zum Gedeihen volle

Sonne. Weil der Standort diese Bedingungen nicht bieten kann, beschränkt sich die Pflanzenauswahl auf Arten, die auch mit weniger Licht zufrieden sind. Im April öffnen sich die roten Blüten der Zierquitten. Ihnen folgen Nelkenwurz und die flammenartigen Blüten der Prachtspieren. Die Früchte von Stechpalme, Felsenmispel und Lampionblume führen die rote Farbpalette im Spätsommer fort. Im Winter übernehmen die korallenroten Zweige des Hartriegels und das Laub der Berberitze diesen Farbaspekt. Lebhaftes Orange ist in den leuchtenden Beeren des Feuerdorns vertreten. Gold- und Gelbtöne von Sonnenblume, Johanniskraut und Taglilien ergänzen das Feuerwerk der Farben. Das aus rotem Klinker kniehoch gemauerte Hochbeet bietet herbwürzigen Kräutern Raum.
An der Hauswand liegt ein Beet mit Walderdbeeren, die auch im Schatten Früchte tragen. Sie sind für alle Kinder eine willkommene Leckerei. Auch eine Schaukel und ein Sandkasten sind für Kinder vorgesehen. Diese bringen mit ihrem lebhaften Spiel den Yang-Aspekt der dynamischen Bewegung in diesen Gartenteil.

Leise, dunkle Yin-Töne wechseln mit dem lauten Rot der Yang-Pflanzen und symbolisieren so den Einklang von Yin und Yang.
1 | Der schattenliebende Kaukasus-Beinwell steht für Yin.
2 | Die Brennende Liebe strahlt Yang-Energie aus.
3 | Auch der stachelige Feuerdorn verkörpert Yang.
4 | Der heilende Holunder verbreitet sanftes Yin.

Das schattige Yin

Auf der anderen Gartenseite herrscht schattig-kühler Yin-Charakter vor, verstärkt von Pflanzen, deren weiche Formen und sanfte Grüntöne dieser Atmosphäre entsprechen. Üppige Farne schaffen eine Verbindung zur Waldstimmung auf dem Nachbargrundstück. Von Mai bis Juni bilden Bodendecker zarte, weißliche Blütenteppiche. Mit ihren großen, rundlichen Blättern verbreiten sie Ruhe und bilden einen schönen Rahmen für Geißbart und Farne.

Yin- und Yang-Kräfte verbinden

Die Gartenmitte soll Yin und Yang verbinden. Sie besteht aus einer runden, flachen Mulde,

die mit schwarzem Basalt gepflastert ist und den Yin-Aspekt symbolisiert. Dieser verbindet sich mit dem Yang-Aspekt, der durch einen großen hellen Stein mit einem halben Meter Durchmesser repräsentiert wird. Er liegt in der Mitte der Mulde und führt zum Ausgleich von Yin und Yang. Gefasst wird diese Mitte durch einen Kreis aus Basaltsteinen. Er umgrenzt in etwa 30 Zentimeter Abstand zur Mulde das Beet für die Zwiebelblumen und ist mit weiß-schwarzem Kies belegt. Im Frühjahr blühen hier Osterglocken, deren Blätter das Element Wasser vertreten. Ihnen folgen im Sommer hoch aufragende Feuer-Lilien nach. So symbolisieren nicht nur die Mulde und der Basalt, sondern auch die Bepflanzung die Verbindung von Yin und Yang.

Sie können den Yang-Aspekt zum Beispiel auch durch einen großen Wintergarten am Haus verwirklichen. Lichtkunstwerke aus Tageslichtlampen, die das ganze Spektrum des Tageslichts in diesen überdachten Gartenteil bringen, stehen für das Element Feuer, unterstützt von Materialien und Accessoires in warmen Farben. Ein idealer Yin-Gegenpol im offenen Teil des Gartens ist ein stiller Teich, der von Steinen, Farnen und Bäumen umgeben ist.

PFLANZENLISTE

Nr.	Anz.	Name	Höhe (cm)	Blütezeit	Farbe
		STAUDEN UND ZWIEBELBLUMEN			
1	40	Felsen-Storchschnabel *Geranium macrorrhizum* 'Spessart' | S. 156	30	Juni – Juli	● (rosa)
2	34	Gewöhnlicher Wurmfarn *Dryopteris filix-mas* | S. 156	100		
3	6	Wald-Geißbart *Aruncus dioicus* (*A. sylvestris*) | S. 153	200	Juni – Juli	● (weiß)
4	40	Wald-Schaumblüte *Tiarella cordifolia* | S. 163	15–20	Mai – Juni	● (weiß)
5	90	Kleiner Kaukasus-Beinwell *Symphytum grandiflorum* | S. 162	20–30	Mai – Juli	● (weiß)
6	6	Zitronen-Taglilie *Hemerocallis citrina* | S. 157	90–110	Juni – Aug.	● (gelb)
7	2	Lampionblume *Physalis alkekengi* var. *franchetii* | S. 161	60–100	Juni – Juli	● (weiß)
8	3	Echter Alant *Inula helenium* | S. 158	150–180	Juli – Sept.	● (gelb)
9	3	Brennende Liebe *Silene* (*Lychnis*) *chalcedonica* | S. 162	80–100	Juni – Juli	● (rot)
10	9	Braunrote Taglilie *Hemerocallis fulva* | S. 157	120	Juli – Aug.	● (orange)
11	18	Gilbweiderich *Lysimachia punctata* | S. 159	80–90	Juni – Aug.	● (gelb)
12	10	Sand-Thymian *Thymus serpyllum* | S. 177	5	Juli – Aug.	● (rosa)
13	3	Salbei *Salvia officinalis* 'Purpurascens' | S. 177	45	Juni – Aug.	● (violett)
14	1	Echter Salbei *Salvia officinalis* | S. 177	50	Mai – Juli	● (violett)
15	3	Echter Wermut *Artemisia absinthium* | S. 176	60–80	Juli – Sept.	● (orange)
16	1	Zitronen-Melisse *Melissa officinalis* | S. 176	80–100	Juni – Aug.	● (weiß)
17	1	Tüpfel-Johanniskraut *Hypericum perforatum* | S. 176	40–70	Juli – Aug.	● (gelb)
18	14	Nelkenwurz *Geum coccineum* 'Walter Arends' ('Borisii') | S. 157	30	Mai – Juli	● (rot)
19	1	Kron-Rhabarber *Rheum palmatum* var. *tanguticum* | S. 161	200	Mai – Juli	● (rot)
20	8	Kerzen-Wiesenknöterich *Bistorta amplexicaulis* 'Atropurpureum' | S. 154	100	Aug. – Okt.	● (rot)
21	28	Prachtspiere *Astilbe arendsii* 'Rotlicht' | S. 153	80–100	Juli – Sept.	● (rot)
22	60	Wald-Erdbeere *Fragaria vesca* var. *vesca* | S. 156	20	April – Sept.	● (weiß)
●	10	Feuer-Lilie *Lilium bulbiferum* | S. 167	80	Juni – Juli	● (orange)
●	50	Osterglocken *Narcissus pseudonarcissus* | S. 167	20–30	März – April	● (gelb)
		EIN- UND ZWEIJÄHRIGE			
a	7	Gewöhnliche Sonnenblume *Helianthus annuus* | S. 164	200–350	Aug. – Okt.	● (gelb)
b	2	Petersilie *Petroselinum crispum* | S. 177	10–15		
		GEHÖLZE	Höhe (m)		
A	2	Schwarzer Holunder *Sambucus nigra* | S. 174	5–7	Juni – Juli	● (weiß)
B	3	Amerikanische Pfeifenwinde *Aristolochia macrophylla* | S. 168	10	Juni – Juli	● (orange)
C	3	Echtes Geißblatt *Lonicera caprifolium* | S. 171	3–5	Mai – Juni	● (rosa/rot)
D	8	Japanische Zierquitte *Chaenomeles japonica* | S. 169	1–2	April – Mai	● (rot)
E	1	Weidenbl. Felsenmispel *Cotoneaster salicifolius* var. *floccosus* | S. 169	3–4	Juni	● (weiß)
F	8	Feuerdorn *Pyracantha* 'Orange Glow' | S. 173	2,5–3,5	Mai – Juni	● (weiß)
G	1	Berberitze *Berberis* x *media* 'Red Jewel' | S. 168	1,5	Mai – Juni	● (gelb)
H	1	Gewöhnliche Stechpalme *Ilex aquifolium* | S. 171	10–12	Mai – Juni	● (weiß)
I	6	Gewöhnlicher Efeu *Hedera helix* | S. 179	20–25	Sept. – Okt.	● (orange)
J	1	Sibirischer Hartriegel *Cornus alba* 'Sibirica' | S. 169	3	Mai	● (weiß)

Einen Yin-Pol mit Wasser und Steinen schaffen

So wie es in dem Innenhofgarten auf Seite 71 Ziel ist, den Yang-Aspekt zu integrieren, geht es in dem hier vorgestellten Beispiel darum, einen Yin-Pol im Garten zu gestalten (> Plan). Ein Yin-Pol zeichnet sich durch eine liegende, kreisende und weiche Energieform aus. Die Grundstimmung ist zart, leise und sinnlich. An einem solchen Ort kann sich ein Gefühl von Ruhe und liebevoller Hingabe einstellen, am liebsten möchte man sich entspannt zur Erde sinken lassen. Da dem Yin als Sinnesorgan das Ohr entspricht, nehmen Sie an einem Yin-Pol möglicherweise Geräusche anders wahr als sonst – vielleicht tritt plötzlich Vogelgezwitscher in den Vordergrund.

Um den Yin-Pol zu finden, gehen Sie einfach langsam durch den Garten und versuchen, den Pol zu erspüren. Verbinden Sie sich mit den Gefühlen, die Yin entsprechen, und achten Sie dabei darauf, wo es Sie hinzieht. Haben Sie den Ort der Yin-Qualität schließlich entdeckt,

können Sie ihm mit einer entsprechenden Gestaltung Ausdruck geben.

Am schattigen Yin-Platz Ruhe finden

Der Yin-Pol lässt sich – wie in diesem Beispiel zu sehen – durch ein Wasserbecken gestalten, denn ruhendes Wasser erzeugt Yin-Atmosphäre (> Abb. unten). Die kleine, stehende Wasserfläche entspricht einer Yin-Qualität von ruhiger, kühler Stille. Dazu gesellen sich nicht allzu große Kieselsteine. Geformt wie ein Handschmeichler, besitzen sie ebenfalls Yin-Qualität, obwohl Steine normalerweise auch im Verhältnis zum Wasser Yang-Qualität symbolisieren.

Auch die organische, runde Form des Beckens und die Anordnung der Steine – angelehnt an ein Yin-Yang-Zeichen – erzeugt Yin-Atmosphäre. Fortgeführt wird sie von dem sanften Schwung einer Natursteinmauer. Am Ufer setzen verschiedene hoch aufragende Bambus-Arten einen Yang-Akzent. In ihrem Schatten gedeihen in den Fugen des Mäuerchens zarte Farne und wild wachsendes Zimbelkraut. Eine kleine Glockenblume bringt mit hellvioletten Blütensternen Farbe in das Bild.

Das Yang integrieren

Um den Yin-Platz zu harmonisieren, ist ein Gegenpol nötig. Dieser ist in Form eines aufrecht stehenden Steins in das Sandsteinmäuerchen integriert. Er repräsentiert die aufstrebende Yang-Energie und bringt die in einem leicht geschwungenen Bogen angeordneten liegenden Steine besonders schön zur Geltung.

Zum Yang-Aspekt dieses Orts trägt neben dem Bambus auch der große Essigbaum bei. Gemeinsam hüllen sie diese kleine Wasser-Stein-Anlage in sanftes, schattig-kühles Dämmerlicht. Die quadratischen Wegplatten, die an diesem Bereich vorbeiführen, stehen in scharfem Kontrast zu den weichen Formen des Yin-Platzes und gehören deshalb zum Yang-Aspekt. Sie schaffen einen harmonischen Übergang zum angrenzenden Haus und den dort stattfindenden Aktivitäten.

Sanftes Wasser in Kombination mit runden Kieseln strahlt weiches, ruhiges Yin-Chi aus.

Weitere Ideen

Während man an einem Yang-Platz gut arbeiten und aktiv sein kann, ist der Yin-Platz ein Rückzugsort, an dem man entspanntes Nichtstun genießt: Man kann zum Beispiel in lauen Sommernächten neben dem Wasserbecken sitzen und in die Sterne schauen, einen Mittagschlaf im Schatten halten oder träumend in der Hängematte liegen – all dies entspricht der Yin-Stimmung.

Wenn Sie sich an einem Yin-Platz vor allem abends aufhalten, können Sie ihn zum Beispiel als mondförmige Terrasse aus dunklem Stein wie Basalt oder Schiefer anlegen. Mondviolen, dunkellaubige Sträucher und Pflanzen mit samtweichen Blättern, wie sie manche Storchschnabel-Arten oder die Samt-Hortensie besitzen, bilden einen schützenden Rahmen. Lampions mit ihrem sanften Licht verbreiten eine dem Ort entsprechende ruhige Yin-Stimmung. Eine ungewöhnliche Alternative für einen Yin-Platz ist ein Weidendom, in den Sie sich zurückziehen können. Die Weide als Wasser liebender Baum liefert lange, weiche Triebe. Diese stecken Sie mit dem dickeren Ende einfach kreisförmig in die Erde – lassen Sie aber einen Eingang frei. Anschließend binden Sie die oberen Enden zu einem Dach zusammen. Mit der Zeit bewurzeln sich die Zweige, und der Weidenpavillon ergrünt.

PFLANZENLISTE

Nr.	Anz.	Name	Höhe (cm)	Blütezeit	Farbe
		STAUDEN UND ZWIEBELBLUMEN			
1	2	Gewöhnlicher Wurmfarn *Dryopteris filix-mas* | S. 156	100		
2	20	Mauer-Zimbelkraut *Cymbalaria muralis* | S. 155	5	Juni – Sept.	●
3	1	Hängepolster-Glockenblume *Campanula poscharskyana* | S. 154	15	Juni – Sept.	●
4	1	Brauner Streifenfarn *Asplenium trichomanes* | S. 153	20		
5	1	Immergrüne Schleifenblume *Iberis sempervirens* | S. 158	25	April – Mai	○

Nr.	Anz.	Name	Höhe (cm)	Blütezeit	Farbe
6	1	Hirschzungenfarn *Asplenium scolopendrium* | S. 153	30		
		GEHÖLZE	**Höhe (m)**		
A	5	Schwarzrohrbambus *Phyllostachys nigra* | S. 172	3–5		
B	1	Zwerg-Bambus *Pleioblastus pumilus* | S. 172	0,5–0,8		
C	2	Schirmbambus *Fargesia murielae* 'Bimbo' | S. 170	2		
D	1	Essigbaum *Rhus typhina* | S. 173	4–6	Juni – Juli	●

Die Qualitäten der Fünf Elemente integrieren

Der im Feng Shui für die Fünf Elemente verwendete chinesische Begriff »wu xing« bedeutet übersetzt »Die fünf Gehweisen«. Damit sind Energien gemeint, die sich in Bewegung befinden, und zwar jede auf ihre Art. Diese Energien stellen Übergangsformen zwischen den Polen von Yin und Yang dar. So bezeichnet man beispielsweise Wasser als großes Yin, Metall als kleines Yin. Das kleine Yang ist Holz, das große Yang Feuer. Das Element Erde liegt quasi in der Mitte – zwischen den Polen Yin und Yang. Alle Erscheinungen dieser Welt kann man demnach in einem ersten Schritt Yin und Yang zuweisen und in der nächsten Stufe den Fünf Elementen. Im Feng Shui sind den Fünf Elementen aber nicht nur Gegenstände, Farben und Formen analog, sondern auch Pflanzen, Tiere und Menschen, ja sogar die Zeit. Das erklärt auch, warum man Menschen nach ihrem Geburtsdatum einem Element zuordnen kann. Das Element unseres Geburtsjahrs begleitet uns als Grundmuster durch unser ganzes Leben. Mithilfe der Lehre von den Fünf Elementen lassen sich sehr differenzierte Gestaltungen im

> » Die Dinge im Keim zu erkennen, das ist Schöpferkraft. «
>
> LAO-TSE

Garten verwirklichen: Wenn Sie viel Wert auf Harmonie im Garten legen, sorgen Sie dafür, dass alle Elemente in einem ausgeglichenen Verhältnis zueinander stehen. Sie können mit den Fünf Elementen den Garten auch sehr persönlich gestalten. Wenn Sie die Beziehungen innerhalb Ihrer Familie unterstützen möchten, ist es zum einen wichtig, dass die Elemente, denen die einzelnen Familienmitglieder zugehören, im Garten vertreten sind. Zum anderen sollten Sie eventuell fehlende Elemente bei der Gestaltung berücksichtigen. So kann der nährende Kreislauf der Elemente zur Wirkung kommen (> Seite 22).

Der Intuition folgen

Die Fünf Elemente lassen sich im Garten ganz verschieden zum Ausdruck bringen. Grundlage dafür ist das Denken in Analogien: So lässt sich zum Beispiel das Element Feuer durch dreieckige Formen und die Farben Rot und Orange, das Element Erde durch rechteckige Formen sowie Gelb und Erdfarben darstellen (> Tabelle Seite 20). Umgekehrt können die verschiedenartigsten Phänomene ein und demselben Element entsprechen: Ein Farbton, ein Klang, eine Charaktereigenschaft, eine Form oder ein Edelstein können alle die Qualität des Elements Holz besitzen.

Lassen Sie sich bei der Gestaltung nach den Fünf Elementen ruhig von Ihrem Gefühl leiten, und versuchen Sie, die Qualität der Pflanzen, ihre Form und Farbe intuitiv zu erfassen. Befinden sich die Elemente in einem ausgewogenen Verhältnis zueinander? Elemente, die im nährenden Kreislauf stehen, ergeben den Eindruck eines harmonischen Zusammenklangs. Stehen die Elemente im zehrenden Kreislauf, bilden sie oft einen spannungsvollen Kontrast. Wenn Sie Ihren Garten auf diese Art und Weise betrachten, erschließen sich Ihnen ganz neue Quellen der Inspiration.

Form und Farbe ergänzen sich: Die eckige Form der Pflanzkübel entspricht dem Element Erde, ihre silbrige Farbe steht für das Element Metall.

Harmonisches Quintett der Elemente

Eine Gestaltung nach den Fünf Elementen kann sich auf die Beziehungen der dort lebenden Personen konzentrieren. Dieser Ansatz bietet sich auch dann an, wenn das Grundstück kein nach Feng Shui idealtypisches Rechteck ist, sondern eine unregelmäßige Form hat. Bezieht man – wie in diesem Beispiel – alle Fünf Elemente gleichberechtigt in die Gestaltung mit ein, entsteht – unabhängig von der Grundstücksform – ein harmonisches Ganzes (> Plan). Die Elemente sind anhand ihrer Analogien und der ihnen zugehörigen Himmelsrichtung gestaltet. So fügt sich das Grundstück auch gut in die Umgebung ein.

Feuer: Rosen im Süden

Der Eingang des Grundstücks liegt im Süden. Von hier gelangt die Energie des Elements Feuer in den Garten. Neben der Gartentür genießt ein üppiger Strauch roter und rosa blühender Rosen die Sonnenwärme und repräsentiert das feurige Element. Auch in der breiten Farbpalette der Stockrosen findet das Element Feuer seine Entsprechung.

Holz: Blüten in zartem Blau

Ein markanter Blickpunkt in diesem Garten ist der große, alte Walnussbaum. Er steht in der rechten vorderen Grundstücksecke. An ihm vorbei gelangt man auf die Ostseite des Hauses. Diese Seite ist – entsprechend der Himmelsrichtung – in den Analogien des Elements Holz angelegt. Im Frühjahr, wenn der noch blattlose Baum die Sonnenstrahlen zum Boden durchlässt, ist dieser von einem Teppich aus zartem Blaustern überzogen. Später hüllen sich Hortensien und Eisenhut in einen hellen Blauton. Weil sich auf der Ostseite große Fenster und die Terrasse des Nachbarn zum Haus hin öffen, ist eine optische Abgrenzung nötig: In diesem Fall wurde eine gemeinsame halbhohe Hainbuchenhecke gewählt. Sie bildet einen wir-

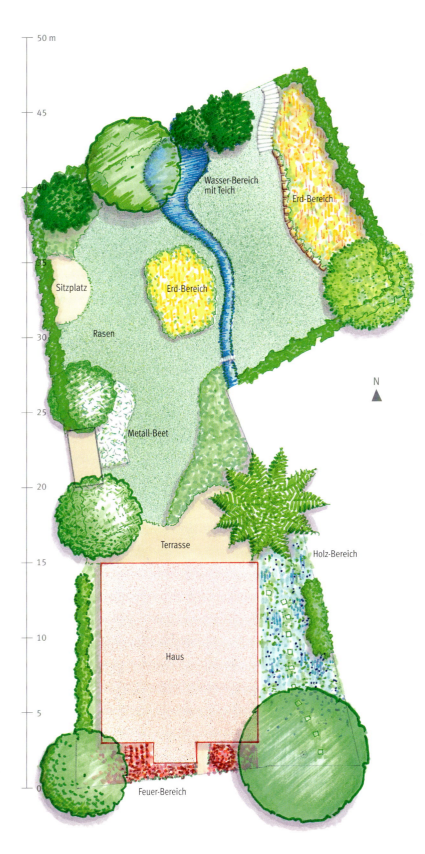

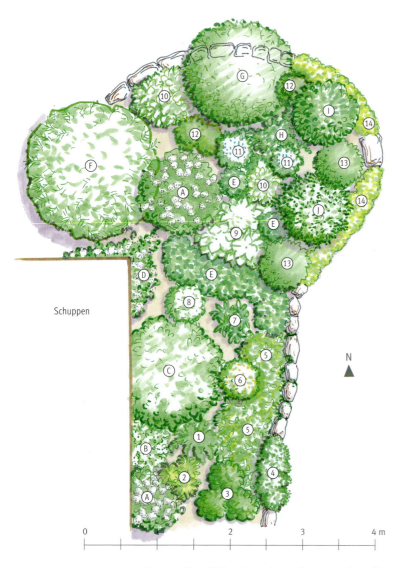

Schuppen

0   2   3   4 m

N ▲

dunkelgrünen Eiben im Hintergrund verstärken den Nord-Charakter dieser Seite und geben dem Grundstück Halt im »Rücken«.

Erde: die Farbe Gelb

Das Element Erde findet sich in der Gartenmitte in Form eines fast rechteckigen Beets mit verschiedenen gelben Blumen: Johanniskraut, Goldfelberich, Nachtkerzen und Ringelblumen leuchten darin um die Wette. Auch der Nordosten des Gartens ist dem Element Erde zugeordnet. In einem lang gestreckten Beet wachsen hier die gleichen Pflanzen wie in der Mitte, ergänzt durch Rainfarn und Goldrute, die aus einem dichten Teppich von rosa blühendem Storchschnabel ragen. Das Beet ist mit einer Mauer aus großen Natursteinen abgestützt. Diese gewähren zusätzlichen Schutz im hinteren Gartenteil. Eine solche Mauer ist auch eine ideale Lösung, um einen Hang abzufangen. Die Grenze zum Nachbarn bildet eine Hecke aus Spierstrauch und Fünffingerstrauch. Sie werden von Felsenbirnen überragt.

Metall: Eleganz in Weiß

Die Westseite des Grundstücks ist dem Element Metall gewidmet. Seine Gestaltung ist ebenso einfach wie überzeugend: Das Element Metall ist hier allein durch ein Blumenbeet mit ihm entsprechenden Pflanzen dargestellt (> Plan links). Schon die runde Form des Beets korrespondiert mit der Qualität des Elements Metall. Seine Bepflanzung mit weiß blühenden, kompakten Stauden sowie Immergrünen bringt ebenfalls seine Qualitäten zum Ausdruck. Ein an das Beet grenzender Schuppen bildet einen Sichtschutz zum Nachbargrundstück auf der Westseite. Zusätzlich ist ein weiß blühender Speierling ins Beet integriert, dessen Krone das zweite Stockwerk des Nachbarhauses verdeckt. Von März bis September blüht es in dem Beet stets aufs Neue. Die Kamelie, die mit ihren glänzenden dunklen Blättern noch im Winter den Garten schmückt, eröffnet im März den Blütenreigen. Die Blütenbälle der Hortensien bieten im Sommer einen Blickpunkt, und den letzten Akzent im Jahr setzt der weiße Phlox.

kungsvollen Sichtschutz, lässt aber trotzdem die Energie des Ostens in den Garten hinein.

Wasser: ein Teich als Speicher für das Chi

Sollten Sie das Glück haben, dass ein natürlicher Bach durch Ihr Grundstück fließt, ist das Element Wasser bereits in Ihrem Garten vertreten. Ansonsten können Sie einen Bachlauf anlegen, der sich durch den Garten schlängelt und schließlich in einen Gartenteich mündet. In dem hier gezeigten Beispiel fließt ein natürlicher Bach durch das Grundstück und dort in einen Teich. Dieser Teich stellt die Qualität des Nordens dar und verhindert zugleich, dass das Chi mit dem Bach zu schnell aus dem Garten fließt. Der Abfluss aus dem Teich ist versteckt, damit man ihn vom Garten aus nicht sieht. Die

Künstlerischer Höhepunkt im Beet ist eine stilisierte Frauenfigur aus Metall, die zu tanzen scheint. Der graziöse Schwung der Tänzerin zieht das Chi an (> Abb. rechts).

Weitere Ideen

Ein Element lässt sich auch sehr gut durch analoge Formen, Farben und Materialien darstellen. Beim Metall sind dies silberfarbenes, glänzendes Metall sowie heller Granit. Als Farben passen Weiß- und Silbertöne. Das Element Metall lässt sich besonders gut in einer kühlen, modernen Gestaltung ausdrücken. Dafür eignen sich etwa Buchskugeln in hohen, silbergrauen Metallgefäßen, die mit Accessoires wie Metallkugeln eine Einheit bilden (> Foto Seite 76).

Eine tanzende Metallfigur krönt dieses üppige, weiß blühende Blumenbeet.

PFLANZENLISTE

Nr.	Anz.	Name	Höhe (cm)	Blütezeit	Farbe
		STAUDEN UND ZWIEBELBLUMEN			
1	1	Salomonssiegel *Polygonatum multiflorum* | S. 161	60	Mai – Juni	○
2	3	Kugel-Primel *Primula denticulata* 'Alba' | S. 161	30	März – April	○
3	3	Altai-Bergenie *Bergenia cordifolia* 'Silberlicht' | S. 153	40	März – April	○
4	3	Kaukasus-Storchschnabel *Geranium renardii* | S. 157	25–30	Mai – Juni	●
5	10	Wald-Erdbeere *Fragaria vesca* var. *vesca* | S. 156	20	April – Sept.	○
6	1	Frühlingsmargerite *Chrysanthemum leucanthemum* 'Maistern' | S. 155	50–60	Mai – Juni	○
7	1	Christrose *Helleborus niger* | S. 157	20–30	Jan. – April	○
8	1	Hoher Sommerphlox *Phlox paniculata* 'Pax' | S. 161	90–100	Juli – Sept.	○
9	3	Funkie *Hosta x sieboldiana* 'Snowden' | S. 158	50–70	Juni – Juli	○
10	4	Schmalblatt-Funkie, Weißrand-Funkie *Hosta sieboldii* | S. 158	30–50	Juli – Aug.	●
11	3	Weißblauer Eisenhut *Aconitum x cammarum* 'Bicolor' | S. 152	120	Juli – Aug.	○
12	3	Jap. Herbst-Anemone *Anemone japonica* 'Honorine Jobert' | S. 152	120	Aug – Okt.	○

Nr.	Anz.	Name	Höhe (cm)	Blütezeit	Farbe
13	2	Bauern-Pfingstrose *Paeonia officinalis* 'Alba Plena' | S. 160	60	Mai	○
14	8	Weicher Frauenmantel *Alchemilla mollis* | S. 152	30–40	Juni – Juli	●
		GEHÖLZE	Höhe (m)		
A	2	Hortensie *Hydrangea arborescens* 'Annabelle' | S. 171	1,5	Juni – Sept.	○
B	1	Spalthortensie *Schizophragma hydrangeoides* | S. 175	8	Juni – Juli	○
C	1	Pfeifenstrauch *Philadelphus coronarius* | S. 172	3	Mai – Juni	○
D	1	Kletter-Hortensie *Hydrangea anomala* ssp. *petiolaris* | S. 170	8	Juni – Juli	○
E	10	Kanadischer Hartriegel *Cornus canadensis* | S. 169	0,1–0,2	Juni	○
F	1	Speierling *Sorbus domestica* | S. 175	15	Mai – Juni	○
G	1	Pimpernuss *Staphylea pinnata* | S. 175	4	Mai	○
H	2	Buntl. Spindelstrauch *Euonymus fortunei* 'Emerald Gaiety' | S. 170	0,25–0,3		
I	1	Kamelie *Camellia japonica* 'K. Sawada' | S. 168	2–3	März – April	○
J	1	Schwarzgrüner Liguster *Ligustrum vulgare* 'Atrovirens' | S. 171	3	Juni – Juli	○

Feuer fördert
Energie
und Tatkraft

Eine Gestaltung nach den Fünf Elementen ist der richtige Ansatz, wenn man sich den fördernden Elemente-Kreislauf zunutze machen möchte. Gehören Sie beispielsweise nach Ihrem Geburtsdatum dem Element Erde an (> Seite 180), kann es für Sie unterstützend sein, besonders dem Element Feuer in Ihrem Garten Raum zu geben. Dem Element Erde zugehörige Menschen kümmern sich meist gut um das Materielle, sind eher ruhig und bodenständig, aber manchmal auch ein wenig konservativ und träge. Das die Erde fördernde Element Feuer kann diese Menschen in ihrer Lebensführung unterstützen: Die Eigenschaften des Elements Erde können sich dann von ihrer besten Seite zeigen, und das Feuer beschwingt und fördert ihre Tatkraft.

Besonders wichtig ist die Integration des Elements Feuer, wenn – wie in dem hier gezeigten Beispiel – alle Hausbewohner durch ihr Geburtsdatum dem Element Erde zugeordnet sind und auch das Haus durch seine Form das Erd-Element betont. Bei einer solchen Konstellation ist das Element Erde so dominant, dass man unbedingt das anregende Element Feuer in den Garten einbringen sollte.
Dem Element Feuer sind der Süden und der Hochsommer zugeordnet. Seine Energie ist lodernd, hochschießend und dynamisch, als Formen entsprechen ihm das Dreieck und die Pyramide, als Farben Rot und Orange. Das Feuer steht auch für Eigenschaften wie Charisma, Dynamik, Spiritualität und Intuition.

Eine Terrasse in Rot

Terrassen sind oft nach Süden ausgerichtet, um die Sonne optimal nutzen zu können. Solche Südterrassen repräsentieren das Element Feuer und bieten sich deshalb für eine solche Gestaltung an (> Plan links). Dies gilt vor allem dann, wenn sie viel benutzt werden und man vielleicht auch vom Wohnzimmer aus auf die Terrasse schaut. In einem solchen Fall ist das Element Feuer für die Bewohner ständig präsent. Sowohl die Farbe Rot als auch Blüten allgemein sind dem Element Feuer zugeordnet. Deshalb eignen sich Pflanzen mit auffälligen Blüten in verschiedenen Rottönen besonders gut für die Gestaltung. Lieben Sie Rosen, wählen Sie sie als Schwerpunkt der Bepflanzung. In dem hier vorgestellten Beispiel verleiht eine mit Rosen bepflanzte Terrasse dem Element Feuer Ausdruck. Die Rosen sind mit weiteren Pflanzen in vielen Farben und Formen kombiniert.
Eine Pergola bildet den Übergang vom Haus zur Terrasse. An ihr ranken sich die zartrosa Kletterrose 'New Dawn' und die dunkelrote 'Sympathie' mit ihrem ausgeprägten Wildrosenduft empor. Den Beetstreifen an der Terrasse schmücken viele verschiedene Rosensorten mit Blüten von Hellrosa über Apricot bis leuchtend Rot. Eibe und Buchs bilden einen immergrünen Hintergrund, vor denen die pinkfarbene Ramblerrose 'Super Dorothy' mit überschäumender Blütenfülle wunderbar zur

Terrasse

N ◄

0   0,5   1   1,5   2   3 m

Geltung kommt. Verschiedene Stauden und einjährige Sommerblumen ergänzen die Farbpalette (> Foto rechts).

Die Terrasse besteht aus Holz. Auf ihr sind einige bepflanzte Töpfe und Kübel platziert. Etliche sind aus hellblauer Keramik. Diese Materialien entsprechen dem Element Holz, das das Feuer nährt. Ein Tisch mit roter Decke und Liegestühle mit roten Polstern runden das Bild ab.

Weitere Ideen

Anders als mit üppiger roter Blütenpracht können Sie das Element Feuer auch als Feuerstelle mit einem Grill verwirklichen. Ergänzen Sie diesen Platz durch rundum aufgestellte bequeme Sitzgelegenheiten, sodass Familie und Freunde die Wärme des abendlichen Feuers genießen können. Eine ideale Ergänzung sind Gartenfackeln, die mit ihrem stimmungsvollem Licht den Weg zur Feuerstelle leiten.

Eine andere Analogie zum Element Feuer sind spitze Formen: Dies können dreieckige Beete

Prachtvolle Rosen in feurigen Farben symbolisieren die südliche Sonne.

sein, die mit stacheligen, roten Feuer-Pflanzen wie Feuerdorn und rotlaubiger Berberitze bepflanzt sind. Sie bringen die Dynamik dieses Elements in den Garten. Dazu passen Wege mit roten Klinkern. Als dekorative Elemente sorgen schließlich pyramidenförmige Leuchten für Helligkeit im Garten.

PFLANZENLISTE

Nr.	Anz.	Name	Höhe (cm)	Blütezeit	Farbe
		STAUDEN UND ZWIEBELBLUMEN			
1	3	Katzenminze *Nepeta* x *faassenii* | S. 160	20–30	Mai – Sept.	●
2	12	Blutroter Storchschnabel *Geranium sanguineum* | S. 157	20–45	Mai – Aug.	●
		EIN- UND ZWEIJÄHRIGE			
a	1	Strauchige Sonnenwende *Heliotropium arborescens* | S. 164	20–30	Mai – Sept.	●
b	3	Petunie *Petunia* in Sorten | S. 165	20–40	Mai – Sept.	●
c	7	Fleißiges Lieschen *Impatiens* in Arten | S. 164	20–25	März – Okt.	●
d	1	Wandelröschen *Lantana camara* | S. 164	40–150	Juni – Sept.	●
e	2	Nemesie, Elfenspiegel *Nemesia*-Hybriden | S. 165	25–60	Juli – Sept.	●
f	1	Hänge-Löwenmäulchen *Antirrhinum pendula multiflora* | S. 164	20–30	Juni – Sept.	●

Nr.	Anz.	Name	Höhe (m)	Blütezeit	Farbe
		GEHÖLZE			
A	1	Kletterrose *Rosa* 'New Dawn' | S. 174	2–3,5	Juni – Okt.	●
B	13	Beet- und Edelrosen *Rosa* in Arten und Sorten | S. 174	0,4–2	Juni – Okt.	●
C	1	Arktische Himbeere *Rubus arcticus* | S. 174	2–3	Juni – Sept.	○
D	4	Garten-Hortensie *Hydrangea macrophylla* | S. 171	1,5	Juni – Sept.	●
E	1	Eibe *Taxus* x *media* 'Hicksii' | S. 175	3–5		
F	1	Gewöhnlicher Buchsbaum *Buxus sempervirens* | S. 168	2–6	März – April	●
G	1	Kletterrose *Rosa* 'Super Dorothy' | S. 174	2,5	Juni – Okt.	●
H	2	Sommerflieder *Buddleja davidii* 'Royal Red' | S. 168	3–4	Juli – Okt.	●
I	1	Kletterrose *Rosa* 'Sympathie' | S. 174	2–4	Juni – Okt.	●

Das Element Holz
bringt Schwung und Kreativität

Besonders junge Familien, schöpferisch arbeitende Menschen und jeder, der sich mehr Leichtigkeit und Schwung im Garten wünscht, sollte das Element Holz betonen. Denn es vermittelt eine angenehme, frische Atmosphäre und steht für Kreativität und Ideenreichtum, für Wachstum und alles Neue. Die Energie dieses Elements hat einen leichten, beschwingten und nach oben strebenden Charakter. Geeignete Gestaltungsmittel sind sich im Wind wiegende Gräser, zarte, lichte und hochwachsende Pflanzen sowie natürlich das Material Holz selbst. Auch säulenartige Formen und bewegliche Accessoires sind passend. Die dem Holz analoge Farbpalette reicht von Hellgrün über Türkis bis Hellblau, auch Pastellfarben drücken den hellen, frohen und verspielten Charakter des Elements aus. Die dem Holz zugeordneten Himmelsrichtungen sind Osten und Südosten. Vor allem die Ost- oder Südostseite des Gartens bieten sich deshalb dazu an, die-

sem Element Ausdruck zu verleihen. Sie können das Element Holz auch zu einem zentralen Thema machen und die Mitte des Grundstücks entsprechend gestalten. Da nach dem nährenden Kreislauf der Fünf Elemente (> Seite 22) Holz durch das Element Wasser gefördert wird, sollten Sie auch Wasser integrieren – entweder durch Pflanzen, die dem Wasser zugeordnet sind, oder durch einen Teich.

Zwar finden sich dem Charakter des Elements Holz entsprechende Pflanzen an vielen Stellen in fast jedem Garten. Um die frische Atmosphäre des Holzes aber deutlicher zu spüren, sollte man einen Bereich anlegen, der ausschließlich diesem Element gewidmet ist.

Inspiration durch bunte Blüten

Legen Sie zum Beispiel ein reines Holzbeet an. In dem hier gezeigten Beispiel grenzt ein solches Beet direkt an einen Teich (> Plan rechts). Er repräsentiert das Element Wasser, das das Holz unterstützt. Seine Qualität wirkt sich auf die Umgebung aus und nährt so den gesamten Holz-Bereich.

Der Teich ist durch eine Fülle aufstrebender Stauden sowie durch eine Weigelie und eine Hundsrose fast versteckt. Die Pflanzen verbreiten eine heitere, beschwingte Atmosphäre. Die aufstrebenden und bogig überhängenden Zweige der Hundsrose und der Weigelie schmücken sich von Juni bis Juli mit rosafarbenen und roten Blüten. Die Schwertlilien und andere Iris-Arten mit ihren straff aufrechten Blättern werden gekrönt von malerischen Blüten in Farben von hellem Zitronengelb über Rosa und Burgunderrot bis Lavendel- und Veilchenblau. Überragt wird die Pflanzung von den filigranen Halmen des Chinaschilfs, die sich bei jedem Lufthauch hin und her wiegen. Die fast 1 m hohen zarten Blätter der Sibirischen Iris gleichen in ihrer Gestalt einem Gras; sie vermitteln zwischen den Strukturen der Schwertlilien und des Chinaschilfs.

Der Gilbweiderich mit seinen prächtigen gelben Blütenständen besitzt eine ähnlich aufragende Wuchsform wie die Schwertlilien. Gern macht er sich im Beet breit. Achten Sie darauf, dass er seine Nachbarn nicht zu sehr bedrängt.

Das Element Holz muss nicht blaugrün sein. In dieser luftigen Blütenpracht zeigt es seine leichte und kreative Seite.

Aus der etwa kniehohen Blattrosette der Yucca sprießen im Juli die schlanken, bis 1,5 m hohen Blütenstände, die sich mit weißen glockenförmigen Blüten schmücken. Die starr aufrechten Blätter der Yucca wiederholen die Blattform der Schwertlilien, bleiben aber im Gegensatz zu diesen auch im Winter erhalten. Zu dieser Jahreszeit zeigt sich das Element Holz außerdem in dem bogenförmig aufstrebenden Wuchs der Sträucher sowie des hohen, im Wind raschelnden Chinaschilfs.

Weitere Ideen

Da das Element Holz der Kreativität und der Fantasie zugeordnet ist, können Sie es auch auf Ihre ganz eigene Art und Weise spielerisch zum Ausdruck bringen. Stellen Sie zum Beispiel etwas, das Sie selbst gemacht haben, im Holz-Bereich auf – sei es ein Mobile aus schönen Zweigen und bunten Perlen oder selbst getöpferte und bemalte Blumentöpfe. Oder richten Sie sich hier einen Platz für handwerkliche Arbeiten ein.

Haben Sie Kinder, stellen Sie eine Schaukel oder andere hölzerne Spielgeräte auf, ein Schachfeld oder was immer Ihnen und Ihren Kindern Spaß macht. Eine eher praktische Gestaltung ist ein Holzschuppen. Er kann Platz bieten für Gartenwerkzeug oder Fahrräder. Hier können Sie auch Kräuter zum Trocknen aufhängen. Außerdem lässt sich ein solcher Schuppen auch als Hobbyraum nutzen.

Eine andere attraktive Gestaltungsidee ist eine Holzterrasse an einem Gartenteich, an dem leichte, hohe Pflanzen wachsen. Bambus zum Beispiel entspricht nicht nur dem Holz-Charakter, sondern passt auch wunderbar an einen Teichrand, besonders in Kombination mit großblättrigen Uferpflanzen wie Funkien oder Schaublatt. Abgerundet wird eine solche Bepflanzung durch Gartenmöbel aus Holz oder Rattan, sie wirken warm und gemütlich.

Um den nährenden Kreislauf weiterzuführen und den Energiefluss zu fördern, sollten Sie auch das Element Feuer in die Gestaltung einbeziehen, zum Beispiel durch Leuchten mit Pyramidengestalt, deren Form in Resonanz zu Feuer steht.

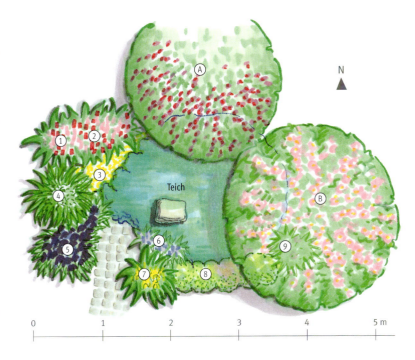

PFLANZENLISTE

Nr.	Anz.	Name	Höhe (cm)	Blütezeit	Farbe
		STAUDEN UND ZWIEBELBLUMEN			
1	5	Schwertlilie *Iris barbata-elatior* 'Rosenquarz' | S. 167	90	Juni	🔴
2	5	Schwertlilie *Iris barbata-elatior* 'Lusty Song' | S. 166	110	Mai – Juni	🔴
3	3	Punktierter Gilbweiderich *Lysimachia punctata* | S. 159	80	Juni – Aug.	🟡
4	1	Chinaschilf *Miscanthus sinensis* 'Gracillimus' | S. 160	170	Sept. – Okt.	🟤
5	7	Sibirische Iris *Iris sibirica* 'Caesar's Brother' | S. 167	100	Juni	🔴
6	3	Japanische Prachtiris *Iris ensata (kaempferi)* 'Taiheiraku' | S. 167	80	Mai – Juni	🔵
7	3	Sumpf-Schwertlilie *Iris pseudacorus* | S. 167	100	Mai – Juni	🟡
8	5	Weicher Frauenmantel *Alchemilla mollis* | S. 152	30–40	Juni – Juli	🟠
9	3	Fädige Palmlilie *Yucca filamentosa* | S. 163	150	Juli – Aug.	⚪
		GEHÖLZE	Höhe (m)		
A	1	Glockenstrauch, Weigelie *Weigela* 'Eva Rathke' | S. 175	2	Juni – Juli	🔴
B	1	Hunds-Rose *Rosa canina* | S. 174	3	Juni	🔴

Das Element Erde sorgt für reiche Ernte

Steht für Sie im Garten Genuss an allererster Stelle? Möchten Sie sich hier entspannen und die Seele nach Herzenslust baumeln lassen? Dann sollten Sie in Ihrem Garten einen Platz nach den Analogien des Elements Erde anlegen. So schaffen Sie einen Aufmerksamkeitspol für die Qualitäten dieses Elements: Das Erdige, Nahrhafte und der Genuss bekommen mehr Raum in Ihrem Leben.

Das Element Erde ist dem Spätsommer zugeordnet. Dies ist die Zeit, in der die Früchte reifen und die Natur uns ihre Fülle präsentiert. An einem Platz im Garten, der diesem Element entspricht, können wir die Früchte der Erde oder – auf übertragener Ebene – die Früchte unserer Arbeit ernten. Hier ruhen wir aus, genießen und erden uns. Alles ist im Überfluss vorhanden

Die Energie des Elements Erde ist nach unten gerichtet. Erde steht für Sicherheit und Bodenständigkeit. Alle erdigen Farbtöne wie warmes Gelb, Braun und Terrakotta passen zu diesem Element. Zugehörige Himmelsrichtungen sind der Südwesten, der Nordosten sowie die Mitte.

Ein Erd-Platz im Garten

Das Element Erde lässt sich im Garten sehr gut in Form eines Sitzplatzes gestalten, der von Pflanzen umgeben ist, die Mensch und Tieren Früchte und Nahrung bieten. In dem hier gezeigten Beispiel liegt der Sitzplatz im Nordosten des Gartens (> Plan). Es ist der perfekte Ort, um sich am Nachmittag nach getaner Arbeit im Liegestuhl zu entspannen, denn die Atmosphäre des Platzes lässt uns zur Ruhe kommen. Außerdem ist der Nachmittag die Zeit im Tageszyklus, die dem Element Erde entspricht. Die Erntezeit beginnt bereits im Frühjahr: Die Walderdbeeren unter den Büschen bieten ab Mai immer Früchte zum Naschen, und auch der Rhabarber gehört zu den ersten Leckereien im Garten. Im Spätsommer reifen dann die Beeren: Stachel-, Johannis- und Brombeeren kann man direkt vom Strauch essen oder als Kuchen und Marmelade genießen. Den Abschluss des Erntesegens bilden die Quitten. Üppige Haselsträucher, die im Herbst reichlich Nüsse liefern, umrahmen den Platz. Auch der Tisch der Vögel ist reich gedeckt: Schwarze Ligusterfrüchte und orangerote Vogelbeeren sind bei ihnen sehr begehrt.

Weitere Ideen

Genuss und Reife sind zwei Aspekte des Elements Erde. Bodenständigkeit und Tatkraft sind diesem Element ebenfalls zugeordnet. Alternativ können Sie Ihren Erd-Platz deshalb auch als Gemüsegarten anlegen, in dem Sie die Erde bearbeiten und Lebensmittel für sich wachsen lassen. Passend sind Gemüse, deren Charakter diesem Element entspricht. Aber pflanzen Sie in erster Linie, was Ihnen schmeckt. Eine Pflanze, deren Schwerpunkt in der Erde liegt, ist eindeutig die Kartoffel. Auch der süßkartoffelähnliche Topinambur ist schmackhaft und mit seinen Blüten, die an Sonnenblumen erinnern, sehr dekorativ. Und natürlich gehören Wurzelgemüse wie Rüben aller Art ins Erd-Beet: Steckrüben, Mohrrüben und Rote Bete. Vergessen Sie auch Mangold nicht, und experimentieren Sie mit schönen Sorten: Es gibt Mangold mit Stielen in leuchtendem Orange,

Sitzplatz

N ◀

0 1 2 3 4 5 6 7 8 9 10 m

Pink oder Gelb, die genauso lecker schmecken wie die grüne Variante. Runde gelbe Kürbisse, lilafarbene Auberginen und süßer Mais runden die Palette der Gemüse ab, die dem Element Erde angehören. Wenn Sie Platz für einen Obstbaum im Garten haben, können Sie eine Quitte, eine Aprikose, einen Pfirsich oder eine Mispel pflanzen.

Spiel mit Formen und Farben

Bei der Gestaltung eines Erde-Bereichs im Garten können Sie auch mit Formen und Farben arbeiten, die dem Element Erde entsprechen, etwa mit Rechtecken und der Farbe Gelb. Dekorativ sind Beete mit einem Schachbrettmuster. Bepflanzen Sie quadratische oder rechteckige Felder mit gelben Blumen in verschiedenen Höhen: ein Feld mit Ringelblumen, eines mit dem bodendeckenden Steinkraut, eines mit Heiligenkraut und eines mit dem hohen Schleier-Sonnenhut. Auch türkischen Mohn, der rot blüht und das Element Erde unterstützt, können Sie verwenden. Als Trittsteine zwischen den Blumen-Feldern eignen sich Ziegelsteine oder Sandsteinplatten in gelben Farbtönen.

Dieser gemütliche Platz bietet Raum, um sich mit Genuss an den Früchten der Erde zu erfreuen.

PFLANZENLISTE

Nr.	Anz.	Name	Höhe (cm)	Blütezeit	Farbe
		STAUDEN UND ZWIEBELBLUMEN			
1	12	Wald-Erdbeere *Fragaria vesca* var. *vesca*	S. 156	20	April – Sept.	○
2	3	Storchschnabel *Geranium macrorrhizum* 'Spessart'	S. 156	25–30	Mai – Juni	●
3	3	Gewöhnliche Goldrute *Solidago virgaurea*	S. 162	60–100	Juli – Sept.	●
4	1	Rhabarber *Rheum rhabarbarum*	S. 177	60–120	Mai – Juni	○
5	4	Pfeffer-Minze *Mentha* x *piperita*	S. 176	40–60	Juni – Sept.	●
		GEHÖLZE	**Höhe (m)**		
A	2	Rote Johannisbeere *Ribes rubrum*	S. 173	1,5	April – Mai	●
B	1	Stachelbeere *Ribes uva-crispa*	S. 174	1,5	April – Mai	●

Nr.	Anz.	Name	Höhe (m)	Blütezeit	Farbe
C	1	Schwarze Johannisbeere *Ribes nigrum*	S. 173	1,5	April – Mai	●
D	1	Gewöhnlicher Liguster *Ligustrum vulgare*	S. 171	4–5	Juni – Juli	○
E	1	Echte Quitte *Cydonia oblonga*	S. 170	6	Mai – Juni	●
F	1	Pfeifenstrauch *Philadelphus coronarius*	S. 172	3	Mai – Juni	○
G	3	Gewöhnliche Haselnuss *Corylus avellana*	S. 169	5–7	März – April	●
H	1	Gewöhnliches Pfaffenhütchen *Euonymus europaeus*	S. 170	2–6	Mai – Juni	●
I	1	Gewöhnliche Vogelbeere *Sorbus aucuparia*	S. 175	6–12	Mai – Juni	○
J	3	Echte Brombeere *Rubus* sect. *Rubus*	S. 174	1–3	Juni – Juli	○

Die Fünf Elemente:
ein Bauerngarten
à la Feng Shui

Leben Sie auf dem Land? Und lieben Sie den Charme, den alte Bauerngärten ausstrahlen? Dann können Sie einen solch traditionellen Garten auch nach den Kriterien von Feng Shui gestalten.

Bauerngärten haben sich im Mittelalter aus Klostergärten entwickelt. Diese waren Nutzgärten, in denen man Gemüse und Heilkräuter anbaute. Die streng formale Anlage hat sich bis heute wenig verändert: Die quadratische Grundform gliedert sich meist in vier Felder, die sich um eine Mitte gruppieren. Jedes Feld ist von einer niedrigen Buchshecke eingefasst. Vielleicht kannte man in den Klöstern die Wirkung des Buchs: Buchs-Einfassungen halten energetische Einflüsse ab. Gleichzeitig sind sie so niedrig, dass sie keine Barriere bilden. Dieser Grundriss wurde für Bauerngärten übernommen, ergänzt durch üppig blühende Stauden und Sommerblumen.

Vier Beete und ein Kraftplatz

Die Hauptrolle in einem Bauerngarten spielt immer der Platz in der Mitte (> Plan). Er ist ein Kraftort, der durch die Anordnung der anderen Felder entsteht. Die symmetrische Form der Anlage steht im Einklang mit den Fünf Elementen, die den vier Himmelsrichtungen und der Mitte zugeordnet sind. Das Rondell im Zentrum entspricht dem Element Erde und ist mit einer üppigen, gelb blühenden Hochstamm-Rose bepflanzt.

Die Bepflanzung der vier Felder rund um das Zentrum richtet sich nach der Himmelsrichtung, in die sie weisen. Die Pflanzen sind in Analogie zu dem Element ausgewählt, dem sie zugeordnet sind.

Im Osten vertreten Rittersporn sowie Apfel-Minze und Katzenminze mit ihrem aufstrebenden Wuchs und ihren hellblauen Blüten die Form und die Farbe des Elements Holz. Den feurigen Charakter des Südens symbolisieren leuchtend rote Lupinen und dunkelroter Phlox. Im Westen zeigen weiße Glockenblumen, weiße Lupinen, Phlox und eine cremeweiße Rose die Farbe des Elements Metall. Im Norden schließlich vertreten die dunkelblauen Blüten von Rittersporn, Lavendel und Wiesen-Ehrenpreis das Element Wasser.

Zu diesen Blumen gesellen sich noch weitere Pflanzen, die nicht bestimmten Himmelsrichtungen entsprechen. Sie können die vier Beete also ruhig nach Ihrem ganz persönlichen Geschmack gestalten.

Weitere Ideen

Als Variante können Sie die Stauden im Feng-Shui-Bauerngarten durch Gemüse ergänzen. Da jedem der Fünf Elemente ein Geschmack zugeordnet ist, kann man Gemüse und Kräuter entsprechend einteilen.

Dem Osten entspricht der saure Geschmack; hierzu zählen zarte Blattgemüse wie Spinat oder Kopfsalat, aber auch Tomaten, Zucchini und Rhabarber sowie Stachel- und Johannisbeeren. Als Kräuter eignen sich beispielsweise Zitronen-Melisse, Sauerampfer, Petersilie und auch Schnitt-Lauch.

Dem Süden und dem Element Feuer entsprechen Pflanzen mit bitterem Geschmack wie Endiviensalat, Radicchio und Artischocken. Basilikum, Fenchel, Dill, Thymian und Lorbeer sind feurige Kräuter.

Rettich, Knoblauch und Zwiebeln besitzen den scharfen Geschmack des Elements Metall. Auch herbere Kohlarten wie Rosenkohl, Grünkohl, Wirsing und auch der Sellerie sind diesem Element des Westens zugeordnet. Koriander und Chili runden die Palette ab.

Zum Wasser und zum Norden gehört der salzige Geschmack. Er ist durch schwarzen Rettich sowie durch verschiedene Hülsenfrüchte wie Bohnen oder Erbsen vertreten.

Strenge Form, üppiger Inhalt: Die Beete des Bauerngartens sind nach den Fünf Elementen bepflanzt.

PFLANZENLISTE

Nr.	Anz.	Name	Höhe (cm)	Blütezeit	Farbe
		STAUDEN UND ZWIEBELBLUMEN			
1	2	Hoher Wiesen-Ehrenpreis *Veronica longifolia* 'Blaubart' | S. 163	60–80	Juli – Aug.	●
2	10	Lavendel *Lavandula angustifolia* 'Hidcote Blue' | S. 159	40	Juli – Aug.	●
3	2	Rittersporn *Delphinium* 'Finsteraarhorn' (E) | S. 155	170	Juni – Okt.	●
4	11	Weicher Frauenmantel *Alchemilla mollis* | S. 152	30–40	Juni – Juli	●
5	1	Apfel-Minze *Mentha rotundifolia* | S. 177	60	Juni – Sept.	●
6	2	Oregano *Origanum vulgare* | S. 177	20–60	Juli – Sept.	●
7	1	Pracht-Storchschnabel *Geranium x magnificum* | S. 156	35–70	Juni – Juli	●
8	1	Rittersporn *Delphinium* 'Völkerfrieden' (B) | S. 155	120	Juni – Sept.	●
9	4	Katzenminze *Nepeta x faassenii* | S. 160	20-30	Juli – Okt.	●
10	10	Erdbeere *Fragaria vesca* var. *hortensis* | S. 156	20	April – Juni	○
11	4	Vielblättrige Lupine *Lupinus polyphyllus* 'Edelknabe' | S. 159	80–100	Juni – Juli	●
12	1	Fingerhut-Bartfaden *Penstemon digitalis* 'Husker's Red' | S. 160	80	Juni – Aug.	○
13	2	Hoher Sommerphlox *Phlox paniculata* 'Herbstglut' | S. 161	100	Juli – Sept.	●

Nr.	Anz.	Name	Höhe (cm)	Blütezeit	Farbe
14	2	Riesendolden-Glockenblume *Campanula lactiflora* 'Alba' | S. 154	90	Juni – Aug.	○
15	3	Bibernelle *Pimpinella saxifraga* | S. 177	50	Juni – Sept.	○
16	3	Nachtkerze *Oenothera fruticosa* 'Fryverkeri' | S. 160	40–50	Juni – Aug.	●
17	1	Hoher Sommerphlox *Phlox paniculata* 'Pax' | S. 161	100	Juli – Sept.	○
18	1	Vielblättrige Lupine *Lupinus polyphyllus* 'Fräulein' | S. 159	80–100	Juni – Juli	○
		EIN- UND ZWEIJÄHRIGE			
a	3	Bart-Nelke *Dianthus barbatus* | S. 164	50	Mai – Juli	●
		GEHÖLZE	**Höhe (m)**		
A	5/m	Umrandung: Buchsbaum *Buxus sempervirens* 'Suffruticosa' | S. 168	0,5–1	März – April	●
B	1	Rose *Rosa* 'Florentina' | S. 174	0,9	Juni – Okt.	●
C	1	Rose *Rosa* 'Bernsteinrose' | S. 174	0,6	Juni – Okt.	●
D	2	Rose *Rosa* 'Rosa Gruß an Aachen' | S. 174	0,5	Juni – Okt.	●
E	2	Rose *Rosa* 'Gruß an Aachen' | S. 174	0,5	Juni – Okt.	○
F	1	Hochstamm-Rose *Rosa* 'Graham Thomas' | S. 174	1,2	Juni – Okt.	●

Mit dem Bagua-Modell
Glück und Harmonie finden

Die Gestaltung nach dem Bagua ist dann der richtige Ansatz, wenn Sie sich mit einem bestimmten Lebensthema auseinandersetzen möchten (> Seite 179). Besonders geeignet für dieses Modell sind rechteckige Grundstücke, weil sich das Drei-Türen-Bagua am leichtesten auf sie anwenden lässt. Aber auch für andere Formen bietet das Bagua Lösungen (> Seite 48ff.). Der Begriff »Bagua« bedeutet »acht (Ba) Trigramme (Gua)« und bezieht sich auf das I-Ging, das Buch der Wandlung. Dies ist eine der ältesten chinesischen Schriften und eine Grundlage des traditionellen Feng Shui. Die acht Trigramme symbolisieren die äußeren Bagua-Zonen, ein neuntes Feld die Mitte.

»Der Weg ist das Ziel.«

KONFUZIUS

Die Bagua-Zonen

Die acht Bagua-Zonen, die um das Feld in der Mitte, das Tai Chi, angeordnet sind, repräsentieren die acht grundlegenden Lebensthemen. Das Tai Chi ist im Daoismus, einer der ältesten Philosophien und Religionen Chinas, ein Synonym für die universelle Urkraft. Sie wird meist durch das Yin-Yang-Symbol dargestellt, welches das harmonische Wechselspiel dieser beiden Kräfte zeigt (> Seite 16). Im Bagua steht das Tai Chi für die Mitte, in der sich die Qualiäten aller acht Bagua-Zonen vereinen.

Durch die Gestaltung einer bestimmten Bagua-Zone können Sie Ihre persönliche Entwicklung in Bezug auf dieses Lebensthema fördern. Lassen Sie die folgenden Affirmationen auf sich wirken und prüfen Sie, ob Sie sich davon angesprochen fühlen:

➤ Feld 1, Karriere: Ich finde meinen Lebensweg und verwirkliche meine Ideen.
➤ Feld 2, Partnerschaft: Ich pflege nahe Zweierbeziehungen.
➤ Feld 3, Familie: Ich schöpfe Kraft aus meinen Wurzeln, meiner Vergangenheit und meiner Herkunft.
➤ Feld 4, Reichtum: Ich lebe in der Fülle.
➤ Feld 5, Mitte: Ich ruhe in mir und im lebendigen Sein.
➤ Feld 6, Hilfreiche Freunde: Ich bekomme Hilfe und helfe anderen.
➤ Feld 7, Kinder/Kreativität: Ich bin kreativ und voller Lebenslust.
➤ Feld 8, Wissen: Ich erfahre innere Weisheit.
➤ Feld 9, Ruhm und Anerkennung: Ich werde geachtet und anerkannt.

Die einzelnen Bagua-Zonen stehen nicht isoliert, sondern haben eine Beziehung zueinander. So steht etwa das Thema des Bereichs Karriere – wie Sie sich selbst wahrnehmen – dem Bereich Ruhm und Anerkennung – wie Sie von außen wahrgenommen werden – gegenüber.

Der Chi-Fluss im Bagua

Die einzelnen Bagua-Felder werden durch den Fluss des Chi angeregt. Dabei bewegt sich das Chi in Schleifen durch alle Zonen. Zwischendurch schwingt es immer wieder in die Mitte, verweilt dort und wendet sich dann dem nächsten Thema zu. Mit etwas Übung können Sie diesen Chi-Fluss wahrnehmen: Gehen Sie durch

INFO Das Drei-Türen-Bagua

Die hier vorgestellte relativ junge Richtung des Feng Shui wurde von Thomas Lin Yun, dem Oberhaupt der tantrisch-buddhistischen Schwarzhut-Schule, in Kalifornien entwickelt. Sie ist besonders im Westen weit verbreitet. In der fernöstlichen Tradition dominieren dagegen seit Jahrtausenden die Formen-Schule, die in einer formenreichen, bergigen Region Chinas entstand, und die Richtungs-Schule, die sich nach den Himmelsrichtungen orientiert und im flachen Land ihren Ursprung hat.

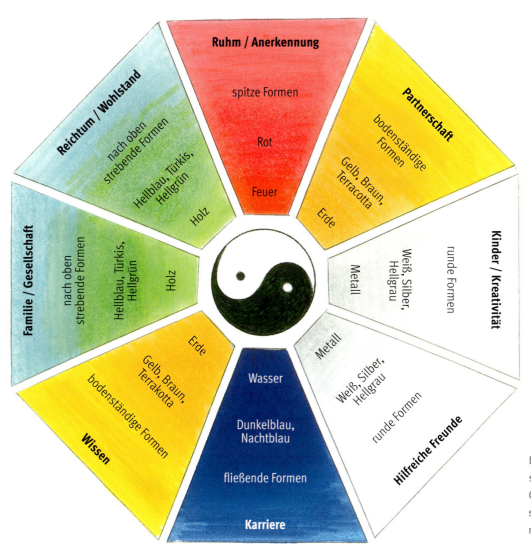

Ruhm / Anerkennung
spitze Formen
Rot
Feuer

Partnerschaft
bodenständige Formen
Gelb, Braun, Terracotta
Erde

Reichtum / Wohlstand
nach oben strebende Formen
Hellblau, Türkis, Hellgrün
Holz

Familie / Gesellschaft
nach oben strebende Formen
Hellblau, Türkis, Hellgrün
Holz

Kinder / Kreativität
Metall
Weiß, Silber, Hellgrau
runde Formen

Wissen
Erde
Gelb, Braun, Terrakotta
bodenständige Formen

Karriere
Wasser
Dunkelblau, Nachtblau
fließende Formen

Hilfreiche Freunde
Metall
Weiß, Silber, Hellgrau
runde Formen

Die acht Zonen des Bagua sind um die Mitte, das Tai Chi, angeordnet. Gemeinsam symbolisieren sie die neun Lebensthemen.

den Garten und schauen Sie, was Ihnen begegnet. Bleiben Sie irgendwo stecken? Wo überrascht Sie ein besonders schöner Anblick? Dieser Gang zeigt Ihnen, wo die Energien im Garten leicht fließen, wo sie stocken, wo sie verweilen und wo sie versickern. Ideal ist ein gleichmäßiger Fluss. Aber vergessen Sie nicht: Unregelmäßigkeiten gehören zum Leben und spornen uns zu Wachstum an.

Die Anwendung des Bagua

Das Raster des Drei-Türen-Bagua legt man so auf den Grundriss des Gartens, dass sich der Zugang im Bereich »Wissen«, »Karriere« oder »Hilfreiche Freunde« befindet. Daher kommt auch der Name »Drei-Türen-Bagua«.

Diese Form des Bagua ist ein vereinfachtes System, bei dem die Elemente den Feldern fest zugeordnet sind. Das Bagua-Raster ist völlig unabhängig von der Ausrichtung des Grundstücks nach den Himmelsrichtungen, sondern orientiert sich nach dem Grundstückseingang. Der Blick richtet sich dabei hauptsächlich auf das eigene Grundstück, nicht darauf, wie das Grundstück in der Umgebung orientiert ist. Man gestaltet die Seiten des Grundstücks also gemäß dem Element, das der jeweiligen Bagua-Zone entspricht. Daraus ergibt sich ein anderer Gestaltungsansatz als bei der Richtungsschule (> Info Seite 88), bei der das Bagua immer gemäß der Himmelsrichtung angelegt wird. Trotz dieser Vereinfachung ist das Drei-Türen-Bagua eine sehr wirkungsvolle Gestaltungsgrundlage.

Bagua-Zone Karriere:
der richtige Weg zum Erfolg

Haben Sie das Gefühl, mit Ihrem Leben im Fluss zu sein? Finden Sie immer einen guten Anfang für das, was Sie beginnen wollen? Oder wissen Sie eher nicht so genau, in welche Richtung Sie mit sich und Ihrem Leben wollen? Wenn dies der Fall ist, sollten Sie sich besonders mit der Karriere-Zone in Ihrem Garten beschäftigen. Sie symbolisiert den Anfang und zeigt, auf welche Art und Weise Sie Ihr Leben in die Hand nehmen und gestalten. Das kann sich sowohl auf Ihren beruflichen als auch auf Ihren gesamten persönlichen Lebensweg beziehen. Strukturieren Sie diese Zone möglichst gut. Idealerweise führt ein klar definierter Weg durch sie hindurch. Er ist ein Symbol für die Zielstrebigkeit, mit der Sie durch das Leben gehen und verwirklichen, was Sie sich vorgenommen haben.

Die Bagua-Zone Karriere befindet sich in der Mitte der Eingangsseite Ihres Gartens und ist dem Element Wasser zugeordnet. Wasser sollte

bei der Gestaltung der Karriere-Zone immer eine Rolle spielen. Denn erstens ist Wasser als Element dieser Zone analog. Und zweitens ist bewegtes, frisches Wasser ein Symbol für den Chi-Fluss. Kann das Chi ungehindert durch die Karriere-Zone fließen, wirkt sich dies zusätzlich anregend auf den Fluss Ihres persönlichen und beruflichen Lebens aus.

Ordnung schaffen

Sie können die Karriere-Zone auf sehr verschiedene Weise anlegen. Unterstützend für einen guten Chi-Fluss sind leicht geschwungene Wege. Sie sollten auch darauf achten, dass nichts den Durchgang versperrt. Alles sollte frei und offen, klar und einladend sowie gut begehbar sein. Betrachten Sie den Karriere-Bereich Ihres Gartens nach diesem Kriterium näher – oft hilft es schon, ein wenig aufzuräumen. Da Wasser vom Element Metall unterstützt wird, sollten Sie bei der Gestaltung auch Farben und Formen wählen, die diesem Element entsprechen.

Ein Springbrunnen verströmt Chi

In dem hier gezeigten Beispiel führt der Weg vom Grundstückseingang in leicht geschwungenen Kurven zu einem Wasserbecken mit Springbrunnen (> Plan). Sobald man durch den Eingang geht, zieht der Brunnen die Blicke auf sich und lädt ein, dort zu verweilen. Der Weg, der durch die Karriere-Zone führt, ist klar von den Beeten abgegrenzt, und auch der Weg rund um den Brunnen steht durch die andere Farbe des Pflasters in deutlichem Kontrast zum Hauptweg.

Passiert man den Springbrunnen, nimmt man die Energie des Wassers auf. Die Fontäne verwirbelt das Chi und sprüht es in die Umgebung, sodass jeder, der am Brunnen vorbeigeht, in den Genuss von frischem Chi kommt. Die runde Form des Wasserbeckens entspricht dem Element Metall. Es unterstützt und hält das Element Wasser, das für sich allein formlos ist. Eine geschickt platzierte Beleuchtung macht den Brunnen auch abends zum Blickpunkt und dient der Orientierung. So sind alle Wege im Garten gut ausgeleuchtet.

Ein lebhaft sprudelnder Brunnen sorgt für Aktivität in der Karriere-Zone.

Am Brunnen gabelt sich der Weg und führt in unterschiedliche Gartenbereiche weiter. Diese Gestaltung ist ein Symbol für zwei Menschen, die als Paar zusammenleben und gleichberechtigt ihrem Beruf nachgehen. Jeder hat seinen eigenen Weg definiert. Das Beispiel zeigt, dass eine moderne Interpretation des Feng Shui möglich ist, denn im klassischen Feng Shui wird nur das Familienoberhaupt berücksichtigt und nur dessen Weg gestaltet.

Die Pflanzen um den Brunnen sind den Elementen Wasser und Metall zugeordnet. Zu ihnen zählen Sträucher wie der immergrüne Kirschlorbeer und die Hortensie. Auch blau und weiß blühende Stauden wie die Dreimasterblume oder Funkien passen zu diesen Elementen. Das Chinaschilf steht für die frische Kraft des Holzes und bringt den Aspekt der Zukunft ein. Denn das Element Holz folgt im nährenden Kreislauf der Elemente auf das Wasser.

Weitere Ideen

Sie können den Bereich Karriere mit den Analogien des Elements Wasser auch anders gestalten. Als Hauptfarben eignen sich Dunkelblau und Weiß. Da Wasser dem Klang zugeordnet wird, sind auch Klangspiele eine gute Wahl. Ergänzen Sie eine solche Gestaltung mit weiß blühenden Pflanzen mit runder Wuchsform. Sie entsprechen dem Element Metall.

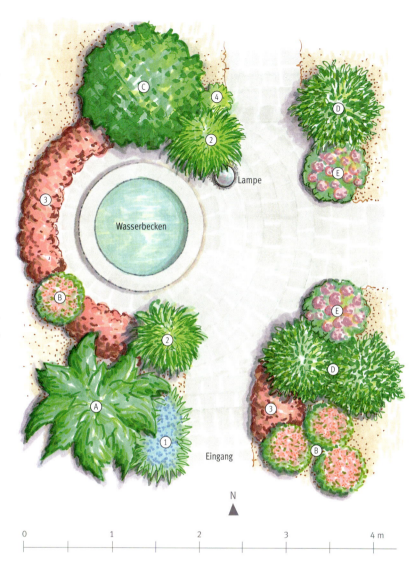

PFLANZENLISTE

Nr.	Anz.	Name	Höhe (cm)	Blütezeit	Farbe
		STAUDEN UND ZWIEBELBLUMEN			
1	3	Dreimasterblume 'Zwanenburg Blue' | S. 163	50	Juni – Sept.	●
2	2	Chinaschilf *Miscanthus sinensis* 'Gracillimus' | S. 160	170	Sept. – Okt.	●
3	25	Kleinbl. Purpurglöckchen *Heuchera micrantha* 'Palace Purple' | S. 158	30–40	Juni – Aug.	●
4	3	Schmalblatt-Funkie *Hosta sieboldii* | S. 158	30–50	Juli – Aug.	●

Nr.	Anz.	Name	Höhe (m)	Blütezeit	Farbe
		GEHÖLZE			
A	1	Chinesischer Wacholder *Juniperus chinensis* 'Hetzii' | S. 171	2–4		
B	4	Rosa Zwergspiere *Spirea japonica* 'Anthony Waterer' | S. 175	0,6–0,8	Juli – Sept.	●
C	1	Gewöhnliche Stechpalme *Ilex aquifolium* | S. 171	10–12	Mai – Juni	○
D	3	Kirschlorbeer *Prunus laurocerasus* 'Otto Luyken' | S. 172	1,5	Mai	○
E	2	Garten-Hortensie *Hydrangea macrophylla* | S. 171	1,5	Juni – Sept.	●

Bagua-Zone Partnerschaft:
ein Platz
für die Liebe

Leben Sie in einer Partnerschaft und möchten sie harmonisch gestalten? Oder sind Sie auf der Suche nach einem Lebenspartner? Bedarf das Verhältnis zu Ihrem Chef oder einem Arbeitskollegen der Verbesserung? Wenn das so ist, sollten Sie sich um die Partnerschafts-Zone kümmern.

Während dieser Bereich im klassischen Feng Shui nur die Ehe repräsentiert, wird das Thema heute im modernen Feng Shui auf Zweierbeziehungen jeglicher Art erweitert – ganz gleich ob in privaten oder in beruflichen Zusammenhängen.

In dieser Zone können Sie Ihre Vorstellung von einer Partnerschaft symbolisch darstellen. Das Ziel jeder Gestaltung ist dabei Ausgewogenheit. Wenn Sie sich eine gleichberechtigte, harmonische Partnerschaft wünschen, sollten Sie also Hierarchie und Ungleichgewicht vermeiden. Ein einfaches Ausdrucksmittel für eine solche Gestaltung sind zum Beispiel paarweise aufgestellte Elemente, etwa zwei gleiche Pflanzen oder zwei gleiche Garten-Dekorationen. So ist sichergestellt, dass keines der beiden Elemente über das andere dominiert. Die Partnerschafts-Zone entspricht nach dem Bagua-Raster dem rechten hinteren Feld in Ihrem Garten und ist dem Element Erde zugeordnet.

Alt und jung: Die dynamischen Holzfiguren symbolisieren das junge Paar. Auf den beiden Stühlen kann sich das ältere Paar – im übertragenen Sinn – zur Ruhe setzen.

Zwei Generationen unter einem Dach

Die Gestaltung der Partnerschafts-Zone muss aber nicht auf zwei Personen beschränkt bleiben. Leben mehrere Generationen auf einem Grundstück zusammen – beispielsweise ein Elternpaar und eines seiner Kinder mit seinem Partner –, können Sie die Partnerschafts-Zone auch für zwei Paare anlegen.

Bei einer solchen Gestaltung ist es wichtig, dass die Partnerschafts-Zone die Situation beider Paare symbolisiert. Wenn ein älteres und ein junges Paar auf einem Grundstück leben, sollte die Gestaltung also nicht nur die Polarität von Mann und Frau widerspiegeln, sondern auch das unterschiedliche Alter der beiden Paare. Wie in der Abbildung unten zu sehen, repräsentieren die beiden gleichartigen, grün bemoosten und einander zugewandten Stühle im Schatten des kleinen rundlichen Hainbuchenpavillons das ältere Paar. Dieser Bereich hat eher einen Yin-Charakter und zeigt, dass sich die beiden aufgrund ihres Alters allmählich beginnen zurückzuziehen.

Das junge Paar wird durch die beiden Holzfiguren dargestellt. Seite an Seite stehen sie vor dem hellen, hohen Tor. Diese Situation symbolisiert, dass sie ihr Leben noch vor sich liegen haben und ihnen noch viele verschiedene Wege und Möglichkeiten offen stehen.

Auch wenn Hainbuchen ihr Laub abwerfen, tun sie dies meist zu einem sehr späten Zeitpunkt im Winter. Aber auch ohne Blätter bilden sie lange einen passenden Rahmen für die Darstellung der partnerschaftlichen Beziehungen.

Zweisamkeit im Pavillon

Für ein einzelnes Paar bietet sich ein Pavillon als gelungene Gestaltung der Partnerschafts-Ecke an, wie das Beispiel auf Seite 93 zeigt. Ein geschwungener Weg führt aus der als Bauerngarten gestalteten Mitte des Gartens in den Partnerschafts-Bereich, der mit einem Pavillon bebaut ist. Der auffällige, helle Kies und die Einfassung aus dunklem Basalt geben dem Weg eine extravagante Note. Der Weg leitet die Aufmerksamkeit auf die Terrasse aus erdfarbenen

Natursteinplatten, die vor dem Pavillon liegt. Er führt an einer Engelstrompete vorbei, deren üppige, trompetenförmige Blüten das Paar hierher zu rufen scheinen. In dem geräumigen Pavillon aus hellem, honigfarbenem Holz kann man sich gemeinsam niederlassen und lauschige Stunden zu zweit verbringen. Durch die großen Fenster des Pavillons schaut man nach vorne in den Garten, nach hinten ist der Pavillon durch eine Wand geschützt. Die Einrichtung des Pavillons erlaubt es aber auch, dort in harmonischer und entspannter Atmosphäre ein Gespräch unter vier Augen mit einem Geschäftspartner oder Kollegen zu führen. Zudem lässt sich der Pavillon nicht nur in der warmen Jahreszeit nutzen. Durch einen Ofen, der sich mit seinem rostbraunen Farbton wunderbar hier einfügt, ist er beheizbar und bietet somit auch im Winter ein kuscheliges »Gartenzimmer«. Und im Sommer kann man mit dem Ofen sowohl grillen als auch an kühleren Abenden für wohlige Temperaturen sorgen. Der Ofen bereichert diese Bagua-Zone noch durch einen zweiten Aspekt: Er repräsentiert das Element Feuer und unterstützt so nach dem nährenden Kreislauf das Element Erde, das der Partnerschafts-Zone zugeordnet ist. Eine Partnerschafts-Zone, die so aufwendig und sorgfältig gestaltet ist, weist auf ein Paar hin, das in einer stabilen Beziehung lebt. Umgekehrt können Sie aber auch durch die entsprechend liebevolle Gestaltung dieser Zone das Thema Partnerschaft in Ihrem Leben anregen.

Romantischer Sitzplatz

Sind Sie gerade frisch verliebt, oder wollen Sie sich verlieben? Dazu müssen Sie nicht gleich einen soliden Pavillon bauen. Zunächst einmal reicht eine romantische Bank für zwei Personen als passendes Ausdrucksmittel in der Partnerschafts-Ecke. Von roten Rosen umrankt, können Sie dort auf bequemen Kissen ruhend Ihren Liebsten treffen. Frauenmantel, Männertreu und Herzgespann greifen als Pflanzen das Thema auf. Zusammen mit zartem Schleierkraut und duftigem Lavendel komplettieren sie die Rosenpracht zu einem malerisch-romantischen Gartenbild.

Der Liebe ein Gartenhaus gebaut: Dies verheißt eine solide Partnerschaft.

Pflanzen-Paare als Symbole für Mann und Frau

Am einfachsten lässt sich die Partnerschafts-Ecke mithilfe von Pflanzen-Paaren gestalten. Richtig gewählt, sind sie ein Symbol von Yin und Yang, also des männlichen und des weiblichen Prinzips. Beispiele dafür sind der Sanddorn und die Kiwi. Beide sind zweihäusig, d. h. die männlichen und weiblichen Blüten wachsen an verschiedenen Pflanzen. So symbolisieren sie die Eigenständigkeit des Weiblichen und des Männlichen. Setzen Sie ein Paar dieser Pflanzen in der Partnerschafts-Ecke nebeneinander. Sie ergänzen sich gegenseitig, und die weibliche Pflanze kann Früchte bilden. Wenn Sie viel Platz haben, können Sie auch zwei verschiedene Lindenarten pflanzen: Die Sommerlinde hat Yin-Charakter, die Winterlinde Yang-Charakter. Zusätzlich besitzen beide Herz-Qualität. Pflanzen Sie sie, wenn möglich, so dicht, dass sie im Laufe der Jahre eine gemeinsame Krone bilden. Auch ein rotlaubiges und grünlaubiges Gehölz derselben Art sind ein Symbol für Yin und Yang.

Bagua-Zone Familie: gute Beziehungen geben Rückhalt

Sind Sie mit Ihrer Familie im Reinen? Fühlen Sie sich Ihrer Familie und Ihren Vorfahren zugehörig, und sind Sie damit einverstanden, in Ihrer Familientradition zu stehen? In dieser Bagua-Zone geht es um Familie und Gesellschaft, um Ihre Wurzeln und um Ihre soziale Kompetenz. Sie ist ein Abbild Ihres Verhältnisses zu Ihren Eltern, Großeltern und Ahnen. Diese Beziehung ist die Basis für Ihre persönliche Entwicklung und Ihr Wachstumspotenzial. Denn die Familie, aus der Sie kommen, hat Sie entscheidend geprägt, und die vergangenen Generationen beeinflussen noch heute viele Ihrer Verhaltensmuster. Erst wenn Ihr Verhältnis zu Ihrer Familie geklärt ist und Sie in Frieden mit Eltern, Großeltern, Onkeln und Tanten leben, können Sie aus der Vergangenheit Kraft schöpfen.

Doch nicht nur Ihre familiäre Herkunft, sondern auch Ihr Verhältnis zu Vorbildern und Autoritätspersonen spiegeln sich hier wider. Die sozialen Strukturen an Ihrem Arbeitsplatz, der Umgang mit Vorgesetzten und Kollegen ist genauso angesprochen wie die Frage, wie Sie sich in Gruppen integrieren. Dazu zählen Ihr Kegelclub, Ihre Stadt oder das Land, in dem Sie leben. Fühlen Sie sich wohl in Ihrer Rolle als Mitarbeiter, Deutscher oder Europäer? Diese Bagua-Zone liegt in der Mitte auf der linken Gartenseite und ist dem Element Holz zugeordnet.

Strukturen schaffen Klarheit

Ziel der Gestaltung dieser Bagua-Zone ist es, für Klarheit zu sorgen. Denn wenn dieser Bereich Ihres Gartens gut strukturiert ist, fällt es Ihnen auch leichter, mit den familiären und gesellschaftlichen Strukturen umzugehen, die Sie bis heute geprägt haben.

Schauen Sie sich als Erstes in dieser Bagua-Zone um. Ist sie klar und ordentlich, oder haben sich hier Dinge angesammelt, die Sie längst nicht mehr brauchen oder die Ihnen nicht mehr gefallen? Alter Ballast bindet Energie. Er ist ein Zeichen dafür, dass in Ihren sozialen Beziehungen noch Unklarheiten bestehen. Ist dies der Fall, räumen Sie zunächst einmal auf. So bringen Sie die Energie ins Fließen und bekommen neue Kraft, um alte Konflikte zu lösen. Denn nur in geklärten Beziehungen finden Sie den Rückhalt, den Sie brauchen, um voller Schwung Neues anzugehen.

Ein Treffpunkt für alle

In einem zweiten Schritt können Sie die Familien-Zone bewusst gestalten. Sie ist der ideale Platz für einen geräumigen Sitzbereich, an dem Sie sich mit Ihrer ganzen Familie treffen und Feste feiern können. Haben Sie keine große Familie, kommen Sie hier mit Ihrem Freundeskreis zusammen. In jedem Fall sollten Sie diese Zone offen und freundlich gestalten, sodass Sie hier Gemeinschaft leben können. Dabei darf es ruhig laut und fröhlich zugehen. Weil diese Zone dem Element Holz zugeordnet ist, sollten Sie Materialien, Farben und Formen wählen, die die leichte, frische Energie dieses Elements ausstrahlen. Passend ist etwa ein großzügiger Holztisch, an dem viele Menschen Platz haben, und bequeme Holzstühle oder Rattansessel. Hohe, schlanke Lampen, Kissen und Tischdekorationen in den Holzfarben von Hellblau über Türkis bis Hellgrün verleihen

INFO Yin-Feng-Shui für die Ahnen

Die Basis des heutigen Feng Shui ist das Yin-Feng-Shui, das Feng Shui für die Toten. Die Achtung vor den Ahnen hat in China zentrale Bedeutung. Nach dortiger Vorstellung besteht die Seele aus zwei Hälften, die sich nach dem Tod trennen. Die eine ist die geistige Seele, die den Körper verlässt. Die andere bleibt bei ihm. Für sie wurde das Grab-Feng-Shui entwickelt, das Yin-Feng-Shui. Erst später entstand das Feng Shui für die Häuser der Lebenden, das bei uns gängige Yang-Feng-Shui.

Zu Füßen eines kräftigen Baums ist der ideale Platz für ein sommerliches Familienfest.

dem Platz eine fröhliche Note. Aufrechte, lichte Pflanzen bilden den Rahmen für den Sitzplatz. Vergessen Sie auch nicht, die im nährenden Kreislauf benachbarten Elemente zu integrieren. Geeignet ist eine Grillstelle, denn Holz nährt das Element Feuer. Und bei einem geselligen Grillabend lässt sich die Gemeinschaft besonders gut pflegen. Auch ein Brunnen passt an die Seite eines solchen Sitzplatzes: Fröhlich sprudelndes Wasser unterstützt das Element Holz und wirkt mit seinem Plätschern anregend.

Einen Baum pflanzen

Wollen Sie gerade eine Familie gründen und haben einen relativ großen Garten? Dann können Sie für Ihre Kinder zur Geburt einen Baum in die Familien-Zone pflanzen. Dieser Brauch war früher weit verbreitet. Den Lebensbaum für Ihr Kind können Sie nach dessen Geburtsdatum bzw. dem Sternzeichen aussuchen. Denn jedem Sternzeichen ist ein Baum zugeordnet: dem Widder die Eiche, dem Stier die Birke, dem Zwilling die Ulme, dem Krebs die Kirsche, dem Löwen die Esche, der Jungfrau die Haselnuss, der Waage die Linde, dem Skorpion die Tanne oder Fichte, dem Schützen der Ahorn, dem Steinbock die Buche, dem Wassermann die Walnuss und den Fischen die Weide. Übrigens: Da die Vergangenheit als Grundlage für das jetzige Leben in diesem Bagua-Feld Thema ist, passt auch der Kompost in diese Zone. Denn er wandelt Abfälle in fruchtbare Erde und lässt die Pflanzen mit frischer Kraft wachsen.

Bagua-Zone Reichtum:
fließendes Wasser bringt Fülle

Sind Sie mit Ihrem Einkommen zufrieden, und können Sie aus dem Vollen schöpfen? Haben die Dinge genug Raum in Ihrem Leben, die Sie bereichern und beglücken?

Die vierte Zone des Bagua-Rasters ist dem Thema Reichtum zugeordnet. Sie befindet sich in der hinteren linken Ecke Ihres Gartens und entspricht dem Element Holz. In dieser Zone geht es um materielle Dinge, um Ihr Verhältnis zu Geld und Reichtum. Auf einer übergeordneten Ebene zählen dazu auch nicht-materielle Werte, also alles, was für Sie kostbar ist.

Wenn Sie Fülle in Ihr Leben lassen möchten, sollten Sie Ihr besonderes Augenmerk auf diesen Bereich Ihres Gartens richten. Ist er attraktiv und üppig? Oder haben Sie ihn bislang nur wenig beachtet oder sogar vernachlässigt? Dann ist es Zeit, durch eine gezielte Gestaltung die Aufmerksamkeit auf ihn zu lenken.

Reichtum im Überfluss

Achten Sie bei der Gestaltung der Reichtums-Zone immer darauf, dass sie einen empfangenden Charakter hat. Dies kann ganz konkret eine dekorative Schale sein. Oder Sie schaffen einen freien Raum mit einladendem Charakter, an dem Sie sich selbst gerne aufhalten. So zeigen Sie, dass diese Zone Ihnen etwas bedeutet und Sie ihr genügend Beachtung schenken. Für die Gestaltung ist es wichtig, dass Sie eine leichte, fließende Atmosphäre schaffen. Dies gelingt mit den Farben des Elements Holz: Hellgrün, Hellblau, Türkis – ergänzt durch Dunkelblau, der Farbe des Elements Wasser, das Holz im nährenden Kreislauf der Elemente fördert. Eine schöne Beleuchtung lenkt auch am Abend die Aufmerksamkeit auf diesen Bereich. Passend sind Lichtsäulen. Ihre aufrechte Form greift das Element Holz auf.

Wie bereits erwähnt, unterstützt Wasser das Element Holz, integrieren Sie es deshalb nach Möglichkeit in der Reichtums-Zone. Ideal ist ein Wasserlauf oder ein Springbrunnen. Das muntere Plätschern bringt frische Energie in diesen Bereich. Das Wasser sollte immer sauber sein, sonst bringt es nicht die Energie, die in dieser Bagua-Zone förderlich ist. Von Nachteil ist auch, wenn das Wasser im Boden versickert. Dann lockt es nicht den Reichtum und die Fülle an, die Sie sich wünschen.

Und nicht zuletzt braucht gerade diese Bagua-Zone zur Gartengrenze hin einen deutlichen Halt, beispielsweise in Form eines begrünten Zauns. Er sorgt dafür, dass das Chi innerhalb Ihres Gartens zirkuliert und nicht über die Gartengrenzen abfließt.

Ein Teich mit Schwing-Schalen

Eine attraktive Gestaltungsidee für lebendig fließenden Reichtum sind sogenannte Schwingschalen oder Flow-Formen (> Plan). Das sind speziell geformte Schalen, in denen das Wasser in Form einer liegenden Acht fließt. Diese liegende Acht, auch Lemniskate genannt, symbolisiert den unendlichen Fluss des Chi. Wie das Wasser soll auch das Geld immer im Fluss sein. Nach dem Gesetz des Energieflusses schafft erst Geben Platz für das Empfangen. Während das Wasser durch die Schwingschalen in rhythmisch pulsierende Bewegung versetzt wird, wird das im Wasser gespeicherte Chi aktiviert. Diese vitalisierende Energie überträgt

Schwingschalen

Teich

N

0   1   2   3   4 m

sich auch auf uns Menschen: Betrachtet man den Wasserlauf, spürt man die belebende Wirkung des energetisch aufgeladenen Wassers. Größe und Zahl der Schalen können Sie beliebig kombinieren. Haben Sie genügend Platz, können Sie einen ganzen Wasserlauf gestalten. Je mehr Schalen Sie aneinanderreihen, umso mehr reichert sich das Chi an.

In dem hier gezeigten Beispiel plätschert das Wasser durch zwei Schwingschalen in einen Teich. So ist das Wasser im Teich ständig in Bewegung. Der aufrechte Wuchs von Trollblumen, Taglilien und Iris vermittelt zusammen mit den hohen Halmen des Chinaschilfs und der anderen Gräser am Teichrand die luftige Atmosphäre des Elements Holz. Dreimasterblumen und Frauenmantel gehören dem Element Wasser an und unterstützen die Energie dieses Platzes. Eine dichte immergrüne Hecke hinter dem Teich hält das Chi im Garten.

Weitere Ideen

Sie können die Reichtums-Zone auch mit für das Thema stellvertretenden Pflanzen gestalten. In der chinesischen Tradition steht beispielsweise die mit unserer Pfingstrose verwandte

Schwingschalen bringen das Wasser in lebendige Bewegung und sind ideal für den Bagua-Bereich Reichtum.

Baumpäonie für Wohlstand. Ihre eindrucksvollen Blüten machen sie in China zu einer der beliebtesten Gartenpflanzen. Sie fühlt sich auch in unseren Gärten wohl.

Ein anderes Symbol für Reichtum ist ein Mobile aus Münzen, das Sie an einen Baum in dieser Zone hängen. Gut geeignet sind traditionelle chinesische Münzen mit einem Loch in der Mitte. Oder Sie finden Ihre eigenen Symbole für Reichtum und für die Lebensbereiche, in denen Sie mehr Fülle erleben möchten.

PFLANZENLISTE

Nr.	Anz.	Name	Höhe (cm)	Blütezeit	Farbe
		STAUDEN UND ZWIEBELBLUMEN			
1	1	Zitronen-Taglilie *Hemerocallis citrina* | S. 157	120	Juli – Aug.	●
2	4	Europäische Trollblume *Trollius europaeus* | S. 163	50–60	Mai – Juni	●
3	1	Chinaschilf *Miscanthus sinensis* 'Gracilimus' | S. 160	170	Sept. – Okt.	●
4	2	Gilbweiderich *Lysimachia punctata / L. vulgaris* | S. 159	60–90	Juni – Aug.	●
5	7	Weicher Frauenmantel *Alchemilla mollis* | S. 152	30–40	Juni – Juli	●
6	7	Sibirische Schwertlilie *Iris sibirica* | S. 167	60–80	Mai – Juni	●
7	5	Dreimasterblume 'Zwanenburg Blue' | S. 162	40–50	Juni – Sept.	●

Nr.	Anz.	Name	Höhe (cm)	Blütezeit	Farbe
8	1	Riesen-Segge *Carex pendula* | S. 155	80–100	Juni – Juli	●
9	2	Sumpf-Segge *Carex acutiformis* | S. 154	60–120	Mai – Juli	●
10	1	Gewöhnliche Sumpfdotterblume *Caltha palustris* | S. 154	30	April – Mai	●
11	1	Sumpf-Schwertlilie *Iris pseudacorus* | S. 167	100	Mai – Juni	●
		GEHÖLZE	Höhe (m)		
A	1	Fächer-Ahorn *Acer palmatum* | S. 168	5–8	Mai – Juni	●
B	1	Kirschlorbeer *Prunus laurocerasus* 'Otto Luyken' | S. 172	1,5	Mai	●
C	1	Roter Fächer-Ahorn *Acer palmatum* 'Atropurpureum' | S. 168	3–5	Mai – Juni	●

Bagua-Zone Mitte:
das Zentrum
der Lebenskraft

Fühlen Sie sich wohl, wenn Sie im Mittelpunkt sind? Stehen Sie voller Kraft im Leben oder fehlt Ihnen manchmal die Energie? Die fünfte Bagua-Zone befindet sich in der Mitte Ihres Gartens. Sie wird auch Tai Chi genannt und versinnbildlicht das Zentrum Ihrer Lebenskraft. Von hier strömt die Energie in alle anderen Bagua-Bereiche, die rings um das Zentrum angeordnet sind, und belebt sie. Aus der Mitte schöpfen wir Kraft für unseren Alltag.

Diese Zone ist auch ein Symbol dafür, wie aufgeschlossen wir allen Chancen gegenüber sind, die uns das Leben bietet. Deshalb ist es wichtig, die Mitte so frei und unverbaut wie möglich zu gestalten. Dann können die Energien leichter

fließen, und Sie können sie besser empfangen. Ist die Mitte in Ihrem Garten zugewuchert oder zugestellt, sollten Sie als Erstes aufräumen. Anschließend können Sie die Mitte so gestalten, dass sie klar definiert ist und in Kontakt mit allen anderen Gartenbereichen steht.

Da die Mitte dem Element Erde zugeordnet ist, sollten Sie bei der Gestaltung entsprechende Analogien wählen. Geeignet sind Materialien wie Keramik, Stein, Ton und Terrakotta sowie die Farben Gelb, Erdfarben und Ocker.

Die Spirale aktiviert das Chi

Traditionell gestaltet man im Feng Shui die Mitte als »Ming Tang«. Dies ist eine freie Fläche, besser noch eine Senke, in der sich das Chi sammeln kann. Idealerweise ist die Mitte als Teich angelegt, in dem das Wasser das Chi speichert. Aber auch eine ruhige, leere Fläche, die rundherum leicht für das Chi zugänglich ist und in der es sich sammeln kann, ist dazu geeignet. Hier ruht sich das Chi aus und fließt schließlich weiter durch den Garten.

In dem hier gezeigten Beispiel hat der Ming Tang die Form eines mit Kies bedeckten Ovals (> Plan). In das angrenzende Beet ist eine in Stein gehauene rechtsdrehende Spirale integriert. Der Stein aktiviert die Kraft des Zentrums, mobilisiert die Lebensenergie und hilft, die Lebensenergie im ganzen Garten zu verteilen. Das Beet greift das Spiralmotiv auf. Damit ein klares Bild entsteht, ist die Bepflanzung auf wenige Arten beschränkt. Die meisten sind dem Element Erde zugehörig oder unterstützen es und fördern das Chi in dieser Zone.

Zu Beginn des Jahres bedecken Frühjahrsblüher wie Winterling und Osterglocke die verschiedenen Felder des Beets mit ihren gelben Blüten, ergänzt von Blau- und Rottönen. Später folgen Frauenmantel, Storchschnabel, Klatsch-Mohn und Sonnenhut. Durch ihre Anordnung und die unterschiedlichen Wuchshöhen verstärken die Pflanzen den Wirbel um den Ruhepol in der Mitte, den eine Remontant-Rose markiert. Ein Ring aus Nelkenwurz, deren Blätter fast das ganze Jahr über einen ansprechenden Anblick bieten, bildet einen deutlichen Rahmen um die Mitte.

Kiesmulde

N

| 0 | 0,5 | 1 | 1,5 | 2 | 2,5 | 3 | 3,5 | 4 m |

Weitere Ideen

Eine freie, offene Mitte können Sie auch in Form einer Rasenfläche gestalten, die durch eine Einfassung aus Blumen oder Kantensteinen klar als Garten-Zentrum definiert ist. Auch eine ebene Fläche aus Kies ist möglich, in die Sie wie in einem Zen-Garten mit einem Rechen Muster ziehen.

Die Mitte betonen

Im Feng Shui symbolisiert die Tai-Chi-Zone aber nicht nur das Zentrum der Lebenskraft im Garten, sie drückt auch die Verbindung zwischen Himmel und Erde aus. Diese Vorstellung ist die Grundlage für einen ganz anderen Gestaltungsansatz: Er hat zum Ziel, die Energien von Erde und Kosmos zu verbinden und anschließend im Garten zu verteilen.

Bei einer solchen Gestaltung betonen Sie das Zentrum durch einen aufragenden Mittelpunkt. Das kann ein Springbrunnen oder eine Statue sein, die in einem Stein- oder Blumenrondell steht. Auch eine Kräuterspirale ist denkbar. Ein Baum im Zentrum bildet ebenfalls eine Achse zwischen Himmel und Erde. Er erinnert an die Achse der Welt, die durch den

Die Spirale steht für zwei entgegengesetzte Bewegungen: eine nach innen gewandte, zentrierende Energie und eine nach außen gerichtete, aktivierende Energie.

Weltenbaum symbolisiert wird. Je nach Wahl der Baumart können Sie weitere Themen in der Mitte darstellen: Eine Linde integriert beispielsweise Herz-Qualität, die Kastanie das Thema Kommunikation. Ist Ihr Garten klein, pflanzen Sie schwachwüchsige Gehölze oder einen Rosenhochstamm als Mittelachse.

PFLANZENLISTE

Nr.	Anz.	Name	Höhe (cm)	Blütezeit	Farbe
		STAUDEN UND ZWIEBELBLUMEN			
1	30	Nelkenwurz *Geum coccineum* 'Werner Arends' ('Borisii') | S. 157	25–35	Mai – Juli	🟠
2	9	Weicher Frauenmantel *Alchemilla mollis* | S. 152	30–40	Juni – Juli	🟡
🟢	20	Winterling *Eranthis hyemalis* | S. 166	5–10	Febr. – März	🟡
3	9	Himalaya-Storchschnabel *Geranium himalayense* | S. 156	30–40	Juni – Juli	🟣
🟢	50	Gartenkrokus *Crocus* 'Gelbe Riesen' | S. 166	15	März – April	🟡
🔴	7	Kaiserkrone *Fritillaria imperialis* 'Rubra Maxima' | S. 166	60–100	April – Mai	🟠
4	12	Sonnenhut *Rudbeckia fulgida* var. *sullivantii* 'Goldsturm' | S. 162	60–70	Aug.– Okt.	🟡

Nr.	Anz.	Name	Höhe (cm)	Blütezeit	Farbe
🌓	20	Osterglocke *Narcissus* 'Saint Keverne' | S. 167	40	März – April	🟡
5	7	Oregano *Origanum vulgare* | S. 177	30–80	Juli – Sept.	🟣
6	1	Japanisches Federborstengras *Pennisetum alopecuroides* | S. 160	50–80	Aug. – Sept.	🟤
🔵	10	Kleine Netzblatt-Iris *Iris reticulata* 'Harmony' | S. 167	10–20	Febr. – März	🔵
		EIN- UND ZWEIJÄHRIGE			
a	5	Schleier-Sonnenhut *Rudbeckia triloba* | S. 165	120	Juli – Sept.	🟡
b	5	Klatsch-Mohn *Papaver rhoeas* | S. 165	30–60	Mai – Juli	🔴
		GEHÖLZE	**Höhe (m)**		
A	1	Remontant-Rose *Rosa* 'Eugène Fürst' | S. 174	1,5	Juni – Okt.	🔴

Hilfreiche Freunde
um sich
versammeln

Haben Sie Vertrauen, dass zum passenden Zeitpunkt das Richtige in Ihrem Leben geschieht? Brauchen Sie einen Mäzen, oder möchten Sie andere selbst bei ihren Vorhaben unterstützen und sponsern?

Das sechste Feld des Bagua liegt vorne rechts in Ihrem Garten und steht für hilfreiche Freunde. Hier geht es darum, Vertrauen darauf zu entwickeln, dass wir auf unserem Lebensweg stets Führung und Unterstützung erhalten. Dies kann durch eine Eingebung geschehen oder durch eine zündende Idee, die einen vagen

Wunsch zu einem konkreten Plan werden lässt. Die Energie dieser Bagua-Zone kann sich auch in einem Freund zeigen, der handwerklich begabt ist und uns beispielsweise bei einem Bauprojekt hilft.

Das Grundthema dieses Bagua-Bereichs ist die Polarität von Geben und Nehmen. Dies bedeutet, dass Sie Hilfe empfangen, aber auch selbst ein helfender Freund sind. Deshalb ist dieses Bagua-Feld eng mit der diagonal gegenüberliegenden Reichtums-Zone verbunden. Bei beiden geht es um dasselbe Prinzip: Geben und Nehmen stehen in einem engen Verhältnis zueinander. Diese Polarität lässt sich in verschiedenen Gestaltungselementen ausdrücken: in der Yin- und Yang-Polarität verschiedener Pflanzen, in hoch aufragenden und liegenden Steinen sowie in Felsen und Wasser.

Dieser Bagua-Zone ist das Element Metall zugeordnet, sie resoniert mit der höheren Macht, mit Autorität, Klarheit und Struktur. Diese Qualitäten zeigen sich in der Gestaltung durch klare runde Formen sowie durch die Farben Weiß und Silber. Weil diese Bagua-Zone eine starke Verbindung zur kosmischen Ordnung besitzt, sollten Sie bei der Gestaltung eine Atmosphäre schaffen, die sich weit nach oben öffnet. So kann die kosmische Energie ungehindert zu Ihnen gelangen.

Sitzplatz mit Siebenstern

Das Thema Hilfreiche Freunde lässt sich in dieser Zone durch Skulpturen sichtbar machen. Sie können hier ein Objekt integrieren, das Sie und Ihre Freunde darstellt und vielleicht sogar ein Freund für Sie angefertigt hat. Auch Figuren, die helfende Kräfte symbolisieren, machen sich hier gut, zum Beispiel die Erdgöttin Gaia, ein Buddha oder Elfen. Eine schöne Ergänzung an diesem Platz ist auch ein Futterhaus für Ihre kleinen Helfer im Garten, die Vögel.
Eine andere Idee zur Gestaltung dieser Zone ist ein Sitzplatz, der dazu einlädt, sich hier mit Freunden zu treffen (> Plan). Er drückt die Offenheit dafür aus, gemeinsam etwas mit anderen Menschen zu tun und sich gegenseitig zu helfen. Der hier gezeigte Garten hat eine japanische Anmutung: Zentrum dieser Gestal-

tung ist eine kreisrunde, gepflasterte Fläche mit genug Platz für einen Tisch und mehrere Stühle. Der runde Sitzplatz und die halbrunden Stufen zum Haus entsprechen dem der Zone zugehörigen Element Metall, ebenso die helle Farbe der Steine und der Mauer im Hintergrund. Der am Rand der Zone angelegte Wasserlauf fördert den Fluss von Geben und Nehmen. Die Metall-Elemente an seiner Seite nähren wiederum das Wasser, sodass Hilfe und Unterstützung ins Fließen kommen.

In das Pflaster ist ein Stern mit sieben Spitzen integriert. Die Zahl Sieben ist die Zahl der Planeten Sonne, Merkur, Venus, Mond, Mars, Jupiter und Saturn. Auf dieser Zahl basiert das System der sieben Tage, die für uns zu einem Grundmaß der Zeit geworden sind. Die runde Form des Platzes und die Zahl Sieben symbolisieren deshalb räumliche und zeitliche Ganzheit. Die Gestaltung stellt das Grundvertrauen dar, dass zur richtigen Zeit am richtigen Ort das Richtige passieren kann.

Ein ausgeglichenes Verhältnis von Geben und Nehmen drückt sich auch in der Harmonie von Yin und Yang aus. Sie spiegelt sich in diesem Beispiel in der Bepflanzung wider: Die niedrigen Formen von Zwergrhododendren, Frauenmantel, Fingerkraut, Gundermann und Sternmoos-Polster bilden den Yin-Aspekt. Hoch aufragend setzen Bergkirsche, Esche, Kiefer und Königsfarn den Yang-Pol entgegen.

Der Sitzplatz auf dem Siebenstern zieht Freude und Freunde an.

PFLANZENLISTE

Nr.	Anz.	Name	Höhe (cm)	Blütezeit	Farbe
		STAUDEN UND ZWIEBELBLUMEN			
1	3	Weicher Frauenmantel *Alchemilla mollis* | S. 152	30–40	Juni – Juli	● (gelb)
2	10	Weißes Fingerkraut *Potentilla alba* | S. 161	5–20	April – Juni	○
3	6	Hoher Wiesen-Ehrenpreis *Veronica longifolia* | S. 163	80	Juni – Aug.	● (blau)
4	5	Gewöhnlicher Gundermann *Glechoma hederacea* | S. 157	5–15	April – Juni	● (violett)
5	1	Königsfarn *Osmunda regalis* | S. 160	120	Mai – Juli	● (braun)
6	5	Hirschzungenfarn *Asplenium scolopendrium* | S. 153	30–40		
7	9	Sternmoos *Sagina subulata* | S. 162	2–5	Mai – Juni	○
8	30	Wald-Hainsimse *Luzula sylvatica* 'Tauernpass' | S. 159	30	April – Mai	● (braun)
9	6	Wald-Anemone *Anemone sylvestris* | S. 152	40	Mai	○

Nr.	Anz.	Name	Höhe (m)	Blütezeit	Farbe
		GEHÖLZE			
A	1	Zwerg-Muschelzypresse *Chamae-cyparis obtusa* 'Nana Gracilis' | S. 169	1,5–2,5		
B	1	Gewöhnlicher Buchsbaum *Buxus sempervirens* | S. 168	2–6	März – April	● (orange)
C	15	Rhododendron *Rh. camtschaticum, Rh.-forrestii-Repens*-Hybr. | S. 173	0,2–0,6	Mai	● (rot)
D	15	Yakushimanum-Rhododendron *Rh. yakushimanum* | S. 173	0,6–1	Mai – Juni	● (rosa)
E	2	Kletter-Hortensie *Hydrangea anomala ssp. petiolaris* | S. 170	6–8	Juni – Juli	○
F	1	Blumen-Esche *Fraxinus ornus* | S. 170	10–15	Mai – Juni	○
G	1	Wald-Kiefer *Pinus sylvestris* | S. 172	20–30	Mai – Juni	● (gelb)
H	1	Rhododendron *Rhododendron calophytum* | S. 173	2–4	März – April	○
I	1	Berg-Kirsche *Prunus sargentii* | S. 172	7–12	März	● (rosa)

Bagua-Zone Kinder:
Raum für Spiel und Kreativität

Wünschen Sie sich Kinder und möchten Sie eine Familie gründen? Oder haben Sie vielleicht schon Enkel? Möchten Sie in Ihrem Leben ein besonderes Werk schaffen oder Ihrer Kreativität in etwas ganz Neuem Ausdruck verleihen? Oder fühlen Sie sich manchmal eingefahren und unflexibel?

Dann richten Sie Ihre Aufmerksamkeit auf die Bagua-Zone 7. Sie liegt rechts in der Mitte Ihres Gartens und ist dem Thema »Kinder und Kreativität« gewidmet.

In dieser Zone geht es nicht nur um leibliche, sondern auch um geistige Kinder, also kreative Projekte, Ideen und Inspirationen. Unter Kreativität ist dabei neben künstlerischen Aktivitäten jede Form von Ideenreichtum zu verstehen: Sie können zum Beispiel neue Organisationsstrukturen für Ihre Arbeit oder für alltägliche Tätigkeiten entwickeln. Oder Sie lernen durch ein neues Hobby bisher fremde Lebensbereiche kennen, zum Beispiel beim Tangotanzen. Vielleicht möchten Sie sich einfach nur neu einkleiden oder ein neues Kochrezept ausprobieren. Wenn Sie für solche Aktivitäten Inspiration suchen und den Impuls, das neue Projekt tat-

Ein komfortabler Potting Table macht das Gärtnern zu einem kreativen Vergnügen.

kräftig anzugehen, können Sie sich in der Bagua-Zone »Kinder und Kreativität« in Ihrem Garten Unterstützung holen. Die Energie dieser Zone wird Sie anregen, sich immer wieder freudig und interessiert auf Neues einzulassen und nicht in Stagnation zu verfallen – und zwar in jedem Alter. Diese Zone ist zwar in erster Linie der Kindheit zugeordnet, doch Sie können Ihr ganzes Leben lang dem Kindlichen in Ihnen Ausdruck geben und impulsiv, begeisterungsfähig und lernbegierig bleiben.

Fröhlich und farbenfroh

Gestalten Sie die Bagua-Zone »Kinder und Kreativität« immer leicht und fröhlich – beispielsweise durch einen Spielplatz oder einen Ort, an dem Sie einem Hobby nachgehen können. Das Bagua-Feld ist dem Element Metall zugeordnet. Seine Qualitäten können sich in der Materialauswahl sowie in der Farb- und Formgebung wiederfinden: Als Material eignet sich zum Beispiel Metall. Dem Element Metall analoge Formen sind rund, die ihm entsprechende Farbe ist Weiß. Weil das Element Metall im nährenden Kreislauf vom Element Erde unterstützt wird, sollten Sie auch Attribute dieses Elements integrieren. Beispiele dafür sind Materialien wie Ton, Lehm, Erde, Ziegelstein, rechteckige Formen sowie die Farben Gelb, Ocker und Erdfarben.

Eine Hobby-Zone im Garten

In dieser Bagua-Zone kann alles Raum bekommen, was Ihnen Spaß macht. Wenn Gartenarbeit eines Ihrer Hobbys ist, ist hier der geeignete Platz für einen überdachten Tisch, an dem Sie zum Beispiel Pflanzen aussäen, teilen und umtopfen können. Zugleich ist ein solcher »Potting Table« eine wunderbare Möglichkeit, Gartengeräte, Zubehör und Töpfe aufzubewahren und Kräuter zum Trocknen aufzuhängen.

Macht es Ihnen Freude, schöne Dinge aus Ton zu fertigen? Sind Sie ein eifriger Hobbyschreiner, oder lieben Sie es, Ihr Fahrrad zu pflegen und zu reparieren? Vorausgesetzt, es steht Ihnen genug Platz zur Verfügung, können Sie in dieser

Ein runder Sandkasten ist der richtige Platz für Kinder: Mit ihrem ungestümen Spiel bringen sie reichlich Lebensenergie in diese Bagua-Zone.

Zone auch einen Schuppen errichten, der als Werkstatt für kreative oder handwerkliche Tätigkeiten dient.

Ein Spielplatz für kleine und große Kinder

Wenn Sie kleine Kinder haben, ist diese Bagua-Zone der ideale Ort für einen Kinderspielplatz. Ein runder Sandkasten greift die Grundform des Elements Metall auf. Hier können Kinder nach Herzenslust graben und bauen. Der Energie dieser Zone entsprechen auch Spielgeräte aus Metall, etwa ein Karussell oder eine Schaukel. Für größere Kinder können Sie hier einen Platz zum Bolzen oder Basketballspielen anlegen. Dafür gestalten Sie diesen Bereich als freien Rasenplatz und fassen ihn mit robusten Büschen ein. So sind die angrenzenden Gartenbereiche vor Fehlpässen geschützt.

Und weil sogar Erwachsene manchmal gerne spielen, können Sie hier auch einen Bouleplatz, ein Schachfeld oder eine kleine Bühne für improvisiertes Gartentheater integrieren. Lassen Sie Ihrer Lust am Experimentieren einfach freien Lauf. Wenn Sie sportliche Ambitionen hegen, können Sie in dieser Zone auch einen Heimtrainer aufstellen. Denn Bewegung tut nicht nur dem Körper gut, sondern macht den Kopf frei und beschwingt den Geist.

Freiraum für Ideen

Manchmal braucht man Freiraum, um neue Ideen zu entwickeln. Sie können die Bagua-Zone »Kinder und Kreativität« deshalb auch ganz offen gestalten. Der freie Raum inspiriert, und es können Gedanken in Bewegung kommen und Wünsche erwachen, an die Sie vorher nicht gedacht haben. Vielleicht möchten Sie Ihre alte Staffelei aus dem Keller hervorholen. Oder Sie spüren den Drang, Ihr erstes selbstgeschriebendes Gedicht zu Papier zu bringen. Eine handwerkliche Begabung kann sich auch an einer geschnitzten Holzfigur zeigen. Passend zum Element Metall können Sie diesen Raum in Form eines weiten, runden, mit hellem Kies bedeckten Platzes anlegen. Als Einfassung eignen sich kompakte weiß blühende Sträucher und Blumen. Scheint Ihnen eine solche Gestaltung zu steif und wenig inspirierend, können Sie diesen Platz auch ganz fantasievoll gestalten. Nehmen Sie gelblichen Sandstein in verschieden großen Quadern, die Sie neben eine kreisförmige Pflasterfläche aus demselben Material legen. Dazu passt weiß blühender Rhododendron als Vertreter des Elements Metall. Beteiligen Sie auch Ihre Kinder an diesem Gestaltungsprozess. Mit Skulpturen und Mobiles aus Metall, die wie Geistesblitze funkeln, kommt frischer Wind in diese Bagua-Zone.

Bagua-Zone Wissen: durch Intuition Lösungen finden

Fällt es Ihnen leicht, sich neues Wissen anzueignen? Entscheiden Sie oft nach Ihrem inneren Gefühl? Oder möchten Sie den Zugang zu Ihrer Intuition verbessern? Dann sollten Sie sich mit der achten Bagua-Zone beschäftigen. Sie ist dem Thema »Wissen« zugeordnet und liegt vorne links in Ihrem Garten.

In diesem Bagua-Feld geht es nicht nur um erlerntes, sondern auch um meditativ erfahrbares Wissen. Dieses Wissen hat im Gegensatz zum Studieren nichts mit aktivem Lernen zu tun. Es erschließt sich vielmehr, indem wir uns der Intuition öffnen und uns auf unsere innere Eingebung besinnen.

Wenn wir zu lange über etwas nachdenken, kann es passieren, dass wir keine neuen Lösungen mehr finden und den Gesamtzusammenhang aus dem Blick verlieren. Sinnieren wir dagegen entspannt und betrachten ein Thema von verschiedenen Seiten, tauchen oft ganz neue Aspekte auf. Plötzlich wissen wir, was zu tun ist.

In der Bagua-Zone Wissen geht es sowohl um inneres als auch um erworbenes Wissen. Tisch und Stuhl bieten die richtige Atmosphäre zum Lesen und Lernen.

Bei solchen Prozessen – gleich, ob es um Lernen oder meditatives Wissen geht – kann Sie die Bagua-Zone Wissen in Ihrem Garten unterstützen. Sie ist dem Element Erde zugeordnet. Deshalb eignen sich für die Gestaltung diesem Element entsprechende Farben und Formen. Als Ergänzung passen feurige Qualitäten, die das Erd-Element nach dem nährenden Kreislauf unterstützen.

Stellen Sie an diesem Platz zum Beispiel einen Tisch und Stuhl zum Lernen auf. Oder gestalten Sie den Platz so, dass Sie sich entspannt auf die Erde oder in einen Liegestuhl setzen können. In jedem Fall sollte diese Bagua-Zone ungestört und zur Gartengrenze durch Büsche abgeschirmt sein.

Erd-Platz mit Stein

Ein Rückzugsort, an dem Sie in Ruhe nachdenken können, sollte eine Sitzgelegenheit bieten und Konzentration und Stille ausstrahlen (> Plan). Zum Sitzen eignet sich, passend zum Element Erde, beispielsweise ein rechteckiger, flacher Stein. Er sollte so groß sein, dass Sie bequem darauf Platz nehmen können. In dem hier gezeigten Beispiel liegt der Stein inmitten einer von Kieselsteinen bedeckten runden Fläche. Sie gibt der Gestaltung Ruhe und Zentrierung. In dieser Atmosphäre können Sie sich der Intuition öffnen. Setzen Sie sich auf den Stein. Sie werden spüren, dass die Ausstrahlung dieses Platzes Sie dabei unterstützen kann, Wissen zu erlangen.

An die Kiesfläche schließt sich ein Beet an. Die ausgewählten Pflanzen entsprechen dem Element Erde. Dazu zählen zum Beispiel Waldmeister, Edelraute, Storchschnabel und die Frühlings-Platterbse mit ihrem bodennahen Wuchs. Bei den kleinen Pflanzen wie Winterling und Gold-Lauch liegt der Schwerpunkt, die Zwiebel, sogar in der Erde. Auch Beinwell und Buchs vertreten das Element Erde. Letzterer verleiht dem Beet mit seinem immergrünen Laub auch im Winter Struktur. Als Ergänzung dienen Pflanzen, die farbige Akzente setzen, wie die Lampionblume mit ihren orangeroten Fruchthüllen. Sie gilt in China als Symbol von Verständnis und Erleuchtung.

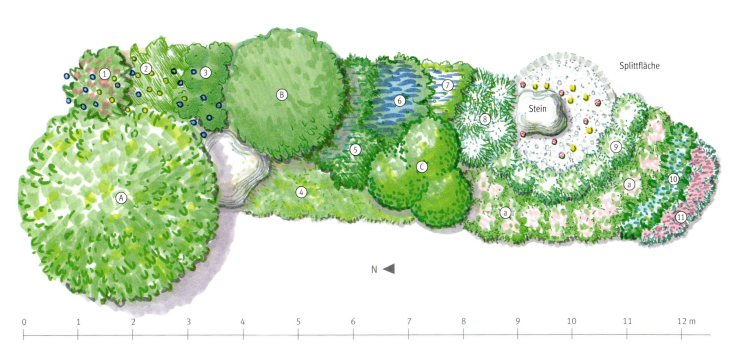

Splittfläche

Stein

N ◀

0   1   2   3   4   5   6   7   8   9   10   11   12 m

PFLANZENLISTE

Nr.	Anz.	Name	Höhe (cm)	Blütezeit	Farbe
		STAUDEN UND ZWIEBELBLUMEN			
1	7	Arznei-Beinwell *Symphytum officinale* | S. 177	50–100	Mai – Juli	🔴
○	18	Kleine Traubenhyazinthe *Muscari botryoides* | S. 167	10–15	April – Mai	🔵
2	7	Frühlings-Platterbse *Lathyrus vernus* | S. 159	20–30	April – Mai	🔴
○	12	Winterling *Eranthis hyemalis* | S. 166	5–10	Febr. – März	🟡
3	7	Wohlriechendes Veilchen *Viola odorata* | S. 163	10–15	März – April	🔴
4	9	Waldmeister *Galium odoratum* | S. 156	10–15	Mai – Juni	⚪
5	5	Echter Wermut *Artemisia absinthium* | S. 176	60–80	Juli – Sept.	🟠
6	5	Blauer Eisenhut *Aconitum napellus* | S. 152	120–150	Juli – Aug.	🔵
7	7	Knäuel-Glockenblume *Campanula glomerata* | S. 154	60	Juni – Juli	🔴
8	5	Atlas-Schwingel *Festuca mairei* | S. 156	60–80	Juni – Juli	🟤

Nr.	Anz.	Name	Höhe (cm)	Blütezeit	Farbe
○	7	Gold-Lauch *Allium moly* | S. 166	20–25	Mai – Juni	🟡
☉	7	Paukenschläger-Lauch *Allium rosenbachianum* | S. 166	100	Mai – Juni	🟣
9	7	Edelraute *Artemisia schmidtiana* 'Nana' | S. 176	25	Juli – Aug.	⚪
10	7	Gewöhnliche Wegwarte *Cichorium intybus* | S. 176	60–100	Juli – Okt.	🔵
11	12	Pfingst-Nelke *Dianthus gratianopolitanus* | S. 155	10–20	Mai – Juni	🔴
		EIN- UND ZWEIJÄHRIGE			
a	18	Stink-Storchschnabel *Geranium robertianum* | S. 164	20–40	Mai – Okt.	🌸
		GEHÖLZE	Höhe (m)		
A	1	Hainbuche *Carpinus betulus* | S. 169	20	April – Mai	🟠
B	1	Felsenbirne *Amelanchier lamarckii* | S. 168	7	April	⚪
C	3	Gewöhnlicher Buchsbaum *Buxus sempervirens* | S. 168	2–6	März – April	🟠

Bagua-Zone Ruhm:
Achtung und Respekt finden

Werden Sie von anderen Menschen genügend wahrgenommen und geachtet? Können Sie durch Ihre Präsenz andere mitreißen und begeistern? Oder wünschen Sie sich mehr gesellschaftliche Anerkennung?

Das neunte Feld des Bagua entspricht dem Thema »Ruhm und Anerkennung«. Es liegt hinten in der Mitte Ihres Gartens, steht also der Bagua-Zone »Karriere« gegenüber. Wie sieht dieser Gartenbereich bei Ihnen aus? Ist er interessant oder eher unauffällig? Diese Bagua-Zone spiegelt wider, wie Sie sich der Welt zeigen, und zeigt umgekehrt, wie man Sie von außen wahrnimmt. Sie symbolisiert also Ihre Ausstrahlung und Ihre Persönlichkeit.

Aufmerksamkeit auf sich ziehen

Ziel der Gestaltung ist es, diesem Bereich einen freundlichen und klaren Charakter zu geben. Zudem sollte er von Pflanzen und Gegenständen geprägt sein, die als Blickfang dienen. Entsprechend dem dieser Bagua-Zone zugeordneten Element Feuer mit seiner expandierenden Energie eignen sich für die Gestaltung die Farben Rot und Gold.

Der Qualität dieses Bagua-Bereichs entspricht zum Beispiel eine große, attraktive rote Rose, der glänzend goldene Rosenkugeln zur Seite stehen. Die fünfzählige Anordnung der Blütenblätter wirkt besonders harmonisch. Die Rose ist deshalb das Sinnbild der Schönheit und Vollkommenheit und gilt als die Königin der Blumen. Diese herausragende Rolle hat eine lange Geschichte. Schon in der Antike war die Rose ein Attribut der Liebes- und Schönheitsgöttinnen Isis, Aphrodite und Venus. Im Mittelalter wurde sie zum christlichen Symbol der selbstlosen Liebe, der Seele und der Ewigkeit. Eine feurigrote Rose können Sie als zentrales Motiv gut in ein Blumenbeet integrieren. Attraktive Begleiter sind im Frühjahr leuchtend rote Tulpen, denen Purpurglöckchen, hoher Phlox und Pracht-Fetthenne folgen.

Auffällige Kunstwerke oder ungewöhnliche Gartendekorationen sind in dieser Bagua-Zone ebenso angebracht wie eine Beleuchtung mithilfe säulen- oder pyramidenförmiger Lampen oder nach oben leuchtender Bodenstrahler. Solche Lampen repräsentieren das aufwärts sprühende Moment der Feuerenergie.

Ein Trullo im Architektengarten

Wenn Ihnen vor allem ihr berufliches Ansehen wichtig ist, können Sie diese Bagua-Zone ganz konkret mit einem Objekt gestalten, das ein

> » Jeder ist berufen, etwas in der Welt zur Vollendung zu bringen. «
>
> BASHŌ

Links: In der Ruhm-Zone kann es ruhig ein bisschen extravagant zugehen. Ein ausgefallenes Gebäude ist der Trullo.

Rechts: Narzissen symbolisieren den Impuls zur Eigenliebe und Selbstdarstellung.

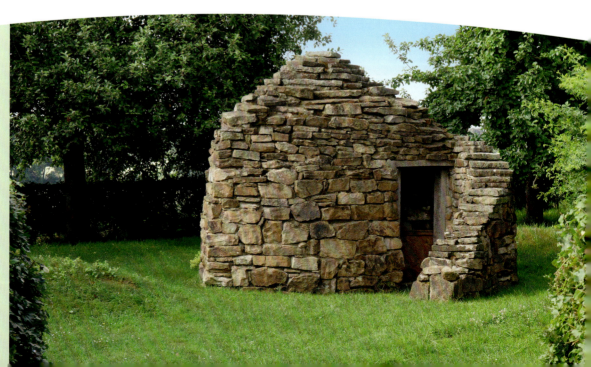

Symbol für Ihren Beruf darstellt. Mit einem solchen »Aushängeschild« vermitteln Sie Ihrer Umgebung ein Bild von sich und Ihrer Arbeit. Wenn Sie einen großen Garten haben, können Sie durch ein kleines Bauwerk die Blicke auf sich ziehen. In dem hier gezeigten Beispiel (> Abb. links) präsentiert sich ein Architekt der Außenwelt, indem er einen sogenannten Trullo in der Bagua-Zone »Ruhm und Anerkennung« errichtet hat. Ein Trullo ist ein traditionelles Haus, das aus Natursteinen ohne Mörtel aufgeschichtet ist. Solche Bauten sind noch heute in mediterranen Gebieten zu finden (> Info). Mit diesem dekorativen Bauwerk, das durch seine Bauweise sehr gut klimatisiert ist, zeigt der Architekt der Außenwelt nicht nur seine Kunstfertigkeit, sondern vermittelt zugleich den ökologischen Ansatz seiner Arbeit. Das Dach des Trullos ist über eine außen angelegte Treppe begehbar. So kann man zum einen von oben die Aussicht genießen, zum anderen findet man schon von Weitem Beachtung.

Rote Rosen und goldene Kugeln ziehen die Blicke auf sich.

Narzissenweg für eine Künstlerin

Auch durch die richtige Bepflanzung können Sie sich der Außenwelt angemessen präsentieren. Eine Künstlerin etwa, die einen gewissen narzisstischen Impuls braucht, um ihr Werk mit Überzeugung anzugehen und sich und ihre Kunst gekonnt in Szene zu setzen, kann die Bagua-Zone »Ruhm und Anerkennung« durch eine Bepflanzung mit Narzissen stärken. In diesem Beispiel (> Abb. unten rechts) säumen eine große Zahl von Narzissen einen geschwungenen Rasenweg. Ihre gelbe Blütenpracht gibt der Künstlerin im Frühjahr den nötigen Impuls zur Fortsetzung ihrer künstlerischen Tätigkeit. Wenn die Narzissen verblüht sind, ändert diese Bagua-Zone ihren Charakter völlig. Sie verwandelt sich in eine Obstwiese, deren Bäume reichlich Früchte tragen. Dieser Wechsel sorgt dafür, dass der Eindruck des Narzissmus nicht überwiegt. Die Narzissen vergehen, und die Äpfel treten in den Vordergrund.
Ein solcher Ausdruck für das persönliche Ansehen eignet sich für jeden, der einen Impuls von Eigenliebe braucht, um sich Achtung und Respekt zu verschaffen.

INFO Uralte Baukunst: ein Trullo

Ein Trullo ist ein bienenkorbartiger Bau, dessen Kuppel aus einem Gewölbe in der sogenannten Kragsteintechnik besteht. Ähnliche Bauten kommen in fast allen mediterranen neolithischen Kulturen von der Levante bis Portugal und am Atlantik nordwärts bis zu den Britischen Inseln vor. Diese Bauweise hat sich bis heute erhalten – als Feldstall, Hütte oder Unterstand.

Geomantische Kraftplätze
als Quellen der Energie

Mithilfe der Geomantie können Sie in Ihrem Garten besondere Orte als Kraftplätze gestalten. Nach den Grundsätzen dieser alten Lehre kommt es bei der Gartengestaltung vor allem darauf an, sich zunächst innerlich mit der Ganzheit, also der Einheit von Erde und Kosmos, zu verbinden. Dabei können Ihnen zum Beispiel verschiedene Meditationen helfen (> Seite 30ff.). Mit ein bisschen Übung entwickeln Sie ein Gefühl dafür, dass alles Lebendige miteinander verbunden ist. Sie selbst sind ein Teil Ihres Gartens, und der Garten ist ein Teil von Ihnen.

Wer nach den Regeln der Geomantie arbeitet, ordnet sich in das Geschehen der Natur ein. Er gibt dem Garten einen ihm gemäßen Ausdruck. Das kann bedeuten, dass Sie sich bei einer geomantischen Gestaltung vielleicht zunächst einmal von eigenen Vorstellungen verabschieden müssen und sich von der Natur sagen lassen, was zu tun ist. Das geht leicht und mühelos, wenn Sie es im Einklang mit dem Ort einfach geschehen und sich von ihm inspirieren lassen. In China wird diese innere Haltung der Leere als »Wu wei« bezeichnet, wir sagen dazu »absichtsloses Tun«. Es ist ein Zustand der inneren Stille, der zur richtigen Zeit die richtige Handlung ohne Willenskraft entstehen lässt.

Organe der Erde

Die Geomantie sieht die Erde als Lebewesen, das ähnlich wie der Mensch Organe zur Energieversorgung hat. So nennen wir beispielsweise eine Ortsqualität, die bei uns dem Herz entspricht, »Platz des Herzens«. Diese Phänomene finden sich in jeder landschaftlichen Einheit wieder. Jeder Garten hat einen eigenen Herzpunkt, ebenso jede Stadt und jede Landschaft. Daneben gibt es noch andere Kraftplätze, zum Beispiel den Kraftplatz der Mitte sowie die Ein- und Ausatmungspunkte der Erde. Auch Plätze, die von Elementarwesen bewohnt werden, können mit einer besonderen Energie auf uns wirken.

Erkunden Sie zunächst in einer Haltung der inneren Entspanntheit und Verbundenheit, wie sie durch die Grundmeditation (> Seite 30) entstehen kann, Ihren Garten. Öffnen Sie sich für ihn, und spüren Sie, welcher Bereich von Ihnen bedacht und gestaltet werden will. Nicht weil Sie eine hässliche Ecke verschönern wollen, sondern weil der Garten in Beziehung zu Ihnen tritt. Gehen Sie in Kontakt mit diesem Platz und versuchen Sie herauszufinden, was seine spezielle Atmosphäre ausmacht. Was spricht er in Ihnen an? Berührt er Ihr Herz oder Ihre Mitte? Kommen Sie hier gut zur Ruhe oder wirkt er eher anregend? Gestalten und nutzen Sie diesen Platz entsprechend und folgen Sie dabei Ihrer Intuition.

Sie können natürlich auch umgekehrt vorgehen: Überlegen Sie, was für einen Kraftplatz Sie in Ihrem Garten gestalten möchten, und begeben Sie sich mithilfe thematischer Meditationen auf die Suche nach diesem Ort (> Seite 31/32). Sie können auch durch eine bestimmte Gestaltung einen Kraftort schaffen. Wählen Sie dafür immer einen Ort mit passender Energie.

Tanken Sie eine Prise morgenfrisches Chi im Liegestuhl und starten Sie belebt in den Tag.

Zumindest sollte die Ausstrahlung neutral sein. Genauso wie eine Erle sich auf trockenem Boden nicht zu voller Schönheit entwickeln kann, wird sich auch ein Kraftort nicht überall optimal entfalten können.

Kraftplätze für jede Tageszeit

Möchten Sie den Tageszeiten besondere Aufmerksamkeit schenken, können Sie dazu entsprechende Kraftplätze schaffen. Achten Sie dabei darauf, dass die Grundqualität eines solchen Platzes der Energie der Tageszeit entspricht. Ein Mittagsplatz sollte zum Beispiel in der Sonne liegen, sodass er schon von sich aus eine aktivere Energie aufweist. Ein Abendplatz darf dagegen eine ruhige Ausstrahlung haben, in der Sie die Hektik des Tages loslassen können. Diese Grundstimmungen verstärken sich durch eine passende Gestaltung und Nutzung.

Energie tanken am Morgenplatz

Ein Platz, an dem Sie die erneuernde Energie der aufgehenden Sonne aufnehmen können, ist sehr kraftvoll. Die kühle Frische der ersten Morgendämmerung hat eine ganz eigene Stille, die den Geist belebt. Es tut gut, sich dieser Atmosphäre hinzugeben oder dort zu meditieren. Ideal für einen solchen Platz ist zum Beispiel eine nach Osten orientierte Dachterrasse, die einen freien Blick in Richtung Sonnenaufgang bietet (> Abb. links). Hier lässt sich die Stimmung der Morgenröte genießen, die aus dem kühlen Blau der Nacht entsteht. Der erste Impuls des neuen Tags kann uns so durch den Tag begleiten und beflügeln. Eine geschickte Bepflanzung greift die Frische des jungen Morgens auf, zum Beispiel Blauregen, dessen zarte Blütentrauben Leichtigkeit ausstrahlen.
Einen Morgenplatz können Sie auch in einem Bereich Ihres Gartens anlegen, der von der aufgehenden Sonne erreicht wird. Gestalten Sie ihn entsprechend dem frischen, klaren Charakter des Ostens.

Für warme Mittagsstunden

Möchten Sie die vitale Energie der Mittagssonne auskosten, deren Feuer besonders in der kühleren Jahreszeit sehr aufmunternd wirkt?

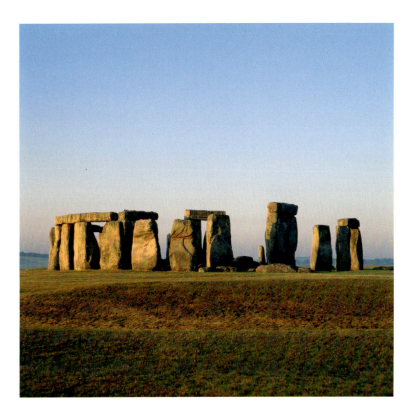

Stone Henge in Südengland ist ein Symbol für das alte Wissen um die Erdkräfte.

Dann wählen Sie einen Platz aus, der die südliche Sonne einlässt. Vor einer Wand sammelt sich die Sonnenwärme besonders gut. Bringen Sie eventuell noch einen Windschutz an und genießen Sie in einem Liegestuhl die mittägliche Wärme. Ein sommerlich heiteres Blumenbeet in leuchtenden Farben ist die passende Begleitung für einen solchen Platz. Als Alternative kommt auch eine mediterrane Gestaltung infrage: Kombinieren Sie Oleander und Agaven mit Kräutern wie Rosmarin und Lavendel, und pflanzen Sie sie in Terrakotta-Töpfe. In geschützten Lagen können Sie auch eine Feige oder einen Aprikosenbaum pflanzen. Als Bodenbelag eignen sich Kalksteinplatten.

Ein stiller Abendplatz

Wenn Sie dagegen lieber die ruhige Stimmung des Sonnenuntergangs genießen möchten, wählen Sie einen Platz, der sich nach Westen öffnet: Hier können Sie zur Ruhe kommen und das Farbenspiel des Sonnenuntergangs bewundern. Wählen Sie eine ruhige Bepflanzung in dunklen Blau- oder Violetttönen. Als Gehölze eignen sich Holunder oder Eibe.

Am Herzplatz
Himmel und
Erde vereinen

Möchten Sie in Ihrem Garten in einer Atmosphäre von Sanftheit und Herzenswärme baden, um sich zu erholen? Dann suchen Sie den Platz des Herzens. Dort finden Sie diese Qualität, sodass Sie neue Kraft schöpfen können. Die Herz-Qualität ist in der Geomantie die Verbindung von unserem Inneren mit der Außenwelt. Sie steht für das gleichberechtigte Miteinander. In unserem Inneren oder Herzen empfinden wir Gefühle, etwa Liebe. Daher ist das Herz das Symbol für die Liebe zwischen zwei Menschen. Als Mann und Frau leben wir in einer Dualität, stets bemüht, diese Trennung aufzuheben. Erreichen wir dies, vereinen sich in unseren Herzen die Polaritäten von Himmel und Erde. Diese Verbindung lässt eine neue Qualität entstehen, die wir als Liebe empfinden. Liebe hat aber noch eine andere Dimension, die weit über diese zwischenmenschliche Liebe hinausgeht. Es ist die ungerichtete, strömende All-Liebe, die unabhängig von Personen ist. Diese Liebe als Grundhaltung benötigt kein Objekt, sie ist vielmehr als bedingungsloses Öffnen zu verstehen, als Überwindung der Abgrenzung und als Teilhaben am Mitmenschen und am göttlichen Sein.

> **» Die Dinge erhalten ihr Sosein dadurch, dass sie genannt werden. «**
> ZHUANGZI

Diesem übergreifenden Aspekt entspricht der Herzplatz. Dort strömt die All-Liebe spürbar für jeden, der sich dort aufhält. Die Begegnung mit diesem Ort macht uns froh und glücklich. Menschen haben grundsätzlich Sehnsucht nach dieser umfassenden Liebe, die wir auch als Einssein mit dem Kosmos spüren.

Einen Herzplatz gestalten

Jeder Herzplatz hat ein Zentrum, in dem sich die Kräfte von Himmel und Erde treffen und vereinen. Diese Kräfte sind als Wärme und pulsierende Bewegung wahrnehmbar. Je nach Größe und Intensität sendet der Herzplatz die Schwingungen der Herzensenergie über einige Meter oder Hunderte von Kilometern aus. Dies gilt für andere Kraftplätze übrigens genauso.

Ein Stein als Fokus des Herzpunkts

In einem großen Garten lässt sich das Zentrum des Herzplatzes sehr gut mithilfe eines großen, auffälligen Steins markieren. Ein solcher Stein lenkt die Blicke der Menschen, die sich im Garten aufhalten, auf sich. Exakt an diesem Ort können die Betrachter den Herzpunkt festmachen. So wird die Qualität des Platzes zentriert und mit Aufmerksamkeit versorgt, was sich positiv auf die Strahlkraft des Ortes auswirkt.

In meinem wilden Herzen

Wunderliches Wort: die Zeit vertreiben!
Sie zu halten wäre das Problem.
Denn, wen ängstigt's nicht: wo ist ein Bleiben,
wo ein endlich Sein in alledem?

Sieh, der Tag verlangsamt sich, entgegen
jenem Raum, der ihn nach Abend nimmt:
Aufstehn wurd' Stehn, und Stehn wird Legen,
und das willig Liegende verschwimmt.

Berge ruhn, von Sternen überprächtigt;
aber auch in ihnen flimmert Zeit.
Ach, in meinem wilden Herzen nächtigt
obdachlos die Unvergänglichkeit.

Rainer Maria Rilke

Wasser als Träger der Herzkraft

Ein Herzplatz lässt sich auch durch verschiedene Wasserelemente gestalten. Wasser kann Informationen aufnehmen und speichern. Das plätschernde Wasser eines Gebirgsbachs hat eine energiereiche Schwingung und erzählt uns von Steinen und Wald, wenn wir ihm zuhören. Dagegen ist das Wasser, das die Informationen einer Wasserleitung in sich aufgenommen hat, eher stumpf. Es besitzt nicht so viel Lebensenergie wie plätscherndes Wasser und wird Sie beim Trinken nicht so erfrischen.

Ein Beispiel für eine solche Gestaltung ist ein Gartenteich (> Abb. rechts). Den Herzpunkt symbolisiert ein flacher Stein in der Teichmitte. Das Wasser nimmt die Schwingungen des Herzpunkts auf, die in dem großen Stein fokussiert sind, und strahlt diese Herzkraft in den Garten aus. Diese prägt die gesamte Atmosphäre und verleiht ihr eine warme Herzlichkeit.

In dem Gartenteich wachsen Seerosen. Die Seerose gilt als die Rose des Wassers und ist die europäische Schwester der Lotosblume. Diese ist im asiatischen Raum ebenso symbolträchtig wie bei uns die Rose. Sie ist in der Lehre des Daoismus unter anderem ein Symbol für das Herz. Die Seerose nimmt mit ihren großen, herzförmigen Schwimmblättern und ihren sternförmigen Blüten die weiche, liebliche Stimmung dieses Herzplatzes auf und gibt sie an die Umgebung weiter.

Eine Linde für den Herzplatz

»Sieh das Lindenblatt, du wirst es wie ein Herz gestaltet finden, drum sitzen die Verliebten auch am liebsten unter Linden«, dichtete Heinrich Heine. Die Ausstrahlung von Linden entspricht der Qualität eines Herzplatzes. Mit ihren herzförmigen Blättern ist die Linde ein altes Symbol für die Liebe und war der germanischen Liebesgöttin Freya geweiht.

Sie können dem Herzplatz in Ihrem Garten auch Ausdruck verleihen, indem Sie in dessen Zentrum eine Linde pflanzen. Sie verbreitet eine liebevolle Atmosphäre in Ihrem Garten. Die Linde hat eine lange Tradition als Begleiter der Menschen. Ihre Bedeutung als Baum der

Das Wasser verbreitet die stimmungsvolle Atmosphäre des Herzplatzes im ganzen Garten.

Liebenden findet man in vielen Volksliedern und Bräuchen. Sie ist der klassische Hausbaum und ein Symbol für Zentren der Begegnung: Früher gab es auf jedem Dorfplatz die Dorflinde, manche dieser Bäume sind inzwischen über tausend Jahre alt. Unter ihnen wurden Feste gefeiert, manchmal hat man in die Kronen sogar einen Tanzboden gebaut. Deshalb spricht man auch von sogenannten Tanzlinden. An Orten, deren Stimmung durch die Herzlichkeit der Linden geprägt war, traf man sich aber nicht nur, um Feste zu feiern, sondern auch um die soziale Ordnung aufrechtzuerhalten: Unter diesen Herzbäumen hielt man auch Gericht. Durch die besondere Ausstrahlung dieser Plätze war die Qualität der Liebe und Gemeinschaft immer präsent.

Weitere Ideen für den Herzplatz

Bietet Ihr Garten nicht genug Raum für einen stattlichen Baum wie eine Linde, können Sie den Herzpunkt auch mit einem Quittenbaum gestalten, der für Liebe und Fruchtbarkeit steht. Legen Sie einen herzförmigen Stein zu dem zierlichen Bäumchen und lassen Sie beides mit Efeu umranken. Die herzförmigen immergrünen Blätter des Efeus symbolisierten in den griechischen, römischen und frühchristlichen Kulturen die ewige Liebe. Oder Sie gestalten ein Rosenbeet. Als Unterpflanzung bietet sich für den Herzpunkt das Tränende Herz an.

Im Kraftplatz
der Mitte
Ruhe finden

Das Finden und Gestalten einer Mitte ist ein grundlegender geomantischer Akt: Er definiert einen bestimmten Raum und bindet ihn in seine Umgebung ein. Die Mitte steht in der Geomantie für den Omphalos (Nabel). Sie ist ein Symbol für die Weltenachse, die die Kräfte von Himmel und Erde verbindet. Mitte und Herzplatz (> Seite 110f.) sind sich deshalb sehr ähnlich. Anders als der bewegte, warme Herzplatz strahlt die Mitte jedoch Ruhe und Klarheit aus. In der Mitte konzentrieren sich alle Qualitäten eines Platzes. Bei Stadtgründungen hat man deshalb früher zuerst eine Mitte gesetzt und um diese herum die Stadt in die vier Himmelsrichtungen orientiert. Die vier Sektoren waren meist verschiedenen Berufen vorbehalten. In manchen mittelalterlichen Städten sieht man das noch heute: Im Zentrum liegt der Marktplatz, die Straßen gliedern die Stadt in vier Teile, die Tore weisen in die Himmelsrichtungen.

Die innere Balance stärken

Ruhen Sie in sich, fühlen Sie sich zentriert und geerdet? Oder kommen Sie leicht aus dem Gleichgewicht? Wenn diese Fragen für Sie ein Thema sind, sollten Sie sich um die Gestaltung der Mitte Ihres Gartens kümmern und so die eigene innere Balance stärken. Die erspürte geomantische Mitte Ihres Gartens finden Sie wie auf Seite 31 beschrieben. Fällt Ihnen dies noch schwer, entscheiden Sie sich für die geografische Mitte Ihres Gartens und gestalten Sie diese. Der Anblick einer Gestaltung, die sich auf einen deutlichen Mittelpunkt bezieht, fokussiert Ihre Aufmerksamkeit und hilft Ihnen, sich zu zentrieren.

Symbol für die Mitte: ein vierblättriges Kleeblatt

In der Geomantie arbeitet man oft mit Symbolen, denn sie sprechen eine Sprache, die unser Unbewusstes versteht und auf die es reagiert. Das vierblättrige Kleeblatt ist wie alle Symbole ganz einfach und gleichzeitig äußerst vielschichtig (> Plan). Es spiegelt unseren Kosmos wider: In ihm vereinen sich die vier Himmelsrichtungen, die vier Mondphasen oder die vier Elemente unserer abendländischen Kultur – Feuer, Erde, Luft und Wasser. Zudem gilt das Kleeblatt als Glückssymbol. Klee hat meist dreiteilige Blätter, die je nach Art mehr oder weniger herzförmig sind. Der Legende nach nahm Eva ein vierblättriges Kleeblatt als Andenken aus dem Paradies mit. Aus diesem Grund heißt es, dass der Besitzer eines vierblättrigen Kleeblatts ein Stück vom Paradies besitzt. Gestalten Sie in Ihrem Garten ein Beet in Form eines Kleeblatts als Mitte. In dem hier gezeigten Beispiel bildet die Mitte das Zentrum eines Wegkreuzes. Es wird durch vier Beete geformt, die die Figur eines vierblättrigen Kleeblatts ergeben. Eine silberfarbene Metallkugel verleiht dem Mittelpunkt des Gartens Ausdruck. Sie ist von drei Ringen verschiedenfarbiger Natursteine umgeben. Die Einfassung der vier Beete besteht aus demselben Material.
Die Mitte beinhaltet das Thema »Nahrung«. Diesen Aspekt des Nährens greifen die vier

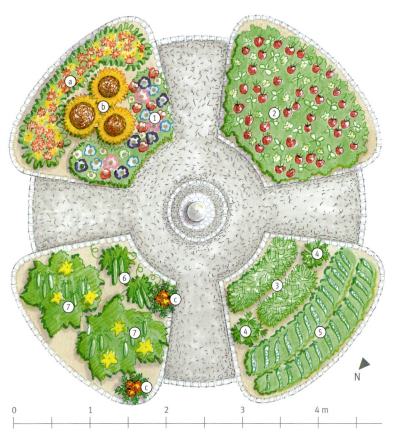

0   1   2   3   4 m

N

Beete des Kleeblatts auf. Auf der materiellen Ebene sind die Beete mit Gemüse und Obst bepflanzt und versorgen so die Bewohner mit Essen. Auf der seelisch-geistigen Ebene nährt das Kleeblatt den Garten und die Hausbewohner mit Glück.

Auf jedem Beet wachsen Pflanzen verschiedener Wuchshöhe und Form. Dies betont die unterschiedlichen Qualitäten der vier Himmelsrichtungen. Das Beet im Süden ist flächig mit niedrigen Erdbeeren bepflanzt. Im Westbeet bilden Erbsen und Möhren mit Sellerie je eine Doppelreihe. Im nach Norden liegenden Beet breiten sich üppige Zucchini aus, und Gurken klettern an Stäben empor. Das vierte Beet im Osten ist geprägt von hohen Sonnenblumen, die von Anemonen und Ringelblumen eingerahmt sind. Eine Bank neben dem Kleeblatt lädt ein, hier zu verweilen und die Atmosphäre des Zentrums in sich aufzunehmen.

Weitere Ideen

Anstelle eines Kleeblatts können Sie die Mitte zum Beispiel auch in Form eines Mandala anlegen. Ein Mandala ist ein symmetrisches rundes oder quadratisches Ornament, das sich auf ein Zentrum bezieht. Ursprünglich wurde es in religiösen Zusammenhängen verschiedener Kulturen als Meditations-Objekt verwendet. Sie können es beispielsweise als runde Flä-

che anlegen, in deren Mitte ein Brunnen steht. Auch Beete in der Form eines kleinen Bauerngartens (> Seite 86/87), der ebenfalls auf ein Zentrum ausgerichtet ist, sind denkbar. Oder Sie betonen die Senkrechte in der Mitte, die die Weltenachse darstellt. Das kann ein Baum sein, der den Weltenbaum repräsentiert, oder eine Stele. Sind Familie und Kommunikation der Mittelpunkt Ihres Lebens, eignet sich dieser Platz auch für einen schönen Sitzplatz. Eine einfache, aber sehr eindrucksvolle Gestaltungsidee ist schließlich ein Beet mit verschieden hohen Sonnenblumen. Setzen Sie die größten in die Mitte, die kleineren nach außen. So bringen Sie die Sonne in Ihr Leben.

Hier stehen verschiedene Gemüsearten im Mittelpunkt. Das Beet ist in der symbolischen Form des Glücksklees gestaltet.

PFLANZENLISTE

Nr.	Anz.	Name	Höhe (cm)	Blütezeit	Farbe
		STAUDEN UND ZWIEBELBLUMEN			
1	15	Garten-Anemone *Anemone coronaria*	S. 166	20–40	März – Mai	🔴
2	25	Erdbeere *Fragaria vesca* var. *hortensis*	S. 156	20	April – Juni	⚪
		EIN- UND ZWEIJÄHRIGE			
a	Aussaat	Garten-Ringelblume *Calendula officinalis*	S. 164	40–60	Juli – Okt.	🟠
b	3	Gewöhnliche Sonnenblume *Helianthus annuus*	S. 164	150–300	Aug. – Okt.	🟡
c	2	Tagetes *Tagetes patula*	S. 165	20–30	Juli – Okt.	🟠

Nr.	Anz.	Name	Höhe (cm)	Blütezeit	Farbe
		GEMÜSE			
3	Aussaat	Karotte, Möhre *Daucus carota* ssp. *sativus*	S. 176	20–80		
4	2	Bleich-Sellerie *Apium graveolens* var. *dulce*	S. 176	50–100		
5	Aussaat	Erbse *Pisum sativum*	S. 177	50–200	Mai – Juli	⚪
6	2	Gurke *Cucumis sativus*	S. 176	200–300	Juni – Sept.	🟡
7	2	Zucchini *Cucurbita pepo* ssp. *pepo*	S. 176	300–500	Juni – Aug.	🟡

Einen Platz für Elementarwesen im Garten schaffen

Elementarwesen, zum Beispiel Elfen, sind die seelische, geistige Seite der Natur. Sie finden sich überall dort, wo natürliche Prozesse zu steuern sind: Dazu gehört das Wachstum von Pflanzen, das Reifen von Früchten, das Verrotten von Kompost, die Zyklen der Jahreszeiten und die Aufrechterhaltung des ökologischen Gleichgewichts. Ihre Aufgabe ist es, diese physischen Vorgänge aufrechtzuerhalten. Auch in Ihrem Garten sind diese Wesen zu Hause. Sie können sich Elementarwesen als Äther vorstellen, der an diesen Orten konzentriert ist (> Seite 38). Diese Ätherkörper sind so hoch organisiert, dass sie wesenhaften Charakter haben. Ihr Bewusstsein entspricht unserer Gefühlsebene. Dies bedeutet, dass wir über unser Gefühl mit diesen Wesen in Kontakt treten können.

Früher hatten die Menschen einen besseren Zugang zu den Welten, in denen diese unsichtbaren Wesen existieren. Damals wurden sie in den Märchen und Sagen als Zwerge, Elfen, Nymphen u. a. beschrieben. In unserer von rationalem Denken geprägten Welt haben noch manche Kinder einen Zugang zu Elementarwesen, bevor sie zu »vernünftig« werden. Die Elementarwesen – man nennt sie auch Naturgeister oder Naturwesen – werden traditionell den im abendländischen Kulturraum gebräuchlichen vier Elementen Erde, Wasser, Feuer und Luft zugeordnet (> Seite 32/33). Oft sind diese Wesen mit bestimmten Strukturen in der Natur verbunden, etwa mit einem markanten Stein oder einem Wasserlauf, der ihnen als Wohnort dient. Wenn die hier verwendeten Begriffe für Sie ungewohnt sind, ist es vielleicht leichter, sich Elementarwesen als Energiefeld oder als wesenhaften Ausdruck der Atmosphäre eines Ortes vorzustellen.

Elementarwesen erkennen

Wenn Sie Kontakt zu den Naturwesen in Ihrem Garten aufnehmen möchten, wählen Sie einen Platz, an dem Sie das Gefühl haben, dass dort eine sehr ausdrucksstarke und natürliche Atmosphäre herrscht. Öffnen Sie Ihr Gefühl ganz für diesen Ort. Dabei hilft Ihnen die Grundmeditation (> Seite 30). Beobachten Sie, welche Gedanken, Assoziationen und Gefühle sich bei Ihnen einstellen.

➤ Empfinden Sie Schwere, Stabilität und Festigkeit und wird Ihr Körpergefühl ganz präsent, haben Sie wahrscheinlich ein Erdelementarwesen vor sich. In Legenden wird es als Zwerg bezeichnet. Zwerge finden sich oft an Baumwurzeln, im Gebüsch oder an Steinen. Sie sind mit allem Materiellen verbunden und haben die Aufgabe, die Form alles Lebendigen zu bilden.

➤ Vielleicht befindet sich in Ihrem Garten ein Teich oder Brunnen oder ein etwas feuchterer, kühlerer Bereich mit großblättrigen Pflanzen, an dem eine wässrige Atmosphäre herrscht. Wenn Sie für die Qualität dieses Platzes offen sind, können sich innere Bilder einstellen, die stark von Emotionen geprägt sind, etwa romantische Erinnerungen. An einem solchen

Elfenstein

N

0   0,5   1   1,5 m

Platz kann sich ein Wasserwesen aufhalten. Auch Töne und Geräusche, die Sie sonst nicht bemerken, deuten auf die Anwesenheit eines Wasserwesens hin. Es sind Nixen und Undinen, die die vitale Lebendigkeit des Wassers darstellen.

➤ In der Nähe von Komposthaufen und an Stellen, an denen überreife Früchte gären, finden sich häufig Feuerwesen, Salamander genannt, die alle Umwandlungsprozesse in der Natur begleiten. Sie können sie an den bewegten Bildern, die in Ihnen aufsteigen, erkennen. Körperlich empfinden Sie dabei vielleicht ein Gefühl von Wärme und Dynamik.

➤ Luftwesen wie die Elfen vermitteln ein leichtes und freies Empfinden, zum Beispiel die Lust, sich zu bewegen und zu tanzen, oder das Gefühl, durch die Lüfte zu schweben.

Ein Platz für Elfen

Wenn Sie in Ihrem Garten beispielsweise einen Platz entdeckt haben, dessen Atmosphäre dem Wesen einer Elfe entspricht, können Sie die Präsenz dieses Luftwesens durch eine besondere Gestaltung darstellen (> Plan). In dem hier gezeigten Beispiel geschieht dies durch einen interessant geformten Stein, in dem man etwas Wesenhaftes zu erkennen glaubt (> Abb.). Dieser Stein vermittelt zusammen mit der Stimmung, die die Bepflanzung verbreitet, den leichten Charakter einer Elfe. Rund um den Stein liegt eine kleine freie Fläche, die mit Kies bedeckt ist. Sie gibt der Atmosphäre des Steins Raum. Den Hintergrund des Platzes bildet immergrüner Efeu. Im Frühsommer begleiten die eleganten Blüten der Schwertlilien den Tanz der Elfe, im Herbst umspielt die Aster den Stein mit ihren dunkelrosa Blüten. Die zarten Blütenstände des Zittergrases und die weißen Sternchen der Schaumblüte vermitteln das luftige Element, das diesem Platz eigen ist.

Was Steine noch verraten können

In einem Stein kann sich nicht nur der leichte Charakter einer Elfe, sondern auch die erdig schwere Qualität eines Zwergs ausdrücken. Ein

Dieser Platz zeigt sich gegenüber den Luftwesen im Garten wie Elfen gastfreundlich.

schwerer, flacher Stein beispielsweise spiegelt die Atmosphäre von Erdelementarwesen wider. Manchmal glaubt man in der Form eines Steins auch die Gestalt eines Tiers zu erahnen, zum Beispiel eines Bären (> Abb. Seite 32). Ein solcher Stein repräsentiert die Qualitäten eines Bären, nämlich Kraft, Erdverbundenheit, Ruhe und Selbstsicherheit.

PFLANZENLISTE

Nr.	Anz.	Name	Höhe (cm)	Blütezeit	Farbe
		STAUDEN UND ZWIEBELBLUMEN			
1	3	Schwertlilie *Iris barbata-elatior* 'Lady Ilse'	S. 166	100	Juni	🔵
2	1	Berg-Aster *Aster amellus* 'Lady Hindlip'	S. 153	60	Juli – Sept.	🌸
3	7	Orangerotes Habichtskraut *Hieracium aurantiacum*	S. 158	30–40	Juni – Aug.	🟠
4	10	Ehrenpreis *Veronica incana*	S. 163	30–50	Juni – Juli	🔵
5	10	Schaumblüte *Tiarella wherryi*	S. 163	35	Mai – Juni	⚪
6	5	Mittleres Zittergras *Briza media*	S. 154	20–40	Mai – Juni	🟤
		GEHÖLZE	Höhe (m)		
A	1	Garten-Hortensie *Hydrangea macrophylla*	S. 171	1,5	Juni – Sept.	🔴
B	3	Gewöhnlicher Efeu *Hedera helix*	S. 170	20–25	Sept. – Okt.	🟡

Die Lungen des Planeten:
Wo die Erde Energie atmet

Ein- und Ausatmungspunkte zählt man in der Geomantie zu den Organen der Erde. Sie bilden ihr Atmungssystem, das zusammen mit anderen Systemen den Energiekreislauf der Erde gewährleistet. Atmungspunkte stellt man sich wie Poren in der Oberfläche der Erde vor. Am Einatmungspunkt strömt die kosmische Kraft in die Erde hinein und wird dort in eine Energie umgewandelt, die das irdische Leben nährt (> Seite 32). Diese Energie steigt am Ausatmungspunkt nach oben und verteilt sich in der Landschaft.

Dieses System der Ein- und Ausatmungspunkte ist in jeder noch so kleinen räumlichen Einheit zu finden, in einer großflächigen Landschaft genauso wie in Ihrem Garten.

Der Kreislauf der Atmung

Die Energie schießt wie eine Fontäne aus dem Ausatmungspunkt. Er ist eine Quelle der Lebensenergie oder, wie man im Feng Shui sagt, eine Chi-Quelle. In der Geomantie kennt man auch noch andere Arten von Chi-Quellen. Dies sind zum Beispiel Orte, an denen die kosmische Kraft, die von den Bergen wie von Antennen eingefangen und in die Erde abgegeben wird, aus dem Boden tritt. Auch Bäume können ihre Umgebung mit frischem Chi versorgen: Sie ziehen verbrauchte Lebensenergie an, erneuern sie und geben sie wieder an die Umgebung ab.

Sie können diese Erdkraft, die am Ausatmungspunkt emporsprudelt, nutzen, um sich anregen und in Fluss bringen zu lassen. Suchen Sie diesen Punkt dazu zunächst mithilfe der Meditation (> Seite 32, »Eine Quelle der Lebensenergie«). Haben Sie ihn gefunden, setzen oder stellen Sie sich auf diesen Punkt und genießen Sie das erquickende Strömen von den Füßen bis zum Kopf.

Damit Sie diese frische Energie auch aufnehmen können, ist es ratsam, sich vorher von Gedanken- und Gefühlsballast zu befreien. Dazu stellen Sie sich am besten vorher auf den Einatmungspunkt in Ihrem Garten. Diesen finden Sie ähnlich wie den Ausatmungspunkt (> Seite 32). Allerdings konzentrieren Sie sich dabei auf das Einatmen und einen abwärtsfließenden Energiestrom. Dieser Abwärtsstrom hilft dabei, Altes loszulassen. Einatmungspunkte sind für die Erde förderlich, weil sie hier kosmische Energie aufnehmen kann. Uns Menschen tut es jedoch nicht gut, wenn wir uns zu lange an einem solchen Punkt aufhalten. Wenn Sie diese beiden Punkte regelmäßig jeweils nur für ein paar Minuten nacheinander nutzen, kann dies den lebendigen Fluss Ihrer Lebensenergie unterstützen.

Der Ausatmungspunkt als Energietankstelle

Haben Sie einen Ausatmungspunkt in Ihrem Garten gefunden, geben Sie ihm eine Gestalt. Erst dann wird dieser Platz als Ausatmungspunkt wahrgenommen und beachtet. Diese Aufmerksamkeit wiederum regt seinen Energiefluss an.

Sie können den Ausatmungspunkt als kleinen Platz anlegen (> Plan). In dem hier gezeigten Beispiel ist er mit Kies bedeckt. Diese Gestaltung macht zum einen deutlich, dass es sich

Kiesfläche

N

0   1   2   3   4   5 m

um einen besonderen Platz handelt. Zum anderen können Sie sich jederzeit im Vorbeigehen hierhinstellen, um sich vom Atem der Erde durchströmen und aufladen zu lassen. Sie können den Ausatmungspunkt auch als Sitzplatz gestalten und hier einen Gartenstuhl hinstellen, um ab und zu in aller Ruhe frisches Chi zu tanken. Die Kiesfläche ist von Steinen und Pflanzen umrahmt, die unsere Sinne ansprechen. Der Charakter einiger Pflanzen greift die inhaltliche Qualität des Ausatmungspunkts auf. Lavendel zum Beispiel ist ein Heilkraut, das sowohl auf die Atmosphäre eines Platzes als auch auf Geist und Seele reinigend wirkt. Deshalb verwendet man ihn zum Ausräuchern, damit die Atmosphäre eines Raums klarer wird – genauso wie uns ein Bad mit Lavendelduft Klarheit und Entspannung beschert. Die Hasel ist mit den Kräften des Merkur verbunden. Merkur steht für das Prinzip von Austausch, Kommunikation und Beweglichkeit. Deshalb unterstützt die Hasel das freie, lebendige Fließen der Erdenergie. Auch die säulenförmige Lampe (> Abb. rechts), die den Weg zum Haus erhellt, greift die aufstrebende Energieform dieses Orts auf.

Weitere Ideen

Auch ein Springbrunnen symbolisiert die emporströmende Lebensenergie am Ausatmungspunkt. Er zeigt bildlich, wie sich die Energie versprüht und verteilt.
Ein Baum kann ähnlich wie ein Springbrunnen wirken: Die Lebensenergie steigt durch den Stamm nach oben und verteilt sich über die Zweige in Ihrem ganzen Garten. Besonders geeignet sind Bäume, deren Äste nach oben und außen streben, etwa Linden oder Erlen. Die gleiche Funktion kann eine aufragende Steinstele übernehmen. Sie gibt die Lebensenergie aber eher gebündelt ab und verteilt sie nicht so fein wie ein Baum.
Ein Blumenbeet kann die Qualität der Lebensenergiequelle ebenfalls zum Ausdruck bringen. Die Horste luftiger Gräser wirken wie Fontänen, dazwischen ragen die langstieligen Blüten von Taglilien, Montbretien und Nelkenwurz empor. Ihre orangefarbenen und leuchtend

roten Blütenfarben stehen für die Lebensenergie. Wenn Sie einen Ausatmungspunkt als Blumenbeet anlegen, sollten Sie dennoch eine kleine Fläche freihalten, auf der Sie ab und zu stehen und die Energie in sich aufnehmen können. Gestalten Sie diese Fläche nach Belieben – vielleicht als ein Bodenmosaik in dynamischen Orangetönen.

Der Atem der Erde durchströmt uns am Ausatmungsplatz. Er wirkt auf uns wie eine Chi-Quelle.

PFLANZENLISTE

Nr.	Anz.	Name	Höhe (cm)	Blütezeit	Farbe
		STAUDEN UND ZWIEBELBLUMEN			
1	7	Nelkenwurz *Geum* x 'Georgenberg' | S. 157	30	April	🟠
2	5	Kaiserkrone *Fritillaria imperialis* 'Rubra Maxima' | S. 166	60–100	April	🔴
3	7	Gewöhnlicher Gundermann *Glechoma hederacea* | S. 157	5–15	April – Juni	🟣
4	12	Funkie *Hosta sieboldiana* 'Elegans' | S. 158	50–70	Juli	⚪
5	3	Bunte Wolfsmilch *Euphorbia polychroma* | S. 156	30–40	April – Mai	🟡
6	3	Echter Lavendel *Lavandula angustifolia* ssp. *angustifolia* | S. 159	40	Juli – Aug.	🟣
		GEHÖLZE	Höhe (m)		
A	1	Gewöhnliche Haselnuss *Corylus avellana* | S. 169	5–7	März – April	🟠
B	3	Gewöhnlicher Liguster *Ligustrum vulgare* | S. 171	4–5	Juni – Juli	⚪

Innere Stille finden: ein Platz zum Meditieren

Kraftplätze in der Natur und die beseelten Plätze in unseren Gärten und Wohnungen sind Oasen der Entspannung. Solche Plätze haben jedoch ganz verschiedene Qualitäten. Eine ihrer wichtigsten Eigenschaften ist die Erdstrahlung: Sie kann rechts- oder linksdrehend sein und übt dementsprechend einen unterschiedlichen Einfluss auf uns aus. Intensive linksdrehende Erdstrahlen können Sie nutzen, um sich energetisch zu reinigen, also Ballast, der auf Ihrer Seele lastet, loszulassen. Eine solche Reinigung empfiehlt sich, bevor Sie sich an einen Ort mit intensiver rechtsdrehender Strahlkraft begeben. Solche Plätze sucht man zum Beispiel zum Meditieren auf. Hier können Sie sich mit positiver Lebenskraft aufladen.

> » Das Auge ist der Punkt, in welchem Seele und Körper sich vermischen. «
>
> CHRISTIAN FRIEDRICH HEBBEL

Sich zur Mitte hin ausrichten

Der Begriff Meditation leitet sich vom lateinischen Wort »medius« für »Mitte« ab. Meditieren bedeutet also, dass wir uns zur Mitte hin ausrichten. Durch Achtsamkeits- oder Konzentrationsübungen soll sich der Geist beruhigen und sammeln. Vor allem in östlichen Kulturen ist die Meditation eine religiöse und spirituelle Praxis, um innere Stille zu finden. Dies ist ein Zustand, in dem wir unsere Gedanken loslassen und die Welt und uns als Einheit erleben. Auch in den christlichen Klöstern hat man im Mittelalter die gegenständliche Betrachtung (meditatio) und die gegenstandsfreie Anschauung, die Kontemplation, praktiziert. So sollten Verstand und Denken zur Ruhe kommen, um das Göttliche in der Stille zu erfahren. Heute schätzt man in westlichen Ländern neben der spirituellen Erfahrung die Meditation auch als Methode zur Stressbewältigung und zur Unterstützung des Wohlbefindens im Alltag.

Ein Steinrondell mit Buddha

Grundsätzlich sollte ein Ort im Garten, den Sie als Meditationsplatz nutzen möchten, eine positive Ausstrahlung haben. Sorgen Sie auch dafür, dass Sie dort ungestört von unerwünschten Blicken und im Rücken – beispielsweise durch eine dichte Hecke – geschützt sind. Eine für einen Meditationsplatz passende Gestaltung (> Abb. links) ist ein kleiner Platz aus Natursteinen. Er wird von einer schützenden Mauer begrenzt, an der Efeu und buntlaubiger Spindelstrauch emporwachsen. Am Mauerfuß befindet sich ein treppenartiges Arrangement aus Steinplatten. Dieses bildet zusammen mit einem kleinen Bambus den Hintergrund für den lachenden Buddha. Die ruhige Gestaltung trägt dazu bei, innerlich still zu werden und sich von der positiven Energie des Platzes durchströmen zu lassen.

Weitere Ideen

Sie können einen Meditationsplatz auch als Labyrinth anlegen, etwa als Kiesweg in einer Rasenfläche oder als Pfad zwischen Hecken. Das Labyrinth ist eines der ältesten Symbole. Es besteht aus einem einzigen Weg, der vom Eingang aus in vielen Umwegen zum Zentrum führt. Es steht für den Lebensweg und zugleich für den Weg zu sich selbst. Der Weg durch ein Labyrinth entspricht einer Meditation, bei der man sich beim Gehen mit dem eigenen Leben beschäftigt. In der Mitte des Labyrinths angelangt, kann man zur Ruhe kommen und frische Kraft schöpfen.

Der lachende Buddha inmitten von Bambus und Efeu lädt uns dazu ein, zur Ruhe zu kommen.

Der Chakren-Garten:
die Energiezentren beleben

Ein Chakren-Garten bietet die Chance, durch die gärtnerische Gestaltung der sieben Chakren mit Ihren eigenen Chakren oder Energiezentren zu arbeiten. Denn zwischen Ihren Chakren und denen Ihres Gartens besteht eine Wechselbeziehung (> Seite 34/35). Diese Beziehung ermöglicht es, mit der Energie der Chakren in Resonanz zu treten und die entsprechenden Lebensbereiche zu aktivieren.

Die sieben Chakren gestalten

In einem großen Garten können Sie – wie in diesem Beispiel – alle sieben Chakren darstellen (> Plan Seite 121). Wenn Sie einen kleinen Garten besitzen, können Sie genauso gut nur einzelne Chakren gestalten. Die den einzelnen Chakren zugehörigen Plätze finden Sie mithilfe von Meditationen (> Seite 35).

1. Wurzelchakra

Das erste Chakra betrifft die Frage, wie fest verwurzelt Sie im Leben stehen. Es geht um das Thema Sicherheit, Urvertrauen und Lebenswillen. Um diese Energie des Wurzelchakras sichtbar zu machen, gestaltet man es in dunklen Rottönen und mit erdigem Charakter.
In dem hier gezeigten Chakren-Garten liegt das Wurzelchakra neben dem Eingang. Der Bereich ist von einer dichten, dunklen Eibenhecke eingerahmt. In der Ecke wächst eine Stechpalme. Die seitlichen Eckpfosten bilden zwei in die Hecke integrierte Holundersträucher. Sie stehen als Heilpflanzen mit dem Wurzelchakra in Verbindung. Der Platz selbst ist als rechteckiges Beet mit abgerundeten Ecken angelegt und mit Kräutern, Gemüse und rot blühenden Gartenblumen bepflanzt. Alle Pflanzen haben einen Bezug zum Wurzelchakra: Das ihm zugeordnete Heilkraut Baldrian findet sich hier ebenso wie Beinwell, der den Füßen guttut. Gemüse wie die Kartoffel, rotstieliger Mangold und Rote Bete stellen eine Beziehung zur Erde her und veranschaulichen zusammen mit den

Gartenblumen den kraftvollen Charakter des Wurzelchakras. Besonders schön wirken hier Purpur-Sonnenhut, Indianernessel und Türkischer Mohn sowie Begonien und Geranien in flammendem Rot. Im Herbst übernehmen dunkellaubige Dahlien und Purpurglöckcken in Kombination mit Herbstastern und Fetthenne den Reigen der Rottöne. Die solide Holzbank mit Lehne erlaubt, mit sicherem Rückhalt den Anblick und die Atmosphäre des Blumenbeets zu genießen.

2. Sakralchakra

Das Sakralchakra hat mit Körperbewusstsein, Sexualität und Fortpflanzung zu tun. Die Form des Beets an seinem Platz erinnert an eine Mondsichel. Ein Quellstein verleiht dem Beet die lebendige Frische fließenden Wassers. Als Bepflanzung passen orangefarbene Gartenblumen wie Nelkenwurz, Tagetes und Zinnien, ergänzt von leuchtend roter Brennender Liebe. Sellerie, Zwiebeln, Knoblauch und Liebstöckel stehen ebenso wie Petersilie in dem Ruf, Lust und Sinnlichkeit anzuregen. Auch Heilkräuter wie Brennnessel, Schafgarbe und Petersilie sind

Alles in Rot: Sowohl der Sitzplatz als auch die Bepflanzung rundherum sind in Rot gehalten, der Farbe des Wurzelchakra.

vertreten. Eine Hecke aus Schlehe, Eberesche und Weide grenzt den Bereich ab. In der Hollywoodschaukel kann man entspannt und beschwingt zugleich in die lebendige Stimmung dieses Platzes eintauchen.

3. Solarplexuschakra

Dieses Chakra steht für die Lebensenergie und die Willenskraft. Es ist hier als Hochbeet angelegt, dessen Form einem Dreieck gleicht. Die Einfassung besteht aus einer Sandstein-Trockenmauer, auf der man bequem sitzen kann. Bepflanzt ist das Beet mit gelben Stauden und Einjährigen, daneben stehen Goldregen und Wacholder. Ranunkelstrauch, Sonnenblumen und Tobinambur bilden eine gelb blühende Hecke. Fenchel, Kamille und Wacholder sind diesem Chakra als Heilpflanzen zugeordnet. Sonnenröschen, Brandkraut und Sonnenbraut stärken seinen feurigen Charakter.

4. Herzchakra

In der Mitte des Gartens liegt das Herzchakra. Es ist als herzförmiger Kräuterrasen aus Tritt-Thymian und Römischer Kamille angelegt. Im Zentrum steht ein Kirschbaum, der mit seinen Früchten die Üppigkeit und Süße des Lebens verkörpert. Rosen als Blumen der Liebe umranden einen Teil der Fläche. Zusätzlich markiert eine Steinreihe den Umriss der Herzform.

5. Halschakra

Thema des Halschakra ist die Kommunikation. Als Gestaltungsidee bietet sich deshalb ein Sitzplatz für mehrere Personen an. Sein Boden ist mit hellgrauem Kies bedeckt. In diesem Beispiel befindet er sich gleich neben dem Teich. In den angrenzenden Beeten wachsen Pfeffer-Minze, Salbei und Huflattich. Die zartblauen Blüten von Jakobsleiter, Wegwarte, Rittersporn und Lein vermitteln Leichtigkeit und Kühle.

6. Stirnchakra

Um Intuition, Weisheit und Fantasie geht es in diesem Bereich. Er ist der ideale Ort für einen meditativen Sitzplatz. An seiner Rückseite stehen dunkelvioletter Sommerflieder sowie ein Flieder in etwas hellerem Violett. Neben dem Platz liegt ein Steingartenbeet mit Johanniskraut und Augentrost, den Heilpflanzen dieses Chakra.

7. Kronenchakra

Das Kronenchakra ist als Meditationssitzplatz unter weiß blühendem Sommerflieder gestaltet. Im Frühjahr zieren weiße Schneeglöckchen den Rasen. Dieses Bild entspricht Spiritualität, Erleuchtung und Selbstverwirklichung – den Themen dieses Chakra. Hier können Sie aus dem Alltäglichen heraustreten und sich für höhere geistige Bereiche öffnen.

Links: Sonnenblumen sind mit dem Energiezentrum im Sonnengeflecht, dem Solarplexuschakra, verbunden.

Rechts: Die Kirsche, insbesondere die Herzkirsche, symbolisiert die Süße und Wonne des liebenden Herzens.

7. Chakra

6. Chakra

Haus

Terrasse

2. Chakra

4. Chakra

3. Chakra

5. Chakra

Sitzplatz

Teich

1. Chakra

N ◄

Grenzen ziehen:
der Kontakt zu den Nachbarn

Ob schlichter Holzzaun, bunte Rabatte, dichte Blütenhecke oder Steinmauer: Gartengrenzen können genauso viele Gesichter haben wie der Garten selbst. Ob sie eher einladend auf Gäste oder Nachbarn wirken oder Ihren Garten als Ihren ganz persönlichen Rückzugsort markieren, entscheiden Sie durch die Gestaltung.

SCHENKEN SIE DER Gestaltung Ihrer Gartengrenzen genauso viel Beachtung und Fürsorge wie dem Garten selbst. Denn Grenzen haben eine wichtige Funktion: Sie markieren Ihren Garten als Ihr Eigentum und Ihren persönlichen Rückzugsort. Und sie schützen Sie vor Einflüssen von außen. Zugleich bilden Gartengrenzen aber auch die Berührungspunkte zu Ihren Nachbarn. Denken Sie bei der Gestaltung Ihrer Gartengrenzen deshalb an das alte Sprichwort: »Wie man in den Wald hineinruft, so schallt es zurück«. Wenn Sie eine gute Beziehung zu Ihren Nachbarn haben, fördert dies das Chi in Ihrem Garten und somit Ihre eigene Lebensqualität. Und wenn Ihre Nachbarn gegenüber Ihrem Grundstück eine freundliche, respektvolle, ja vielleicht sogar bewundernde Haltung einnehmen, erfüllt Sie das innerlich mit Freude und nährt Sie mit dieser Energie. Einladende Grenzen können viele Gesichter haben: Zu Ihrem Nachbarn hin kann eine Obsthecke ein verbindendes Moment sein, denn eine solche Grenze bringt beiden Seiten Früchte. Grenzt Ihr Garten an einen Naturraum, können Sie die Natur in Ihren Garten einladen: Pflanzen Sie zum Beispiel Weißdorn oder Schlehen. Sie bieten Vögeln Raum zum Brüten.

Abweisend oder einladend?

Genauso wichtig wie die Wirkung Ihrer Grenzen auf die Nachbarn ist auch der Eindruck, den Haus und Garten Ihrer Nachbarn auf Sie machen. Empfinden Sie sie als schön und anregend oder eher als abweisend, ja vielleicht sogar bedrohlich? Auch in diesem Fall können Sie mit der Gestaltung der Grenzen auf die Situation reagieren. Entweder Sie schaffen Grenzen, die Ihr Grundstück mit dem Ihrer Nachbarn optisch verbinden und für Entspannung sorgen. Oder Sie betonen den trennenden Charakter der Gartengrenzen, wenn Sie sich mehr abgrenzen möchten und einen dichten Blickschutz brauchen.

Feng Shui und Geomantie bieten für all diese Situationen Gestaltungsansätze: Sie können mit Steinen eine Art »Schutzwall« um ihr Grundstück ziehen. Auch Hecken aus Pflanzen, die nach Feng-Shui-Kriterien gewählt sind und einen abschirmenden Charakter haben, können ein passender Rahmen für Ihr Grundstück sein. Auch klassische Mauern und Zäune, die im Stil zu Haus und Garten passen, sind eine gute Wahl. Oder Sie nehmen die Fünf Tiere als Modell für die Grenzgestaltung. Wofür Sie sich auch entscheiden: Stimmen Sie sich unbedingt rechtzeitig mit Ihren Nachbarn über die Gestaltung Ihrer Gartengrenzen ab.

Die Bedeutung von Gartengrenzen

Ein Raum entsteht durch die Grenzen, die ihn definieren. Übertragen auf Ihren Garten heißt das: Wenn Sie keine Grenzen setzen, kann kein Raumgefühl entstehen. Grenzen geben dem Garten seine Eigenart, sie sind ein wesentlicher Bestandteil seines Charakters und sollen ganz klar das Innen und das Außen festlegen. Sie sollen aber auch einen Austausch mit der Umwelt ermöglichen. Igel, Insekten, Würmer und Co sollten ungehindert in den Garten kommen und ihn wieder verlassen können. Gestalten Sie Ihre Grenzen deshalb so, dass sie den Raum definieren und dennoch durchlässig sind. Grenzen bieten Schutz. Tiere markieren ihr Territorium und verteidigen es gegen Eindringlinge. Genauso wichtig ist es für uns Menschen, die Räume, in denen wir uns aufhalten, zu definieren und unsere Privatsphäre zu schützen. Ein König legt seine Landesgrenzen fest, um seinen Machtbereich zu bestimmen. Einem Landwirt ist es wichtig, die Größe seiner Äcker, von deren Ertrag er lebt, zu kennen. Genauso sollten Sie Ihren Garten als Rückzugsraum markieren und festlegen, wer hier willkommen ist und wer nicht.

Ein Beispiel für abweisende und schützende Grenzen finden wir bei Wasserburgen und Wasserschlössern.

Es gibt auch Beispiele für Grenzen, die durchlässiger gestaltet sind und dennoch ihre Funktion erfüllen. Schauen Sie einmal über die Landesgrenzen nach Holland. Dort treffen wir oft auf längliche Teiche, die als Gartengrenzen fungieren. Diese Art der Grenzgestaltung dient auch einem ökologischen Zweck: Die Teiche sammeln Regen- oder Grundwasser – und sie werden zum Chi-Speicher. Eine solche Grenze bietet einen freien Blick in die Landschaft.

Auf die Mischung kommt es an

Empfehlenswert ist eine Kombination aus blickdichten Grenzen und offen gestalteter Abgrenzung. Zumindest Sitzplätze im Garten sollten nicht von allen Passanten eingesehen werden können. Wenn Sie dazu aber Ihr gesamtes Grundstück mit einer hohen Hecke oder Mauer umgeben, wehren Sie nicht nur neugierige Blicke der Nachbarn ab. Auch Ihnen selbst ist der Blick nach draußen versperrt.

Links: Der Buchs ist eine Schutzpflanze und bildet zusammen mit der Mauer die Grenze des Gartens.

Rechts: In den Stein sind Zeichen zum Schutz der Grundstücksgrenzen gemeißelt. Der Grenzstein symbolisiert Erdung, Segen und Lebenskraft.

Solche Grenzen verhindern nicht nur den Austausch mit der Umwelt, auch die Lebensenergie findet kaum noch Zugang zu Ihrem Garten. Schaffen Sie also besser offene Grenzen: Diese können Sie durch niedrige oder durchlässige Hecken, Zäune oder Mauern gestalten – und der Plausch mit den Nachbarn ist wieder möglich. Noch mehr Gelegenheit zum Gespräch schaffen Sie, wenn Sie zum Beispiel bei einem Reihenhaus einen Sitzplatz im gemeinsamen Eingangsbereich integrieren.

Vielfältige Grenzen

Im Feng Shui setzt man klassische Grenzen wie Hecken, Mauern und Zäune ein. Je nach Pflanzen sowie Material, Form und Farbe von Mauern oder Zäunen erzielen sie eine abgrenzende oder verbindende Qualität (> Seite 128/129). Die Geomantie bietet speziell für schützende Grenzen viele Gestaltungsmöglichkeiten.

Grenzschutz mit Pflanzen

Die Energie einiger Pflanzen hat eine abgrenzende Wirkung. Ein Beispiel ist die Geranie, die wir oft auf Balkonen oder in Vorgärten pflanzen. Sie schützt vor dem »bösen Blick«, d. h. vor dem möglichen Hass, Neid oder der Eifersucht, mit der andere Menschen auf unser Grundstück schauen könnten. Auch Buchs, der seit Jahrhunderten in Kloster- und Bauerngärten als Hecke und neben die Haustür gepflanzt wird, schützt gegen störende Einflüsse.

Geomantie: Grenzschutz mit Steinen

In der Geomantie verwendet man Grenzsteine, um einen Garten zu schützen und seinen Raum abzugrenzen. So kann man beispielsweise mithilfe von Steinen ein Grundstück klar definieren, um Grenzüberschreitungen von außen zu verhindern. Auf einem viereckigen Grundstück stellt man zum Beispiel an jeder der vier Ecken je einen Stein auf, in den ein Schutzsymbol eingemeißelt wird. Dieses Symbol lässt man für die speziellen Bedürfnisse von Besitzer und Grundstück entwickeln. Entscheidend ist, dass die vier Steine die Viertelstücke eines ursprünglich ganzen Steins sind. Stellt man die Teilstücke an die vier Ecken des Grundstücks, bilden sie ein gemeinsames Feld, weil sie untereinander in Verbindung stehen. Dieses Feld definiert den Raum des Grundstücks. Die Grenzsteine schaffen einen energetischen Raum, in dem sich die Bewohner des Grundstücks in Zukunft positiv weiterentwickeln können. Das eingemeißelte Symbol beeinflusst die Schwingung des Felds und gibt ihm eine bestimmte Information. Ein für einen solchen Zweck verwendetes Schutzzeichen kann zum Beispiel eine Erdung nach unten und eine Öffnung nach oben symbolisieren. Es steht für Segen und Lebenskraft und beinhaltet keinen abweisenden Schutz, sondern Sicherheit durch innere Stärke. Ein geomantischer Grenzschutz kann auch eine Öffnung zum Positiven sein. Zusätzlich sollten die Grundstücksränder durch Pflanzungen markiert werden.

> **» Kunst ist zugleich Oberfläche und Symbol. «**
>
> OSCAR WILDE

Die Fünf Tiere als Modell für die Grenzgestaltung

Ein gutes Gestaltungsmodell für Ihre Gartengrenzen ist das System der fünf mythologischen Tiere (> Seite 17). Die schwarze Schildkröte, der rote Phönix, der blaugrüne Drache, der weiße Tiger und die in der Mitte sitzende gelbe Schlange symbolisieren die verschiedenen Blickrichtungen und werden durch unterschiedlich hohe Gartengrenzen dargestellt. Wenn Sie dieses Modell bei der Gestaltung Ihres Gartens umsetzen möchten, orientieren Sie sich an dem Lehnstuhlprinzip: Wie in einem Lehnstuhl mit hoher Rückenwand und Seitenlehnen sind Sie auf dem Grundstück geschützt und haben einen freien Blick nach vorn.

Ein Tier für jede Richtung

Den vier Blickrichtungen entspricht jeweils eine andere Qualität. Vor uns befindet sich unsere Hauptbewegungsrichtung, hier brauchen wir Freiraum. In dieser Richtung findet der Austausch mit unserer Umwelt statt, denn unser Hauptsinn, die Augen, sind nach vorn gerichtet. Was vor uns liegt, sollte deshalb gut sichtbar sowie hell und freundlich sein. Mit dieser Richtung assoziieren wir Vorwärtskommen und Weitblick. Deshalb ist der Phönix, der durch die helle Sonne und freie Sicht charakterisiert ist, das Symbol für die Blickrichtung nach vorn.

Dagegen haben wir nach hinten keinen Überblick. Weil unsere Wahrnehmung in diese Richtung weniger ausgeprägt ist, suchen wir intuitiv Rückendeckung. Wir möchten vermeiden, dass von dieser Seite etwas Überraschendes auf uns zukommt und uns hinterrücks angreift. Im Rücken brauchen wir Schutz. Diesen Schutz repräsentiert die Schildkröte – sie gibt uns Sicherheit und Geborgenheit.

Die meisten Menschen sind Rechtshänder und führen die Mehrzahl ihrer Tätigkeiten mit der rechten Hand aus. Aus diesem Grund bringen wir die rechte Seite mit Tatkraft in Verbindung. Auch hier benötigen wir eine gewisse Bewegungsfreiheit. Diese Seite repräsentiert der Tiger, er bewacht und verteidigt sie durch seine Stärke und Tatkraft.

Die linke Seite entspricht unserer weiblichen, kreativen und intuitiven Seite. Sie benötigt besonders viel Schutz, deshalb ist ihr der Drache zugeordnet. Während die Schildkröte den höchsten Hügel symbolisiert, steht der Drache

Auf gute Nachbarschaft: Die zwei Seiten der als Drachen angelegten Grenze sind durch verschiedene Farben charakterisiert.

für die zweithöchste Erhebung. Er ist ein Sinnbild für die Lebensenergie, das Chi. Sicherheit bietet er durch seine Lebendigkeit.

Die Qualitäten dieser Richtungen sind für uns nicht statisch: Sobald wir uns bewegen, definieren wir sie neu. Dort, wo wir hinschauen, ist immer vorne und demnach der Phönix präsent. Die Fünf Tiere bewegen sich also immer mit uns mit. Nur wenn wir uns hinsetzen, kommen auch sie zur Ruhe.

Das Haus und die Fünf Tiere

Nicht nur unsere Hauptblickrichtung – dies ist die Richtung, in die wir vom Haus aus überwiegend schauen – ist auf den Phönix ausgerichtet, sondern auch die des Hauses. Gestalten wir den Garten und seine Grenzen entsprechend, übernimmt er die Funktion der vier Tiere für das Haus, das – symbolisiert durch die Schlange – in der Mitte steht.

➤ **Phönix:** Legen Sie den Eingang zu Ihrem Grundstück, wenn möglich auch den Hauseingang, in die Hauptblickrichtung. Im Idealfall ist es der Süden. Die Hauptblickrichtung sollte einen offenen, einladenden Charakter haben. Gestalten Sie diesen Bereich so, dass er weniger einer Grenze gleicht, sondern eine Öffnung markiert. Unpassend sind deshalb hohe Hecken oder Mauern, besser eignet sich eine niedrige Grenzmarkierung aus Blumen.

➤ **Drache:** Weil dem Drachen die Kreativität zugeordnet ist, können Sie seine Qualitäten auf vielfältige Weise bei der Gestaltung der Gartengrenzen umsetzen. Sie können ihn durch eine Bambushecke, in die bunte Blumen integriert sind, oder durch eine lichte Hainbuchenhecke darstellen, die in unterschiedlichen Höhen geschnitten ist. Kombinieren Sie die Pflanzenelemente mit beweglichen Gartenaccessoires. Wenn Sie keine durchgehend hohe Hecke möchten, reichen auch wenige hohe Elemente an ein paar ausgewählten Stellen. Besonders ausgefallen ist eine gemeinsame Grenzgestaltung in Form eines Drachen. Trennt Ihr Grundstück und das Ihres Nachbarn eine Mauer, legen Sie sie so an, wie Sie sich einen Drachen vorstellen. Verwenden Sie zum Beispiel bunte Mosaiksteine. Sie können

Mit ihrem festen Panzer ist die Schildkröte ein Symbol für Stabilität. Wachsam schützt sie die Rückseite des Gartens.

beide Seiten individuell ganz nach persönlichem Geschmack ausführen (> Abb. links).

➤ **Tiger:** Die rechte Seite – die des Tigers – können Sie ganz einfach durch eine niedrigere Hecke oder weiß verputzte halbhohe Mauer mit abgerundeten Kanten zum Ausdruck bringen. Es reicht aber auch, einen runden, weiß blühenden immergrünen Strauch zu setzen.

➤ **Schildkröte:** Die Rückseite des Hauses entspricht der Schildkröte. Als sichere »Rückendeckung« eignet sich beispielsweise eine Gruppe dunkler Nadelbäume. Sie wirken aber nur schützend, wenn die Bäume von unten bis oben Äste tragen und einen dichten Schutzwall bilden. Eine Verbindung zum Garten schaffen Sie durch vorgepflanzte Sträucher, die einen gefälligen Übergang von den Nadelbäumen zum übrigen Garten herstellen.

Wenn Sie neu bauen, können Sie die Schildkröte auch aus dem Erdaushub errichten und hinter dem Haus als Hügel aufschütten (> Abb. oben). Er bildet den Körper der Schildkröte. Den Panzer stellen Sie aus Steinreihen dar, Kopf und Füße lassen sich aus Buchs modellieren. Für die Bepflanzung des Panzers eignet sich ein einheitlicher Bodendecker. So bleibt die Form gut sichtbar. Mit einer geschickten Auswahl der Pflanzen kann man die Qualitäten der Schildkröte noch betonen: Sternmoos steht für den ihr zugeordneten Norden. Niedriger, duftender Zitronenthymian symbolisiert Aktivität, Tapferkeit und Mut.

Von traditionell bis modern:
Hecken, Mauern und Zäune

Auch auf herkömmliche Weisen lassen sich Gartengrenzen im Feng-Shui-Garten anlegen. Hecken, Mauern oder Zäune haben – je nach Material und Form – ganz unterschiedliche Qualitäten. Trotz aller Kreativität ist es jedoch empfehlenswert, dass Sie sich bei der Umgrenzung Ihres Grundstücks für ein Material entscheiden. Das gibt Ihrem Garten einen einheitlichen Charakter und verhindert, dass seine Einfassung Unruhe ausstrahlt. Außerdem sollte das Material auf den Stil von Haus und Garten abgestimmt sein.

Hecken haben eine Botschaft

Heckenpflanzen haben verschiedene Qualitäten, und auch ihre Wuchsform spielt eine Rolle. Je nachdem, ob sie frei wachsend oder geschnitten sind, ändern sich nicht nur Aussehen und Höhe, sondern auch ihre Ausstrahlung: Hohe, dichte Sträucher weisen das Chi ab, niedrige, lichte Sträucher lassen es hindurch.

➤ Die **Hainbuche** ist eine sommergrüne Pflanze. Im Winter behält sie einen Teil ihrer braunen Blätter. Zu dieser Jahreszeit ist ihre schöne Aststruktur zu sehen, sie bietet aber dennoch einen gewissen Blickschutz. Die Hainbuche hat einen leichten und hellen Charakter und eignet sich deshalb – analog zu den Himmelsrichtungen – für eine Grenzbepflanzung nach Osten. Außerdem lässt sie sich problemlos in Form schneiden.

➤ Der **Buchsbaum** ist eine traditionelle Grenzschutzpflanze. Er wehrt Einflüsse von außen ab. Führt zum Beispiel eine Wasserader auf Ihr Haus zu, können Sie einen Buchsbaum darauf pflanzen. Dies kann bewirken, dass die Wasserader im Haus nicht mehr oder kaum noch zu spüren ist. Wenn sie ihn als Hecke oder in die vier Ecken Ihres Grundstücks pflanzen, kann Buchs auch verhindern, dass negative emotionale Energien Ihrer Nachbarn auf Ihr Grundstück treffen.

Buchs wächst langsam und lässt sich gut schneiden. Er ist eine immergrüne Pflanze mit relativ dunklem, festem, glänzendem Laub. Deshalb eignet er sich gut für Grenzen in westlicher und nördlicher Richtung. Weil man Buchsbaumhecken niedrig halten kann, sind sie durchlässig für das Chi. Trotzdem bleibt die durch sie gesetzte Grenze klar definiert.

➤ Der **Weißdorn** ist allein durch seine spitzen Dornen eine sehr wirksame Grenze gegen Eindringlinge. Gleichzeitig besitzt er aber in seiner Eigenschaft als Herz-Pflanze eine sehr freundliche Ausstrahlung. Überdies bietet er Vögeln gute Nistplätze.

➤ Die dünnen Zweige des **Ligusters** lassen sich ohne viel Aufwand gut schneiden, darum kann man mit ihm sehr pflegeleichte Hecken anlegen. Er ist wintergrün und bildet deshalb auch zu dieser Jahreszeit eine blickdichte Gartengrenze. Im Frühjahr blüht er schön. Seine schwarzen Beeren werden von Vögeln durchaus geschätzt.

➤ **Eibenhecken** sind sehr dicht, dunkel und immergrün. Das macht sie zum perfekten Rückenschutz im Norden. Eiben wachsen nicht allzu schnell, lassen sich optimal in Form schneiden und bilden einen attraktiven dunk-

Pflanze/Material	Element	Himmelsrichtung
Hainbuchenhecke	Holz	Osten, Südosten
Berberitzenhecke (niedrig, rot)	Feuer	Süden
Buchshecke (in Wellen)	Metall	Westen, Norden
Bambushecke	Holz	Osten
Eibenhecke	Erde	Norden
Ziegelsteinmauer	Erde	Südwest/Nordost
Sandsteinmauer (flach)	Erde	Südwest/Nordost
Holzlattenzaun (weiß)	Holz	Westen
Metallzaun	Metall	Westen
Weidenflechtzaun	Wasser	Norden
Verziertes Schmiedeeisen	Wasser	Norden

len Hintergrund für farbenfrohe Staudenpflanzungen. Sie stehen mit der geistigen Kraft der Erde in Verbindung.

➤ Eine Hecke aus **Scheinzypressen** ist genau dann richtig, wenn Sie starken Schutz brauchen. Denn sie wächst schnell in die Höhe, ist dicht und immergrün und wirkt deshalb stark abschirmend.

➤ Auch die **Thuja** ist sehr dicht und immergrün. Als Hecke eignet sie sich deshalb nur da, wo eine starke Abgrenzung nötig ist.

Mauern mit Durchblick

Mauern können als Gartengrenze dienen. Im Garten selbst können halbhohe Mauern dazu verwendet werden, den Blick innerhalb des Gartens zu lenken.

➤ Besonders ästhetisch sind schöne **Natursteinmauern**. Nach einer sehr alten Technik werden sie als Trockenmauer aufgebaut, d. h., sie werden ohne Mörtel aufeinandergeschichtet. Solche Mauern sind deshalb relativ breit und niedrig. Man findet sie oft in mediterranen Gebieten. Sie grenzen den Garten ab, lassen aber zugleich den Blick in den Garten frei, weil sie nicht so hoch und massiv wie andere Mauern angelegt werden. Gleichzeitig bieten sie vielen kleinen Tieren einen Lebensraum. Falls sich Ihr Garteneingang im Süden befindet, können Sie Trockenmauern hier gut als Gartengrenze einsetzen, da sie dem Phönix freien Raum lassen.

➤ **Klinker** eignet sich ebenfalls gut als Material für eine Mauer, vorausgesetzt, er passt zum Stil des Hauses. Eine Mauer aus Klinker besitzt die Qualitäten des Elements Feuer.

➤ Auch eine verputzte Mauer aus **Betonsteinen** kann eine attraktive Variante sein: Nutzen Sie die Möglichkeit, sie nach Lust und Laune in schönen Farben zu gestalten.

Wenn Sie Ihren Garten mit Mauern begrenzen, sollten Sie immer daran denken, den Lebensraum der Tiere nicht einzuschränken: Sorgen Sie dafür, dass Ihr Garten am Mauersockel nicht rundum völlig abgeschlossen ist. Verwenden Sie ein Material, das es erlaubt, kleine Lücken für Kröten und Igel zu lassen – beispielsweise Ziegelsteine.

Für jeden Geschmack: Zäune aus Holz und Metall

Auch bei der Gestaltung von Zäunen sind Ihrer Fantasie keine Grenzen gesetzt. Traditionell verwendet man für einen ländlichen Garten Zäune aus senkrecht stehenden Latten. Natürlich können Sie auch, je nach Geschmack, einen Jägerzaun aufstellen. Oder Sie gestalten Ihren Zaun sehr individuell, beispielsweise mit waagerecht angeordneten, breiten Holzlatten. Zäune mit sehr strengen Formen können Sie auflockern, indem Sie sie mit Pflanzen kombinieren. Letztlich können Sie sich bei der Wahl der Formen und Farben an Ihren persönlichen Vorlieben orientieren, oder Sie wählen eine Gestaltung gemäß den Himmelsrichtungen. Auch Metall bietet beim Zaunbau vielfältige Möglichkeiten. Die Palette reicht von aneinandergereihten Metallkugeln, die eine Grenzlinie markieren, über einen geradlinigen Gitterzaun bis zu filigranen schmiedeeisernen Zäunen mit Rosetten und Schnörkeln. Oberstes Gebot bei der Gestaltung ist auch hier, dass die Grenze zum Stil von Haus und Garten passt.

Verschiedene Beispiele für die Grenzgestaltung:
1 | Der zierliche Metallzaun hat Holz-Charakter.
2 | Der immergrüne Efeu eignet sich für eine Nordgrenze.
3 | Die Steinmauer vertritt das Erd-Element.
4 | Ein Holzzaun passt zum Osten, kombiniert mit Fingerhut auch gut zum Süden.

Kein Garten ist perfekt:
Lösungen für
jede Situation

Führt an Ihrem Garten eine laute Straße vorbei? Ist Ihr Garten ganz hinten schon seit
Jahren zugewuchert? Oder ist die Mülltonne ein unschöner Blickfang im Vorgarten? Keine
Angst: Sie müssen nicht gleich Ihren ganzen Garten umkrempeln. Oft sind es die kleinen
Veränderungen, die eine große Wirkung haben.

DAS WICHTIGSTE ist die Haltung, die Sie
Ihrem Garten gegenüber einnehmen: Sehen
Sie ihn als Lebensraum und nicht als einen
Ort, der Ihnen Probleme bereitet. Ihr Garten
ist etwas Lebendiges. Er kann ein Partner für
Sie sein, und er kann Ihnen Ihre Befindlich-
keit spiegeln. So können zum Beispiel die
Schwierigkeiten, die er Ihnen macht, eine
wichtige Funktion erfüllen: Sie können
Ihnen helfen, Ihre eigene Stagnation und
Ihre eigenen Schwierigkeiten zu erken-
nen. Genau an diesem Punkt ist ein
nachsichtiger Umgang vonnöten. Gehen
Sie liebevoll mit sich und mit Ihrem
Garten um. Lassen Sie sich Zeit, und
spüren Sie die Wirkung der Umgestalt-
ungen, die Sie im Garten vornehmen.
Durch diese innere Einstellung treten
Sie in Beziehung zu Ihrem Garten und
können ihn als Raum sehen, der ein Po-
tenzial in sich birgt. Bedenken Sie bei
diesem Prozess immer, dass eine Gartengestaltung nicht sofort perfekt sein muss.
Machen Sie sich bewusst, dass Sie sich auf
einem Entwicklungsweg befinden.
Ihr Garten kann Ihnen aber nicht nur als
Spiegel dienen, er kann Ihnen auch eine
Hilfe sein. Denn anders als in unserer alltäglichen Welt, wo wir den Schwerpunkt unseres Tuns meist auf die Bewältigung von Pro-
blemen legen, richtet sich das Augenmerk bei
Feng Shui und Geomantie auf die Unterstützung, die Ihr Garten Ihnen in Form von
Lebensenergie geben kann. Dabei stehen all
jene Faktoren im Mittelpunkt, die Harmonie
fördern und erhalten. Form und Inhalt werden
eins: Jedes Beet, jeder Weg, jedes Schmuckele-
ment im Garten erfüllt eine Funktion und hat
eine Bedeutung.

Entwicklung statt Perfektion

Gehen Sie die Dinge, die in Ihrem Garten un-
vollkommen sind, mit Gelassenheit an. Vielleicht liegt Ihr Garten an einer lauten Straße
oder in einer Sackgasse. Vielleicht schicken
spitze Giebel Sha-Energie in den Garten. Oder
das Chi »rutscht« an einem steilen Hang von
Ihrem Grundstück und kann Sie nicht mehr
unterstützen. Vielleicht möchten Sie auch nur
einen versteckten Eingang zum Garten ins
rechte Licht rücken, Mülltonnen geschickt
kaschieren oder dem Wildwuchs in den Gar-
tenecken zu Leibe rücken. Feng Shui und Geomantie bieten für all diese Herausforderungen
Rat und Hilfe. Mithilfe dieser Gestaltungsansätze können Sie auch das nachbarschaftliche
Miteinander verbessern. Oft bewirken schon
kleine Veränderungen eine Steigerung von
Wohlbefinden und Lebensqualität.

Wenn das Grundstück Nachteile hat

Manche Probleme betreffen das ganze Grundstück: Es kann zum Beispiel an einem steilen Hang liegen, oder eine laute Straße führt direkt am Grundstück vorbei. Mit Feng Shui und Geomantie können Sie einen Ausgleich schaffen und die Situation harmonischer gestalten.

>> Das Geheimnis des Lebens liegt im Suchen nach Schönheit. <<

OSCAR WILDE

Elemente harmonisieren

Manchmal ist es nicht zu ändern: Ein Haus entspricht in Material und Form nicht dem Element, das der umgebenden Landschaft zugehörig ist. Ein Beispiel: Ein flaches Einfamilienhaus, etwa ein Bungalow, ist von seiner Form her dem Element Erde zugeordnet. Birken, hohe Pappeln oder Säuleneichen, die das Haus umgeben, entsprechen dagegen dem Element Holz.

Nach dem nährenden Kreislauf der Elemente fehlt in diesem Fall das verbindende Element zwischen Erde und Holz, das Feuer (> Seite 22). Folglich sollte man dafür sorgen, dass dieses Element in die unmittelbare Umgebung integriert wird. Die Lösung kann sich aus vielen Faktoren zusammensetzen: Liegen Grund-

stückseingang und Hauseingang im Süden, verfügt das Grundstück bereits über einen wesentlichen Faktor des Elements Feuer. Weist der Eingang dagegen in eine andere Richtung, sind bauliche Veränderungen meist zu aufwendig. Dann können Sie das Element Feuer durch die Gestaltung Ihres Gartens fördern und gleichzeitig das Element Erde etwas abschwächen. Entfernen Sie beispielsweise zu nahe am Haus stehende Bäume, und ersetzen Sie sie durch Pflanzen, die dem Element Feuer zugeordnet sind, wie Feuerdorn, ungeschnittene Berberitzen, Zierquitten und Feuer-Lilien. Achten Sie darauf, dass in Ihrem Garten – vor allem in Hausnähe – immer etwas in feurigen Farben üppig blüht. Auch ein ansprechender Feuerplatz, an dem Sie bei Bedarf grillen können, unterstützt das Element Feuer.

Wege aus der Sackgasse

Liegt Ihr Grundstück am Ende einer Sackgasse, kann die Lebensenergie nicht zirkulieren. Es gilt, einen Weg zu finden, dass das Chi ungehindert in Ihr Grundstück herein- und hinausgelangt, ohne dort zu stagnieren. Eine gute Lösung ist eine Wendeschleife. Reicht der Platz dazu nicht, stellen Sie auf dem Bodenbelag der Straße eine Wendeschleife oder einen Mittelpunkt bildlich dar. Dafür brauchen Sie allerdings eine Genehmigung der Gemeindeverwaltung. Für ein solches Symbol eignet sich eine Spirale, weil sie einen Weg nach innen weist und auf dem gleichen Weg wieder nach außen führt. So kann das Chi Wirbel bilden und findet einen Weg zum Umkehren.

Führt ein reiner Fußweg zu Ihrem Haus, können Sie auch einen runden Blumenkübel in die Mitte stellen: Am besten setzen Sie eine Pflanze hinein, die stabil und zugleich beweglich ist. Neben dieser gestalterischen Methode bietet Ihnen Ihre Situation die Chance, einen Blick auf Ihr Leben zu werfen. Es kann durchaus sein,

INFO Energiestau im Garten

Die Anhäufung von unbenutzten Gegenständen auf dem Grundstück, von Dingen, die Sie nicht mehr brauchen, die vergessen in den Ecken stehen, führt zu einer Stagnation der Lebensenergie im Garten. Dieser Energiestau bewirkt, dass sich dort fast wie von alleine immer mehr Gerümpel ablagert und den Chi-Fluss noch weiter blockiert. Schaffen Sie Abhilfe, indem Sie durch beherztes Ausmisten frischen Schwung in Ihren Garten und in Ihr Leben bringen.

Der runde Sitzplatz am Ende des Wegs lenkt das Chi elegant aus der Sackgasse.

dass die Lage des Grundstücks in einer Sackgasse zu Stagnationen in bestimmten Lebensbereichen führt. In diesem Fall können Sie etwas über Ihre eigene Situation erfahren und sich zum Beispiel fragen, welche Lebensbereiche bei Ihnen in der Sackgasse stecken und wie Sie aus ihr wieder herauskommen. Suchen Sie – ähnlich wie bei der Gestaltung mit der Spirale – nach einem Umkehrpunkt in Ihrem Leben, der Sie aus der Stagnation in die Lebendigkeit führt. Haben Sie dieses Ziel erreicht, können Sie wieder einen Ruhepol suchen und sich erholen. Dabei ist jedoch wichtig, dass Sie nicht wieder in Stagnation verfallen, sondern bewusst weitergehen. Dieser Prozess kann gestalterisch durch Wasser unterstützt werden. Achten Sie darauf, dass es nicht abgestanden ist. Damit es wirkt, muss es sauber, frisch und vor allem bewegt sein.

Der Sog der Geschwindigkeit

Eine viel befahrene Straße bringt nicht nur Lärm und Gestank mit sich, vielmehr entsteht durch die Geschwindigkeit der vorbeifahrenden Autos ein Energiesog. Es entwickelt sich Sha-Energie. Die schnelle, geradlinige Energiebewegung entlang der Straße saugt das Chi aus der Umgebung und aus Ihrem Grundstück. Um dies zu verhindern, setzen Sie in Richtung

der ankommenden Autos etwas Massives und Stabiles vor Ihr Haus, das den Sog aufhält. Das kann ein großer Stein oder ein großer Baum sein. Wichtig ist, dass dieses Objekt genauso kraftvoll ist wie die Sha-Energie und der Geschwindigkeit und Sogkraft etwas entgegensetzen kann.

Perfekt wird eine solche Gestaltung dadurch, dass sich hinter dem Stein oder Baum etwas befindet, das die Energie zu Wirbeln umformt. So teilt sich die geradlinige große Sha-Bewegung in viele kleine sanfte Schwünge auf. Die Sogwirkung wird aufgelöst, und die umgewandelte Energie verteilt sich gleichmäßig auf dem Grundstück. Diese Aufgabe können viele kleinere »Wirbler« übernehmen, etwa luftige Sträucher oder andere im Wind bewegliche Gegenstände wie Windspiele.

Sha-Chi auf geraden Straßen

Führt eine Straße schnurgerade auf Ihr Grundstück, kommt das Chi als zu schnelles Sha-Chi direkt auf Sie zu. Um es in eine lebensförderliche Form umzuwandeln, sollten Sie es vor Ihrem Hauseingang abbremsen. Es reicht schon, ein dekoratives »Hindernis« mitten in den Weg zu stellen, das das Sha aufhält und es in sanften Schwüngen auf Ihr Grundstück lenkt. Geeignet sind eine Steinstele, ein großer

Findling oder ein üppiger Strauch. Wichtig ist, dass die Pflanze oder der Stein eine Präsenz haben, die dem aufprallenden Sha etwas entgegensetzen kann. Hinter dem Objekt sollten Sie für Bewegung sorgen: Dies erreichen Sie mit einem Mobile oder beweglichen Sträuchern und Stauden. Achten Sie darauf, dass Sie den Hauseingang schützen, ohne ihn zuzubauen. Auch das Gartentor sollte nicht in gerader Verbindung zur Sha-Linie, also zwischen Hauseingang und Straße, stehen. Ist das so, sollten Sie Ihr Gartentor seitlich leicht versetzen. Das Ziel dieser Veränderungen ist es, eine geschwungene Bahn für das Chi zu schaffen, die vom Gartentor zum Hauseingang führt.

Mauern gegen Lärm

Liegt Ihr Grundstück an einer lauten Straße, oder ist es einer anderen Lärmquelle ausgesetzt? Dann reicht eine Bepflanzung mit Sträuchern rundherum meist nicht aus, denn Pflanzen schirmen Lärm nur minimal ab.
Da es meist nicht möglich ist, einen massiven Wall als Lärmschutz aufzuschütten, empfiehlt sich eine hohe Mauer. Sie muss mindestens zwei Meter hoch sein, damit sie auch wirklich eine abschirmende Wirkung hat. Die erforderliche Höhe ist abhängig von der Entfernung zur Lärmquelle. Kaschieren Sie sie mit schönen Kletterpflanzen. Eine zweite, sehr geschickte

Lösung besteht darin, den unangenehmen Geräuschen angenehme entgegenzusetzen, zum Beispiel das Plätschern eines kleinen Wasserfalls. Auch Klangspiele oder eine Windharfe erfüllen diese Funktion. Wählen Sie in jedem Fall Töne und Geräusche, die Sie mögen und die auf Sie beruhigend wirken.

Verbaute Aussicht

Stört Sie der Anblick unschöner Gebäude in der Nachbarschaft? Sich täglich darüber zu ärgern hilft nicht. Besser suchen Sie nach einer kreativen Lösung. Ist es die hohe Wand des Nachbargebäudes, fragen Sie Ihren Nachbarn, ob Sie diese Wand bemalen oder eine schöne Fassadenbegrünung anbringen dürfen. Eventuell reicht es auch, wenn Sie ein Segeltuch davor spannen oder, wenn genug Platz zur Verfügung steht, einen Busch davor pflanzen. Diese Verschönerungsaktion verleiht der Wand eine positive Ausstrahlung. Und nebenbei verbessert Ihr Einsatz vielleicht auch das Verhältnis zu Ihren Nachbarn.

Spitze Giebel, scharfe Kanten

Weist der Giebel Ihres Nachbarhauses spitz auf Sie zu, oder zeigen Hauskanten in Ihre Richtung? Solche Formen können in uns das Gefühl wecken, von kleinen Pfeilen angegriffen zu

Links: Ein hoher Busch verhindert, dass die Mauerkante Sha-Chi zu den Nachbarn lenkt.

Rechts: Freie Flächen sind in jedem Garten wichtig. Sie bilden einen Yin-Pol.

werden. Nach Feng Shui erzeugt Sha-Energie dieses Gefühl. Man kann Sha-Energie als einen extremen Überschuss von Yang-Energie betrachten, die man durch Elemente ausgleichen kann, die Yin-Energie verbreiten. Yin-Energie ist leicht bewegliche Energie, der sanfte Schwung, das Fließen von Luftströmungen oder Schwingungen. Setzen Sie störenden Ecken und Kanten an der Stelle, an der sie auf Ihr Grundstück zeigen, etwas Bewegliches in Ihrem Garten entgegen, z. B. eine Figur in Gestalt eines Tänzers. Sie nimmt die negative Energie auf, verändert sie durch ihren »Tanz« und gibt sie als gewandelte Qualität wieder an die Umgebung ab. Auch Windharfen oder Klangspiele eignen sich. Oder pflanzen Sie Sträucher oder Bäume, deren Zweige mit dem Wind spielen und leise rascheln. Eine gute Wahl sind Sommerflieder, Goldregen, Birken, Espen oder Trauerweiden. Überdies bilden solche Gehölze eine Art Paravent, der den Blick auf die hässlichen Ecken und Kanten verstellt.

Ein ungeschützter »Rücken«

In früher Vorzeit haben Menschen in Höhlen gelebt, so waren sie im Rücken immer geschützt und vor Eindringlingen sicher. Auch uns moderne Menschen beherrscht dieser Instinkt noch. Fehlt der Schutz im Rücken, fühlen wir uns manchmal unbehaglich.
Legen Sie deshalb besonderes Augenmerk darauf, die Rückenseite Ihres Hauses bzw. die entsprechende Gartenzone sicher zu gestalten. Haben Sie genügend Platz, sollten Sie einen massiven Schutz für Ihr Haus schaffen. Liegt die Rückseite Ihres Hauses im Norden, schütten Sie einen Erdwall auf oder pflanzen dichte Nadelbäume. Weist diese Seite nach Osten, Süden oder Westen, wählen Sie Laubbäume und immergrüne Sträucher.
Reicht der Platz für eine solche Lösung nicht, können Sie alternativ auch einen hohen Zaun errichten, an dem sich beispielsweise Efeu hochrankt. Ungewöhnlich und sehr attraktiv ist ein »Zaun« aus dünnen, senkrecht aufgestellten Steinplatten.
Steht Ihr Haus bereits mit seiner Rückseite direkt an der Grenzlinie, können Sie als

Eine Trockensteinmauer hält das Chi und schafft Geborgenheit. So wird ein problematischer Hang zu einem schönen Gartenelement.

Rückendeckung die Hausrückwand mit Efeu begrünen. Mit der Zeit wird die Kletterpflanze einen dichten Schutzwall bilden.

Wenn das Chi den Hang hinunterrutscht

Hanggrundstücke haben einen großen Nachteil: Das Chi fließt vom Haus weg. In einem solchen Fall sollten Sie das Chi am Fuß des Hangs oder am unteren Ende des Grundstücks unbedingt wieder auffangen.
Dafür gibt es mehrere Gestaltungsmöglichkeiten. Legen Sie zum Beispiel in dem Teil des Gartens, der am tiefsten liegt, eine Terrasse an. Sie sollte so groß sein, dass ein großzügiges Wasserbecken darauf Platz findet. Eine dichte, höhere Hecke hinter dem Wasserbecken bremst das Chi, sodass es sich im Wasser sammeln kann. So erfüllt das Wasser seine Funktion als Chi-Speicher. Eine Fontäne im Wasserbecken sorgt außerdem dafür, dass das Chi von hier aus wieder in Bewegung kommt und sich über das Grundstück verteilt.
Wichtig ist bei einer solchen Gestaltung, dass das Wasser von oben, also vom Haus aus, gut zu sehen ist. So bleibt das Chi immer auf dem Grundstück sichtbar. Es wird auch am oberen Grundstücksende wahrgenommen und dort gehalten. Ist die Fontäne besonders groß, kann sie das Chi mit so viel Schwung über das Grundstück verteilen, dass man das Gefühl

Die Bepflanzung tarnt den durch ein Rohr in den Garten fließenden Bach und verwandelt ihn in eine Chi-Quelle.

hat, auch oben im Haus mit Chi versorgt zu werden. Günstig ist in einem solchen Fall, auch am Haus eine Terrasse anzulegen. Dadurch entsteht zunächst einmal eine ebene Fläche, bevor das Grundstück zum Hang abfällt. Das Chi fließt dann nicht direkt vom Haus ab, sondern verweilt erst einige Zeit auf der Terrasse. Reicht der Platz am Hangende nicht für ein Wasserbecken mit Springbrunnen, stellen Sie dort säulenförmige Lampen auf. Sie lenken das Chi wieder zurück zum Haus.

Sehr kleine Gärten: sich auf das Wesentliche konzentrieren

Besitzen Sie nur einen kleinen Garten und sind sehr eingeengt? Auf übertragener Ebene kann das bedeuten, dass Sie dazu aufgefordert sind, sich auf das Wesentliche zu konzentrieren. Überlegen Sie deshalb zunächst, was Sie sich wünschen. Möchten Sie Ihren Garten hauptsächlich dazu nutzen, auszuruhen, Kaffee zu trinken und zu lesen? Oder möchten Sie ihn auch als einen Ort erfahren, an dem Sie mit der Erde in Kontakt kommen?

Im ersten Fall ist die Lösung einfach: Eine große Terrasse mit einem Stückchen Rasen ist eine passende Gestaltung. Im zweiten Fall könnten Sie das Platzproblem so lösen, dass Sie auf die Terrasse verzichten. So bleibt der Boden unversiegelt, und Sie können die Erde unter Ihren Füßen spüren. Oder Sie lassen nur einen klei-

nen Bereich pflastern, auf dem ein Tischchen und ein Stuhl Platz finden. Rundherum dürfen sich dann Pflanzen ausbreiten.

Kleine Gärten wirken oft sehr beengt. Mit einigen Tricks können Sie sie optisch größer wirken lassen. Sorgen Sie zum Beispiel dafür, dass in der Hauptblickrichtung ein hübscher Blickfang steht, der eine Perspektive ahnen lässt. So entsteht ein Gefühl von Offenheit und Weite.

Sie können einem kleinen Garten auch die Enge nehmen, indem Sie seine Mitte betonen. Eine kreativ gestaltete Mitte, die Ihren Wünschen entspricht, wird so zu einem Ort, an dem Sie selbst Kontakt zu Ihrer eigenen Mitte bekommen.

Für eine Gestaltung der Mitte eignen sich besonders gut Steine oder Wasserbecken. Oder Sie entscheiden sich für künstlerische Gegenstände, beispielsweise eine kleine Skulptur. Auch kleine Kiesflächen – wie in manchen Zen-Gärten zu sehen – sind eine gute Lösung. Die Kreisfläche können Sie auch als Platz zum Meditieren nutzen. Sollten Ihre Prioritäten bei der Familie und beim Freundeskreis liegen, kann ein runder Tisch mit Stühlen das Zentrum Ihres Gartens bilden.

Und nicht zuletzt können Sie einen kleinen Garten dazu nutzen, hier einen ganz persönlichen Kraftplatz zu gestalten.

Grundstück mit spitzen Ecken

Im Feng Shui gilt eine viereckige Grundstücksform als Ideal, ein Grundstück mit scharfen Ecken oder einem dreieckigen Grundriss gilt dagegen als ungünstig. Ein solches Grundstück wirkt auf uns meist nicht besonders ansprechend, weil ihm eine deutliche Mitte fehlt und wir uns nicht geborgen fühlen.

Schaffen Sie Abhilfe, indem Sie den Ecken ihre Spitzen nehmen: Bepflanzen Sie sie so dicht, dass eine rundliche, rechteckige oder eine geschwungene Innenform entsteht. Damit konzentriert sich der Blick auf die Bepflanzung, und Sie nehmen die Spitzen kaum noch wahr. Überlassen Sie diese Ecken der Natur, lassen Sie die Pflanzen wuchern, und betreten Sie diese Bereiche auch nicht mehr. So verbannen Sie die Ecken aus Ihrem Bewusstsein.

Rund um den Eingang: den ersten Eindruck verbessern

Eingang und Vorgarten eines Grundstücks werden oft vernachlässigt: Sie liegen manchmal auf der Nordseite, die nach Feng Shui als ungünstig gilt. Außerdem sind sie in diesem Fall schwierig zu gestalten, weil sie wenig Sonne bekommen. Dient der Vorgarten als Abstellplatz für Mülltonnen, stört uns ihr Anblick jedes Mal, wenn wir vorübergehen. Ist dies der Fall, können Sie mit ein paar einfachen Maßnahmen dafür sorgen, dass Eingang und Vorgarten das Chi wieder willkommen heißen können.

Der Vorgarten liegt auf der Rückseite des Hauses

Viele Häuser sind heute so ausgerichtet, dass sich auf der Südseite die straßenabgewandte Terrasse und der Hauptgarten befinden. Auch der Eingang des Hauses liegt oft dort, sodass man vom Gartentor aus einmal um das Haus herum gehen muss, um zu Haustür zu gelangen. Eingang zum Grundstück und Vorgarten liegen im Norden. Das heißt, die Hauptblickrichtung des Hauses zeigt nach Süden, der Vorgarten befindet sich an der Rückseite des Hauses im Norden. Der Grund für eine solche Planung liegt auf der Hand: Menschen suchen heute zu Hause Ruhe und Zurückgezogenheit und nicht den Kontakt zum Umfeld.

Diese Planung macht die Gartengestaltung schwierig, weil zwei gegensätzliche Pole vereint werden müssen: Einerseits soll die Rückseite des Hauses nach Feng Shui so gestaltet sein, dass sie Schutz bietet. Andererseits sollen Garteneingang und Vorgarten freundlich und lebendig sein, um das Chi anzulocken.

Gut wäre, den Hauseingang an die Seite des Hauses zu verlegen, sodass er vom Gartentor aus noch sichtbar ist. Das ist aber meist zu aufwendig. Zumindest sollte aber der Grundstückseingang nicht geradlinig auf das Haus zuführen, sondern seitlich versetzt werden. Dann können Sie die Hausrückseite im Nor-

den nach dem Prinzip der Schildkröte anlegen. Den Grundstückseingang an der Seite dürfen Sie offen, großzügig und einladend gestalten. Um die Hausrückseite zu schützen, reicht oft schon großer Rhododendron, der in der Mitte der Grundstücksseite steht. Er darf ruhig zwei bis drei Meter hoch sein. Zusätzlich sollten Sie mit Pflanzen arbeiten, die zum Norden passen. Eine gute Ergänzung sind Buchs und größere Steine.

Auch eine Mauer eignet sich als Nordgrenze des Grundstücks. Sie darf sogar relativ hoch sein, wenn der seitlich gelegene Grundstückseingang sehr einladend und freundlich ist und der Weg von dort in schönen Schwüngen auf den Hauseingang zuführt. Wichtig ist, dass die Mauer sowohl von innen als auch von außen einen schönen Anblick bietet. Achten Sie in jedem Fall darauf, dass Sie die ganze Energie mit viel Achtsamkeit und Sorgfalt auf das Grundstück lenken und zum Hauseingang leiten. Selbst wenn der Vorgarten an der Rückseite des Hauses liegt und als Schutz gestaltet wird, hat er trotzdem noch eine zweite Funktion: Er ist die Übergangszone zwischen dem privaten Bereich des Hauses und der Welt, die vor dem Gartentor beginnt. Gestalten Sie den Vorgarten

> » Gutes Handeln macht alle Menschen fröhlich. «
>
> BUDDHA

Mit einem leuchtend roten Anstrich wird der unscheinbare Eingang an der Hausrückseite zum Blickfang.

deshalb immer wohlwollend, frisch und belebend. Damit öffnen Sie sich trotz des Schutzes für die Außenwelt, sodass fremde Menschen und das Leben Ihnen offen begegnen können. Die Achtsamkeit, die Sie für Ihren Vorgarten aufwenden, entspricht Ihrer Achtsamkeit anderen Menschen und dem Leben gegenüber.

Wenn Unschönes die Energie blockiert

Die Himmelsrichtungen haben bestimmte Qualitäten und beeinflussen das Chi, das im Idealfall von allen Seiten auf Ihr Grundstück fließt. Ist eine Seite jedoch blockiert, verhindert dies den Chi-Fluss. Die Energie der blockierten Seite fehlt dann auf dem Grundstück. Ein Beispiel: Der Eingang zum Grundstück liegt im Osten und auf der gegenüberliegenden Straßenseite befinden sich eine Güllegrube sowie viele dunkle Nadelbäume. Oder ein großes Industriegebäude versperrt den Blick. In solchen Fällen kann die Ost-Energie mit ihrer leichten, frischen Qualität nicht auf Ihr Grundstück gelangen. Prüfen Sie zunächst, ob sich der Grundstückseingang nicht doch auf eine andere Seite verlegen lässt. Im Idealfall verlegen Sie den Eingang an die Südseite. Auch die Südost- oder Nordost-Ecke sind gute Alternativen. Zusätzlich grenzen Sie das Grundstück mit einer hohen Hainbuchenhecke gegen alles

Unschöne auf der Ostseite ab. Gestalten Sie die Ost-Energie dafür auf Ihrer Grundstücksseite in Analogien und Symbolen.

Carport und Garage

Viele Menschen benutzen heute täglich das Auto und betreten Grundstück und Haus gleich von der Garage aus. Der Fußweg, der vom Grundstückseingang zum Haus führt, wird kaum noch benutzt, er wird zu einem »toten Eingang«. Umgekehrt erhält die Garage eine enorme Aufmerksamkeit. In der Folge fließt das Chi zur Garage und nicht zum Haus. In diesem Fall integrieren Sie den Fußweg am besten in die Autozufahrt. Gestalten Sie Autozufahrt und Fußweg dabei mit Belägen, die sich deutlich voneinander abheben. Wenn Sie die Zufahrt jedoch als Haupteingang des Grundstücks betrachten, sollten Sie sie besonders sorgfältig gestalten. Bauen Sie sie beispielsweise zu einem einladenden Tor aus und stellen Sie links und rechts davon Blumenkübel auf. Der Schwerpunkt der Aufmerksamkeit sollte aber auch in diesem Fall auf dem Hauseingang liegen, die Garage spielt nur die Nebenrolle. Dies können Sie durch einen dezenten Anstrich zum Ausdruck bringen. Oder Sie begrünen die Garage mit Kletterpflanzen. Ideal sind Pflanzen, die zur Himmelsrichtung passen – etwa ein Blauregen für den Osten.

Links: So schön kann ein Müllhäuschen aussehen: Eine rosenüberrankte Holzpergola versteckt die Mülltonnen.

Rechts: Der schöne Buchs stände besser neben der Haustür als direkt davor, wo er sie verdeckt.

Verborgen hinter hohen Hecken

Ist Ihr Grundstückseingang zugewachsen wie in einem verwunschenen Schloss? Oder ist Ihr Haus hinter einer dichten Hecke verborgen? Das mag romantisch sein, aber vielleicht könnte Ihnen und Ihrem Grundstück ein bisschen frischer Wind nicht schaden. Wecken Sie Haus und Grundstück aus dem Dornröschenschlaf und öffnen Sie sie Schritt für Schritt für eine aktive Lebensphase. In einem ersten Schritt lichten Sie etwa die Hecken aus und schneiden den Weg zum Eingang frei. Sorgen Sie dafür, dass das Gesicht des Hauses deutlich zu erkennen ist, und verpassen Sie ihm eine Schönheitskur. Ist es stark überwuchert, stutzen Sie alle Rankpflanzen. Denn Türen und Fenster des Hauses sind wie Mund und Augen: Sie sollten problemlos zu öffnen sein.

Ein versteckter Eingang

Liegt der Eingang zu Ihrem Haus etwas versteckt? Oder kann man ihn sogar leicht übersehen? Das mag zwar gemütlich und heimelig wirken, aber es verhindert, dass das Chi zum Hauseingang findet. In einem solchen Fall platzieren Sie im Eingangsbereich auffällige Objekte. Sie lenken den Blick der Vorübergehenden und damit auch das Chi zum Eingang hin. Auch ein anderer Pflasterbelag, der vom Garten zum Hauseingang überleitet, zieht die Aufmerksamkeit auf sich.

Ein abweisender Eingang

Stehen an Ihrem Gartentor stachelige Pflanzen? Besteht das Gartentor aus einer Metallfläche, die so stark spiegelt, dass sie abweisend wirkt? Dann wundern Sie sich nicht, wenn das Chi einen Bogen um Ihr Haus und um Ihr Grundstück macht.
Gestalten Sie den Eingangsbereich stattdessen mit harmonischen Formen und arbeiten Sie mit farbenfrohen Elementen. Achten Sie außerdem darauf, dass weder Fahrräder oder Spielsachen den Zugang zum Haus behindern.

Mülltonnen nahe am Eingang

Man kann auf sie nicht verzichten, aber meistens stören sie: Aus praktischen Gründen sind Mülltonnen oft im Eingangsbereich untergebracht. Aus der Sicht von Feng-Shui ist dies der ungünstigste Platz. Denn dadurch schenkt man den Mülltonnen ungewollt zu viel Aufmerksamkeit, und das Chi verlässt Ihr Haus zusammen mit dem Abfall.
Verlegen Sie den Platz für den Müll deshalb besser aus Ihrem Blickfeld. Vielleicht ist in der Garage Platz für die Tonnen, vielleicht auch in einem Holzschuppen. Oder Sie installieren rund um die Mülltonnen eine Trennwand aus Holz als Sichtschutz. Bepflanzen Sie die Wände mit dekorativen Kletterpflanzen, dann verschwindet bald alles hinter einem dichten, grünen Vorhang.

INFO Guten Willen zeigen

Sie fragen sich, wie Blumen am Eingang Ihre Beziehungen zu Ihren Mitmenschen verbessern können? Die Energieströme, die durch sie entstehen, nehmen Sie wahrscheinlich gar nicht wahr. Aber durch diese Blumen wird Ihr guter Wille sichtbar. Es ist, als wenn Sie auf der Straße die Menschen freundlich anlächeln: Die meisten können gar nicht anders als zurückzulächeln.

Auch schöne Gärten haben »Schattenseiten«

Vielleicht ist Ihr Garten in die Jahre gekommen und etwas verwildert. Vielleicht braucht die eine oder andere Ecke dringend eine ordnende Hand. Oder auf der einen Gartenseite gibt es zu viel, auf der anderen zu wenig Schatten. Und wo ist der beste Platz für den Kompost? Auch ein gut gepflegter Garten braucht manchmal eine kleine Schönheitskur.

> » Das Gras wächst nicht schneller, wenn man daran zieht. «
>
> ASIATISCHE WEISHEIT

Schatten geschickt nutzen

Selbst wenn Sie mehr an einem sonnigen Platz, an dem Sie Ihren Liegestuhl aufstellen können, interessiert sind: Auch ein schattiges Plätzchen hat seine Vorzüge. Akzeptieren Sie deshalb Schattenecken und gestalten Sie sie angemessen. Schattige Plätze haben Yin-Charakter und deshalb eine sanfte und beruhigende Wirkung. Sie eignen sich hervorragend für eine romantische Gestaltung. Besonders plätscherndes Wasser, Farne und Moose passen zur Atmosphäre einer Schattenecke. Und schattige Bereiche unter Bäumen bieten im Frühjahr einen schönen Anblick, wenn Sie dort viele Frühjahrsblüher setzen. Wenn das Laub noch nicht ausgetrieben hat und der Garten noch kahl wirkt, breiten sie farbige Teppiche aus.

An schattigen Plätzen können Elementarwesen – wie hier in diesem Zwergenstein – Ausdruck finden.

Sie können schattige Bereiche auch gezielt als Kinderspielplatz oder für andere Aktivitäten nutzen, bei denen Kühle eher angenehm ist. Sagen Ihnen diese Lösungen nicht zu, können Sie die Schattenecken in Ihrem Garten einfach der Natur überlassen. Viele Elementar- bzw. Naturwesen wie Zwerge oder Nymphen werden sich dort wohlfühlen.

Falls Ihr gesamter Garten im Schatten liegt, empfiehlt es sich, als Ausgleich verschiedene Yang-Elemente einzubringen (> Seite 70). Lichten Sie als Erstes Bäume und Sträucher aus und integrieren Sie künstliche Lichtquellen. Auch Feuer-Elemente in Form von Accessoires sind wichtig, zum Beispiel Fackeln oder eine offene Feuerstelle.

Wildwuchs im Garten

Wächst Ihnen Ihr Garten im wahrsten Sinn des Wortes über den Kopf? Dann fördern Sie seine (und Ihre) Energie durch regelmäßige kleine Taten. Sie können zum Beispiel Unkraut jäten oder ausufernde Gehölze schneiden. Wird die Pflege Ihres Gartens jedoch für Sie zu arbeits- und zeitintensiv, kümmern Sie sich am besten nur um einen kleineren Teil gründlich. Bepflanzen Sie die anderen Gartenbereiche dafür mit einheimischen Pflanzen, die auf Ihrem Boden gut wachsen. Oder säen Sie in einem klar definierten Bereich anstelle von Rasen eine Blumenwiese ein. Diese Gartenbereiche können Sie fast ganz der Natur überlassen. Entsprechend wenig Arbeit machen sie. Beobachten Sie, wohin Ihr Garten sich in diesen Zonen nach und nach entwickeln will: Vielleicht überrascht er Sie mit wunderschönen oder heilsamen Blumen und Kräutern.

Der Garten ist zu trocken

Ist Ihr Garten sehr trocken, weil es dort keinen Schatten gibt und im Sommer die Sonne alles

austrocknet, pflanzen Sie Bäume mit ausladenden Ästen, die viel Schatten spenden. Denn Schatten in den Garten zu bringen ist sinnvoller, als gegen die Trockenheit anzugießen, um den Rasen grün zu halten. Durch den Schatten entstehen Plätze, an denen das kühle Yin überwiegt. Bei einem großen Garten kann es eine Kastanie oder eine Kirsche sein, für einen kleinen Garten eignet sich ein Essigbaum besser. Er besticht nicht nur durch seine Form, die an einen Sonnenschirm erinnert, sondern schmückt den Garten im Herbst mit wunderschön gefärbtem Laub. Auch Laubengänge sowie Sitzplätze unter Pergolen sind ideale Schattenplätze.

Die Bereiche, die weiterhin sonnig bleiben sollen, können Sie zum Beispiel mit hellem Kies belegen. Dann bleiben nur noch wenige Flächen übrig, die Sie regelmäßig gießen müssen. Um das Element Wasser verstärkt als Gegenpol in Ihren Garten zu integrieren, bietet es sich an, das vom Dach abfließende Regenwasser auf dem Grundstück in eine Senke zu leiten und dort versickern zu lassen. Auch eine Zisterne ist sinnvoll, um darin Regenwasser zu sammeln, das Sie wiederum zum Gießen verwenden können.

Auch Gärten mit durchlässigem und deshalb trockenem Boden leiden häufig unter Wassermangel. Verbessern Sie solche Böden, indem Sie reichlich Kompost und Lehm in Form von Bentonit einarbeiten. Bentonit ist ein Bodenhilfsstoff aus gemahlenem Ton. Nach dem nährenden Kreislauf der Elemente stärken diese Maßnahmen das Element Erde. In der Folge kann das Element Feuer, dem die Qualität des zu trockenen Gartens entspricht, seine Energie an das Element Erde abgeben. Dadurch wird dieses Element gestärkt.

Wählen Sie als Bepflanzung für solche Böden Gartenblumen und Gehölze, die trockenen Boden gut vertragen. Es gibt eine Reihe schöner Pflanzen mit Steppencharakter, die Trockenheit mögen. Dazu zählen Nachtkerze, Ochsenzunge, Yucca oder Heiligenkraut. Auch ein Steingarten oder ein Zen-Garten sind als Gestaltung für einen trockenen Garten gut geeignet.

Trocknet der Wind auf Ihrem Grundstück den Boden aus, schafft ein Windschutz in Form von Hecken oder Sträuchern Abhilfe. Eine ähnliche Wirkung haben Bodendecker, vor allem Arten mit großen Blättern. Offene Stellen zwischen einzeln stehenden Stauden oder im Gemüsegarten sollten Sie mit einer Mulchschicht abdecken. Sie hilft, die Feuchtigkeit im Boden zu speichern, und belebt den Boden. Dafür eignet sich beispielsweise eine Mischung aus getrocknetem Rasen- und gehäckseltem Heckenschnitt.

Sumpfzone im Garten

Wenn sich in einem Bereich Ihres Gartens das Wasser staut, sollten Sie nicht dagegen ankämpfen. Betrachten Sie solche Plätze vielmehr als eine Gegebenheit der Natur. Setzen Sie hier besser Pflanzen, die gern in feuchtem Boden stehen. Oder kreieren Sie eine Wasserlandschaft. Heben Sie an der betroffenen Stelle einfach Mulden aus, sodass sich dort das Wasser sammeln kann. Leiten Sie zusätzlich Regenwasser vom Hausdach in die Mulden. Schon haben Sie eine Teichlandschaft, die manchmal reich mit Wasser gefüllt ist und dann wieder trockenfällt. Zum Bepflanzen eignen sich hier vor allem Uferstauden, die an diesen Wechsel gewöhnt sind. Beispiele sind Minze, Binsen und Sumpf-Schwertlilien.

Wohin mit dem Kompost?

Es ist wie bei Mülltonnen: Kompost ist optisch zwar nicht sehr ansprechend, jedoch sehr nützlich. Er sorgt dafür, dass aus organischen Abfällen wieder Erde entstehen kann, die den Garten nährt. Der beste Platz für einen Komposthaufen ist im Westen. Denn sowohl der Kompost als auch der Westen haben als Thema die Wandlung: Altes vergeht, damit Neues entstehen kann. Betrachten Sie Ihren Kompost also als zukünftige Energie für Ihren Garten. Die Himmelsrichtung ist für die Platzwahl aber nicht das einzige Kriterium. So sollten Sie

den Kompost auf keinen Fall im Eingangsbereich platzieren. Suchen Sie für ihn besser eine schattige Ecke im Garten, die für Sie zwar noch gut erreichbar, aber auch etwas versteckt ist. Pflanzen Sie verschiedene Gartenblumen um den Kompost, sodass der Blick auf ihn verdeckt ist. Früher wurde Kompost oft unter Holunderbüschen oder Haselsträuchern errichtet – vielleicht greifen Sie diese Tradition wieder auf. Dann schlagen Sie zwei Fliegen mit einer Klappe: Die Gehölze verbergen den Kompost und spenden ihm von oben Schatten.

Sorgen Sie auch dafür, dass Sie Ihren Kompost gut pflegen können: Lassen Sie rundherum genügend Platz, damit Sie ihn umschichten können. Wenn Sie den Kompost in der richtigen Mischung aus feuchtem und trockenem organischen Material aufschichten und das Wasser unten ablaufen kann, riecht er sogar angenehm erdig, wenn er reif ist.

Vernachlässigte Gartenecken

In vielen Gärten gibt es die eine oder andere Ecke, die nie benutzt wird und in der sich im Lauf der Zeit Dinge sammeln, die keiner mehr benötigt. In einem solchen Fall haben Sie zwei Möglichkeiten:

Kümmern Sie sich intensiv um diese Ecken und beginnen Sie mit einer gründlichen Entrümpelung. Entsorgen Sie alles, was Sie nicht mehr brauchen, und platzieren Sie den Rest so ordentlich wie möglich. Anschließend können Sie diesen Platz schön gestalten und, wenn nötig, dort ein Licht installieren. Anregungen dafür finden Sie in den Gestaltungsbeispielen. Die zweite Möglichkeit besteht darin, diesen Bereich bewusst verwildern zu lassen. Räumen Sie ihn dafür nur insoweit auf, dass er nicht »zugemüllt« wirkt. Ein wenig romantische Unordnung darf bestehen bleiben. Ist dieser Platz nicht kahl, sondern etwas überwuchert, dann stört auch eine Sammlung alter Bretter oder vergleichbarer Gegenstände nicht mehr. Setzen Sie an diese Stelle Pflanzen, die wenig Pflege benötigen und die sich dort ungehindert ausbreiten dürfen. An einem sonnigen Platz fühlen sich zum Beispiel Wildrosen sehr wohl, in Schattenecken gedeihen Clematis gut.

Auch wenn der Baum größer ist als das Haus und es etwas bedrängt – beide bilden längst eine symbiotische Gemeinschaft.

Baumstümpfe kaschieren

Der Anblick eines Stumpfes als Überrest eines einst stattlichen Baums kann manchmal schmerzhaft sein. Selbst wenn es vielleicht notwendig war, den Baum zu fällen. In jedem Fall ist es ratsam den Stumpf samt Wurzeln vollständig zu entfernen.

Falls die Wurzel sehr groß ist und sich nur mit Mühe ausgraben lässt, können Sie den Stumpf zunächst nur verschönern. Höhlen Sie ihn oben aus und bepflanzen Sie ihn. Das wirkt etwas natürlicher als eine obendrauf gestellte Pflanzschale. Orientieren Sie sich an dem Vorbild der Natur: Im Wald wachsen auf den vermodernden Stämmen alter Bäume auch junge Bäumchen und andere Pflanzen.

Falls Sie den Stumpf lieber kaschieren möchten, legen Sie rundherum ein schönes Beet an. Benutzen Sie dazu Pflanzen, die so hoch und großblättrig sind, dass sie den Baumstumpf verdecken. Sind die Wurzeln dann schließlich morsch, können Sie den Stumpf samt Wurzel ausgraben.

Wenn Sie wieder einen Baum fällen müssen, können Sie auch einen Teil des Stamms stehen lassen und eine schöne Holzplastik daraus fertigen. Sie wird über viele Jahre ein interessanter Blickpunkt im Garten sein.

Wenn Bäume sterben

Wie ein Baumstumpf ist auch der Anblick eines sterbenden Baums im Garten oft ein bisschen traurig. Ein solcher Baum strahlt nicht mehr die Frische und Lebendigkeit aus wie ein junges Exemplar. Natürlich können Sie ihn fällen. Sie können den Garten aber auch als Naturraum betrachten und den Prozess einfach zu Ende gehen lassen, indem Sie alle Stadien des natürlichen Kreislaufs von Entstehen und Vergehen zulassen. Wenn Sie dieses Altern akzeptieren, drücken Sie dem Baum, der Ihnen lange Zeit Früchte und Schatten geschenkt hat, auch eine gewisse Dankbarkeit aus. Verschönern Sie den Prozess und lassen Sie eine Ramblerrose den Baum hinauf wachsen. Sie bedeckt ihn mit dichtem Blattwerk und überschwemmt ihn jeden Sommer mit einem Blütenmeer.

Ein Lichtkunstwerk verbindet die Gegenpole Feuer und Wasser harmonisch miteinander.

Ein Solitär in der Partnerschaftsecke

Wünschen Sie sich schon seit Langem vergeblich einen liebevollen Lebenspartner? Dann sollten Sie einmal einen Blick in Ihren Garten werfen. Nach dem Prinzip des Bagua (> Seite 25) entspricht die hintere rechte Ecke in Ihrem Garten dem Thema Partnerschaft. Vielleicht steht dort ein wunderschöner, kraftstrotzender Solitärbaum. Er spiegelt in gewisser Weise Ihre eigene Situation wider: Sie selbst stehen kraftvoll und stabil im Leben. Aber leider ganz allein.

Sorgen Sie in diesem Fall zuerst dafür, dass Bewegung in die Situation kommt. Hängen Sie zum Beispiel ein Mobile oder Lampions in den Baum. Auch Wind- oder Klangspiele erfüllen diesen Zweck. So machen Sie darauf aufmerksam, dass hier ein bewundernswerter, allein stehender Baum lebt. Als Nächstes überlegen Sie, was zu einem so prachtvollen Baum passt. Ein markanter üppiger Blütenstrauch? Oder vielleicht eher ein zierlicher, aber feurig-quirliger Quittenbaum mit schönen Früchten?

Setzen Sie die Pflanze Ihrer Wahl so, dass sie einerseits eine Beziehung zu dem Baum hat und andererseits über genügend Raum und Licht verfügt. Entscheidend ist dabei, dass Sie eine Pflanze aussuchen, die bereits etwas darstellt – wählen Sie also kein kleines Pflänzchen. Alternativ können Sie unter dem schönen Baum auch eine romantische Sitzgelegenheit für zwei schaffen. Oder Sie arrangieren in der Nähe des Baums ein Kunstwerk aus zwei zusammengehörenden Teilen.

Ein Sitzplatz ohne Schutz

An Sitzplätzen fühlen wir uns nur dann wohl, wenn sie uns Geborgenheit schenken. Je nach Umfeld des Gartens kann das schwierig sein. Ein Beispiel: Ihr Garten grenzt an eine flache Landschaft. Im hinteren Bereich des Grundstücks, gegenüber der Terrasse, befindet sich ein Sitzplatz. Die Hecke rund um das Grundstück ist an allen Stellen gleich niedrig, sodass der Wind ungehindert übers Grundstück zieht. Für eine solche Situation gilt: Wenden Sie das Lehnstuhlprinzip an (> Seite 17). Definieren Sie die Rückseite des Sitzplatzes. Die Hauptblickrichtung vom Sitzplatz aus sollte in Richtung Garten gehen. So halten Sie das Chi im Garten. Als Rückenlehne pflanzen Sie einige Gehölze nebeneinander, die mindestens so hoch wie ein aufrecht stehender Mensch sein sollten. Liegt die Rückseite im Norden, können Sie dichte Nadelgehölze wie Eiben wählen. Zeigt sie nach Süden oder Osten, entscheiden Sie sich besser für schöne Blütensträucher. Die linke Seite des Sitzplatzes bildet den Drachen: Diese Seite bepflanzen Sie mit Sträuchern von etwa 1,5 m Wuchshöhe. Achten Sie bei der Auswahl der Pflanzen darauf, dass sie den jeweiligen Himmelsrichtungen entsprechen. Die niedrigere Armlehne, den Tiger, gestalten Sie mit Stauden, die etwa 50–100 cm hoch werden. Weist diese Seite nach Norden, eignen sich Pflanzen mit dunkelblauen Blüten. Liegt sie im Süden, wählen Sie Pflanzen in Rot und Rosa. Befindet sich der Tiger dagegen an der Westseite, passen weiß blühende Arten. Und für die Ostseite sind Pflanzen mit hellblauen Blütenfarben die richtige Wahl.
Sie können das Lehnstuhlprinzip auch anwenden, indem Sie den Sitzplatz mit einer Natursteinmauer einfassen, die hinter dem Sitzplatz ihren höchsten Punkt hat. Sie werden sich sicher fühlen und die Aussicht genießen können.

Bagua-Fehlbereich	Ausgleich mit Accessoires	Ausgleich mit Pflanzen
Karriere	Brunnen, fließendes Wasser, Klangspiele, unterstützt durch silbrige Metallkugeln	Frauenmantel, Funkien, Lavendel, Wald-Frauenfarn, Wohlriechendes Veilchen
Partnerschaft	paarweise Accessoires in Gelb- und Erdtönen und Akzente in Rottönen	Erdbeere, Europäische Trollblume, Gundermann, Nachtkerze, Storchschnabel (alle)
Familie/Gesellschaft	Holz-Accessoires, viele Figuren, Kletterpflanzen, Quellstein oder Vogeltränke	Akelei, Bambus, Clematis, Rittersporn, Stockrose, Wald-Geißbart
Reichtum/Wohlstand	schlanke, hochstrebende Accessoires, fließendes Wasser, Bachlauf	Bambus, Chinaschilf, Katzenminze, Rittersporn, Roter Fingerhut
Hilfreiche Freunde	Metallfiguren, Sandsteinquader oder Keramikfiguren	Bauern-Pfingstrose, Christrose, Japanische Herbst-Anemone, Rhododendron (weiß)
Kinder/Kreativität	Metallkugeln, Metall-Accessoires, Sitzmöbel für Kinder, Baumhaus	Altai-Bergenie, Buntlaubiger Spindelstrauch, Kugel-Primel, Zwerg-Muschelzypresse
Wissen	steinerner Buddha oder ähnliche Figur, Steine unterstützt durch rote Accessoires	Astern, Mauer-Zimbelkraut, Nelkenwurz, Orangerotes Habichtskraut, Taglilie
Ruhm/Anerkennung	auffallende, edle Accessoires in Rot, helle Beleuchtung, Fackeln, Holzsäulen	Buschmalve, Echter Alant, Japanisches Federborstengras, Lupine, Pfingst-Nelke

Mit Gartengrenzen
Streit vermeiden

Sind die Hecken an der Gartengrenze verwildert, ärgert Sie der kahle Zaun des Nachbargartens, oder gibt es sogar Unstimmigkeiten mit den Nachbarn? Dann ist es höchste Zeit, die Gartengrenzen so umzugestalten, dass sie Harmonie und Frieden ausstrahlen.

Hecken: frei oder in Form?

Hecken machen Arbeit: Sie müssen regelmäßig geschnitten werden, damit sie nicht zu massiv werden. Versäumt man den Schnitt, werden sie außerdem nicht nur zu hoch, sondern verkahlen überdies im Lauf der Zeit.

Haben Sie Ihre Hecke lange Jahre vernachlässigt und ist sie bereits zu groß oder verkahlt, sollten Sie den Mut haben, sie radikal zu entfernen. Manchmal ist es sinnvoller, sich von etwas Altem zu trennen, sodass wieder frischer Wind in den Garten kommen kann – auch wenn es eine Weile dauert, bis eine neue Hecke wieder den gewünschten Sichtschutz bietet. Natürlich können Sie auch einzelne Sträucher stehen lassen und sie vielleicht sogar für einen interessanten Formschnitt nutzen. Wenn Sie sich dafür entscheiden, eine neue Hecke zu pflanzen, sollten Sie sie in Zukunft rechtzeitig weit genug zurückschneiden, um solche Probleme künftig zu vermeiden.

Vielleicht gefällt Ihnen Ihre Hecke auch nicht mehr. Sie mögen streng formal geschnittene Hecken nicht, haben aber nicht genug Platz an der Gartengrenze für eine frei wachsende Hecke. In einem solchen Fall kann ein Kompromiss die Lösung sein: Versuchen Sie es mit einer modellierten Hecke, wie sie häufig in englischen Gärten verwendet wird. Solche Hecken werden nicht gerade, sondern in Wellen geschnitten – mal schmäler und mal breiter. Das ist zwar etwas aufwendiger, aber die Hecke wirkt dadurch viel lebendiger.

Eine weitere Alternative: Entfernen Sie einen Teil der Hecke und kombinieren Sie sie mit

einzelnen frei wachsenden Sträuchern. Noch platzsparender ist eine Mauer, die Sie nach Ihrem persönlichen Geschmack kreativ gestalten können. Eine geschwungene Mauer beispielsweise bringt auch Schwung in die Gartengrenze und lässt sich gut mit einer integrierten Sitzgelegenheit kombinieren.

Wofür Sie sich auch entscheiden: Stimmen Sie Ihre Änderungswünsche in jedem Fall rechtzeitig mit Ihren Nachbarn ab.

Kahle Mauern, karge Wände

Kahle Hauswände des Nachbarhauses oder unschöne Mauern und Sichtschutzwände, die Ihr Nachbar als Gartengrenze errichtet hat, können die Atmosphäre in Ihrem Garten stark beeinträchtigen. Auch hier gibt es Möglichkeiten zur Veränderung.

Gestalten Sie einen Anblick, der Ihnen permanent ein Dorn im Auge ist, aktiv um. So entsteht ein Ausblick, der Ihnen gefällt und Ihnen angenehm ist. Erfüllt die Aussicht Sie Tag für Tag mit Freude, werden Sie mit Lebensenergie genährt, und die Strahlkraft dieses Orts fördert den Chi-Fluss.

Mit einem schönen Bild kann eine einst triste Grenzmauer die Atmosphäre des Gartens bereichern.

145

Ist genug Platz vorhanden, setzen Sie zum Beispiel Blütensträucher vor die ungeliebten Wände. Wählen Sie Arten, die hoch genug werden, um die störenden Mauern zu verdecken, oder diese sogar überragen. Stimmen Sie die Pflanzen auf die Himmelsrichtung ab oder integrieren Sie sie in eine Gestaltung nach dem Bagua. Ist der Platz eher knapp, sind Kletterpflanzen eine gute Wahl, die Sie mittels einer Kletterhilfe an der Wand hochranken lassen. Um die oft kahlen »Füße« der Kletterer zu bedecken, unterpflanzen Sie sie mit kleinen Sträuchern wie Lavendel.

Auch eine Gestaltung ohne Pflanzen ist denkbar: Stören Sie die hölzernen Sichtschutzelemente Ihres Nachbarn, fragen Sie ihn, ob Sie sie gegebenenfalls in verschiedenen Blautönen anstreichen dürfen. Genauso können Sie unschöne Mauern und Wände in Absprache mit Ihrem Nachbarn bemalen. Wählen Sie Farben, die Ihnen gefallen oder der jeweiligen Himmelsrichtung oder dem Bagua-Bereich entsprechen. Wenn Sie eine künstlerische Begabung haben, können Sie sich auch von Gaudi oder Hundertwasser inspirieren lassen und ein Mosaik anlegen.

Sie können vor der Wand auch einen Sitzplatz gestalten. Oder Sie bringen ein Regal daran an und richten sich dort einen Arbeitsplatz ein. Falls Ihnen der Aufwand jedoch zu hoch ist, können Sie auch einen interessanten Blickfang vor die unschöne Mauer setzen, zum Beispiel einen blühenden Strauch. Auch schön gestapeltes Brennholz kann aus einer kargen Wand einen schönen Anblick machen.

Bagua-Fehlbereiche ausgleichen

Fehlt Ihrem Grundstück aufgrund seiner Form ein Bagua-Bereich, können Sie diesen integrieren. Gestalten Sie den anliegenden Grenzbereich so, dass das Thema des Fehlbereichs dort Ausdruck finden kann. Dazu können Sie verschiedene Accessoires und Pflanzen verwenden (> Tabelle Seite 144). Sorgen Sie dafür, dass die Aufmerksamkeit innerhalb Ihres Gartens bleibt und nicht in den Fehlbereich, also in den Garten Ihres Nachbarn, abgelenkt wird. Installieren Sie deshalb einen Sichtschutz.

Bei der Gestaltung eines Fehlbereichs ist es nahe liegend, mit Symbolen zu arbeiten. Ein Beispiel: Liegt die Reichtumsecke nicht mehr innerhalb Ihrer Grundstücksgrenzen, überlegen Sie zuerst, was Reichtum für Sie persönlich bedeutet. Dieser Begriff beinhaltet ja nicht nur Geld, sondern auch andere Dinge oder Werte. Welche Lebenssituationen sind es, die Sie bereichern? In welchen Bereichen wollen Sie reich sein? Und mit welchen Werten hat das zu tun? Betrachten Sie solche Überlegungen als Anregung dafür, passende Symbole für Ihren persönlichen Reichtum zu finden. Mit diesen

> » Innerer Wert bleibt nicht verlassen; er findet sicher Nachbarschaft. «
>
> KONGZI

INFO Die Wirkung von Accessoires

Neben sprudelndem Wasser können Sie auch dekorative Gartenaccessoires verwenden, um stagnierende Energie im Garten in Schwung zu bringen. Ein Flötenspieler bringt die Atmosphäre in klangvoll schwingende Bewegung. Durch die Leichtigkeit seiner Form scheint er zu tanzen, und man glaubt, wirklich Klänge zu hören. Dies hat Wirkkraft und belebt das Chi in Ihrem Garten. Gleichzeitig spricht es die Seele an und macht fröhlich.

Symbolen gestalten Sie dann die Grundstücks-
grenze an der fehlenden Reichtums-Zone.
Sehen Sie Ihren Reichtum zum Beispiel in der
Beständigkeit, können Sie eine Gestaltung mit
einer Steinsäule und einem Quellstein für fließendes Wasser wählen.

Möchten Sie lieber reich an Flexibilität und
Kreativität sein, wählen Sie eine immer wieder
wechselnde Gestaltung mit fantasievollen,
beschwingten Gartenaccessoires, die Sie mit
einjährigen Sommerblumen und plätschern-
dem Wasser kombinieren.

Konflikte mit den Nachbarn

Grenzstreitigkeiten mit Nachbarn entstehen
durch Grenzverletzungen. Sorgen Sie deshalb
für klare Grenzen. Sie sollten immer so gesetzt
werden, dass sie den Raum Ihres Nachbarn respektieren. Wenn Sie Ihren Nachbarn bei Ihrem
Tun berücksichtigen, wirkt sich dies positiv auf
Ihr Verhältnis zu ihm aus und gibt Ihrem
Nachbarn die Möglichkeit, auch auf Sie zuzu-
kommen.

Wuchern beispielsweise Äste in den Garten
Ihres Nachbarn, schneiden Sie sie sorgfältig
zurück. Setzen Sie Hecken und andere Pflanzen besser nicht zu nah an die Grenze, damit
sie nicht in den Nachbargarten wachsen, wenn
sie größer werden. Erkundigen Sie sich außerdem bei Ihrer Gemeinde, wie hoch die Hecken
zum Nachbargrundstück sein dürfen.

Vielleicht gefällt es Ihrem Nachbarn auch
nicht, dass Ihre Bäume und Sträucher viele
Stunden Schatten auf sein Grundstück werfen.
In diesem Fall sollten Sie Ihre Pflanzen im
Zaum halten: Pflanzen Sie lieber Gehölze, die
nicht zu hoch werden und zu viel Schatten
werfen, aber Ihnen trotzdem noch als Sichtschutz dienen. Vorhandene große Bäume lichten Sie aus.

Bringt Ihnen aber Ihr Nachbar kein rücksichts-
volles Verhalten entgegen und führen auch
wiederholte Gespräche zu keinem Erfolg, sollten Sie sich nicht darüber ärgern. Experimentieren Sie stattdessen und bringen Sie beispielsweise ein geomantisches Symbol des Friedens
und der Versöhnung auf der Grenzlinie an.
Sie können eine Friedenstaube aus Keramik

Grenzen verbinden: Das
blühende Beet schmückt
die Grenze zu den Nach-
barn und wird von beiden
gemeinsam gepflegt.

wählen, die Sie auf dem Zaun installieren. Ein
Olivenbaum, den Sie im Kübel an die Grenze
stellen, kommt ebenfalls infrage. Oder Sie orientieren sich an asiatischen Vorbildern und
benutzen ein Yin-Yang-Zeichen, das die Verei-
nigung der Gegensätze darstellt. Und vergessen
Sie nicht: Schon eine Buchsbaumreihe reicht
aus, um eine ganz klare Grenze zu markieren.

Gemeinsamer Innenhofgarten in der Stadt

In Städten findet man manchmal große, be-
grünte Innenhöfe, die in Parzellen eingeteilt
sind. In den meisten Fällen sind sie relativ ver-
winkelt und durch sehr unterschiedliche Zäune und Mauern abgeteilt, sodass niemand sie
richtig nutzen kann.

Eine solche Situation lässt sich ändern, wenn
sich die Eigentümer zusammentun und die
Übergänge zwischen den Gärten gemeinsam
gestalten. So können private Ecken als Ruhe-
plätze entstehen und – bei Bedarf – auch
Durchgänge zu den Nachbarn.

Wichtig ist, dass die einzelnen Gartenräume
klar definiert werden und deutliche Übergänge
vorhanden sind. So wird jedem, der den Hof
betritt, bewusst, in welchem Bereich er sich
gerade befindet. Die klar abgegrenzten Räume
ermöglichen auch eine unterschiedliche Gestaltung der einzelnen Gärten, ohne dass dabei
ein chaotischer Eindruck entsteht.

Pflanzen im Porträt

Die Pflanzen und ihre
energetischen Qualitäten

In diesem Kapitel sind alle Pflanzen beschrieben, die in den Plänen in Kapitel 2 erwähnt sind. Die Pflanzen sind in verschiedene Gruppen unterteilt. An erster Stelle werden die Stauden vorgestellt (> Seite 152). Darunter versteht man mehrjährige krautige Pflanzen. In diese Gruppe sind aber auch Halbsträucher wie Lavendel sowie Farne und Gräser integriert. An zweiter Stelle folgen die Ein- und Zweijährigen (> Seite 164) und im Anschluss daran die Zwiebel- und Knollenblumen (> Seite 166). Einjährige Pflanzen sind z. T. an ihren Heimatstandorten im Süden mehrjährig. Bei uns sind es aber Blumen, die nur einmal im Sommer blühen und dann absterben. Zweijährige sind Pflanzen, die erst im zweiten Jahr blühen bevor sie absterben. Zwiebel- und Knollenblumen besitzen als Speicherorgan eine Zwiebel bzw. eine Knolle. Als vierte Gruppe werden die Gehölze vorgestellt. Zu ihnen zählen Bäume, Sträucher und Kletterpflanzen (> Seite 168). Den Abschluss bilden Kräuter sowie Gemüse (> Seite 176).
Innerhalb der Gruppen sind die Pflanzen jeweils nach ihrem botanischen Namen alphabetisch sortiert.

Cremige Pastelltöne prägen dieses Beet und geben ihm einen ruhigen Charakter.

Die Pflanzenporträts

Die Informationen zu den Pflanzen sind in fünf Rubriken eingeteilt:

➤ **Name:** Der deutsche Name nennt die gängigste Bezeichnung für die jeweilige Pflanzenart. Der botanische Name richtet sich nach den aktuell geltenden wissenschaftlichen Namen.

➤ **Standort:** Vier verschiedene Symbole zeigen an, ob die Pflanze Sonne, Halbschatten, Schatten oder Helligkeit ohne direkte Sonneneinstrahlung bevorzugt. Außerdem finden Sie hier Angaben zu den Boden- und Wasserverhältnissen, bei denen sich die Pflanze optimal entwickelt.

➤ **Höhe/Wuchs/Merkmale:** In dieser Rubrik finden Sie Angaben zur Gesamthöhe der Pflanze. Bei einigen Stauden, Zwiebeln und Einjährigen bezieht sich diese Angabe auf die Höhe des Blütenstängels samt Blüte. Das Laub dieser Pflanzen kann deutlich niedriger sein. Auch zur Wuchsform und zum Ausbreitungsverhalten sowie zu Merkmalen finden Sie hier Hinweise. Höhe und Wuchs sind stark von standörtlichen und klimatischen Faktoren abhängig und dadurch sehr variabel. Die genannten Maße sind deshalb nur Durchschnittswerte.

➤ **Blüte/Schmuckaspekte:** Hier finden Sie Angaben zu Blütezeit und Blütenfarbe. Diese kann je nach Lage sowie Klima und Wetter etwas variieren. Manchmal ist das Laub einer Pflanze so auffällig wie die Blüten. Das gilt meist für immergrüne Pflanzen oder solche mit farbigen oder großen Blättern. Bei anderen Pflanzen sind die Früchte besonders markant.

➤ **Energetische Aspekte:** In der letzten Rubrik finden Sie Angaben zu den energetischen Aspekten einer Pflanze: Strahlt sie Yin- oder Yang-Energie aus? Welchem der Fünf Elemente des Feng Shui ist sie zugeordnet? Eignet sie sich für eine spezielle Bagua-Zone? Oder gehört sie zwar einer Bagua-Zone an, wirkt aber auf eine weitere Bagua-Zone besonders fördernd?

Zum Schluss finden Sie Angaben zur Wirkkraft jeder Pflanze. Darunter versteht man das Thema, das sie ausstrahlt. So strahlt beispielsweise der Fingerhut das Thema Aufmerksamkeit aus. Von dieser Strahlkraft können auch wir Menschen profitieren.

Kriterien für die Zuordnung

Die Zuordnung der Pflanzen zu den Elementen und ihre Wirkkraft lassen sich oft an ihrer Wuchsform ablesen. Allerdings können unterschiedliche Teile der Pflanze verschiedenen Elementen zugehörig sein. Je nachdem, welcher Teil der Pflanze am wichtigsten ist, wird dann die ganze Pflanze diesem Element zugeordnet. Auch im Jahreslauf kann sich die Zuordnung einer Pflanze zu den Elementen ändern: Eine Pflanze hat im Frühjahr, wenn Wuchs und Blätter sie kennzeichnen, oft einen völlig anderen Charakter als im Sommer, wenn sie in voller Blüte steht, oder im Herbst, wenn auffällige Früchte ihre Erscheinung prägen. Deshalb sind einige Pflanzen mehreren Elementen zugeordnet.

Welchem Element eine Pflanze entspricht, finden Sie außer in den Porträts auch in den Tabellen ab Seite 181.

➤ Dem Element **Holz** entsprechen die Stängel. Eine Pflanze mit deutlich ausgeprägten, hohen Stängeln und leichtem, aufragendem Wuchs hat Holz-Charakter.

➤ Dem Element **Feuer** sind die Blüten, Früchte und Samen der Pflanze zugeordnet. Auch stark duftende, würzige Pflanzen gehören dem Feuer-Element an.

➤ Dem Element **Erde** sind die Wurzeln zugeordnet, weil sie mit der Erde in Verbindung stehen. Gewächse mit ausgeprägten Wurzeln wie Kartoffeln oder solche mit unterirdischen Ausläufern (Quecke, Giersch) vermitteln die Prinzipien des Elements Erde.

➤ Dem Element **Metall** entsprechen Pflanzen, die runde Formen, kompakten Wuchs und weiße Blüten besitzen. Auch immergrüne, etwas ledrige Blätter sind diesem Element zugehörig.

➤ Dem Element **Wasser** sind die Blätter zugeordnet. Stark ausgeprägte, große, weiche oder dicke Blätter sind typisch für Pflanzen, deren Schwerpunkt in diesem Element liegt.

Kontraste in Farbe und Form erzeugen eine anregende Spannung.

Die Wuchsform der Pflanzen erlaubt auch Rückschlüsse auf ihre Yin- und Yang-Kräfte. Manche Pflanzen besitzen beide Kräfte.

➤ Kerzengerade aufstrebende, hohe und kräftige Pflanzen besitzen **Yang-Kräfte**.

➤ Ein flacher oder rundlicher Wuchs verweist auf **Yin-Charakter**, ebenso weiche Blätter oder zierlicher Wuchs.

Die Themen der Pflanzengruppen

➤ **Bäume** stehen für die Verbindung zwischen Himmel und Erde. Ihr senkrechter Stamm stellt die Weltenachse dar.

➤ **Sträucher** symbolisieren ein Gefäß, zum Beispiel in Form eines Trichters oder einer Kugel.

➤ **Stauden** verdeutlichen den Lauf der Jahreszeiten. Im Frühjahr ergrünen sie, es folgen Blüte und Frucht. Im Winter ziehen sie sich in den Boden zurück, und im nächsten Jahr beginnt der Zyklus erneut.

➤ **Zwiebel- und Knollenblumen** verkörpern den Impuls des Neubeginns und des Vergehens.

➤ Mit **ein-** und **zweijährigen Pflanzen** kann man jedes Jahr ein anderes Thema im Garten gestalten. Sie entfalten sich in wenigen Monaten und verschwinden dann wieder.

➤ Bei den **Kräutern** geht es vor allem um inhaltliche Qualitäten, bei **Gemüse** um Geschmack und Genuss.

Stauden, Gräser & Farne

	Name	Standort	Höhe/Wuchs/ Merkmale	Blüte	Energetische Aspekte
	Weißblauer Eisenhut *Aconitum x cammarum* 'Bicolor'	☼ ◐ ● nährstoffreiche Böden	120 cm starke Schäfte, geschlitzte Blätter	Juli – Aug., weißblau, helmartig, sehr giftig	Yang-Energie; Element: Holz/Metall; Bagua: Familie und Reichtum; Wirkkraft: steht für Wandlung, Sterbeprozesse und Tod
	Blauer Eisenhut *Aconitum napellus*	☼ ◐ ● nährstoffreiche Böden	120–150 cm aufrecht, kompakt, geschlitzte Blätter	Juli – Aug., dunkelblau, helmartig, sehr giftig	Yang-Energie; Element: Holz/Wasser; Bagua: Familie und Reichtum; Wirkkraft: steht für Wandlung, Sterbeprozesse und Tod
	Stockrose *Alcea rosea*	☼ lockere, nährstoffreiche, frische Böden	bis 2 m aufrecht, große Blätter, relativ kurzlebig, samt sich aus, Anbinden	Juli – Sept. in unterschiedlichen Farben	Yang-Energie; Element: Holz; Bagua: Familie und Reichtum, fördert Ruhm; Wirkkraft: unterstützt zielgerichtetes Wirken
	Weicher Frauenmantel *Alchemilla mollis*	☼ ◎ ◐ durchlässige Böden	30–40 cm breitwüchsig, weich behaarte Blätter, samt sich aus	Juni – Juli, gelbgrüner duftiger Blütenschleier	Yin-Energie; Element: Wasser; Bagua: Karriere, fördert Familie; Wirkkraft: wirkt behütend, strahlt Geborgenheit aus
	Echte Aloe *Aloe vera*	☼ sandige, gut durchlässige Böden	60–100 cm sukkulente, dickfleischige, bedornte Blätter, nicht frosthart	Jan. – April, gelbrote Blütentrauben	Yin- und Yang-Energie; Element: Wasser/ Feuer; Bagua: Karriere, fördert Familie; Wirkkraft: wirkt als Heilerin auf körperlicher, seelischer und geistiger Ebene
	Japanische Herbst-Anemone *Anemone japonica* 'Honorine Jobert'	◎ ◐ ● humose, frische Böden	120 cm locker aufrecht, elegante Stiele, langlebig	Aug – Okt., schneeweiß, grauwollige Samenstände	Yin-Energie; Element: Metall; Bagua: Hilfreiche Freunde, fördert Karriere; Wirkkraft: stützt das Selbstvertrauen und die Fähigkeit, anspruchsvoll zu sein
	Wald-Anemone *Anemone sylvestris*	☼ ◎ ◐ kalkhaltige, durchlässige Böden	40 cm bildet lockere, buschige Teppiche, treibt Ausläufer	Mai – Juni, weiße Einzelblüte auf aufrechten Stängeln	Yin-Energie; Element: Erde; Bagua: Partnerschaft und Wissen; Wirkkraft: verkörpert das Bewusstsein über Vergänglichkeit und das Prinzip Hoffnung
	Akelei *Aquilegia-vulgaris*-Hybride (Abb.), *A. caerulea*	◎ ◐ nährstoffreiche, frische, kalkfreie Böden	60–80 cm aufrecht locker, zieht früh ein, samt sich aus, kurzlebig	Mai – Juli, glockenförmig, gespornt, vielfarbig	Yin-Energie; Element: Holz, Blüte: je nach Farbe; Bagua: Familie; Wirkkraft: symbolisiert den Zugang zu göttlicher Weisheit

☼ Sonne   ◎ Hell, nicht sonnig   ◐ Halbschatten   ● Schatten

Stauden, Gräser & Farne

Name	Standort	Höhe/Wuchs/ Merkmale	Blüte	Energetische Aspekte
Wald-Geißbart *Aruncus dioicus* (A. sylvestris)	○ ☼ ● feuchte nährstoffreiche Böden	bis 2 m große, gefiederte Blätter, breit aufrecht, hohe Blütenrispen	Juni – Juli, männliche Pflanzen reinweiß, weibliche cremeweiß	Yin-Energie, in der Blüte Yang-Energie; Element: Holz; Bagua: Familie und Reichtum; fördert Ruhm; Wirkkraft: strahlt die leichten Aspekte der Erdenkraft aus
Hirschzungenfarn *Asplenium scolopendrium* (*Phyllitis scolopendrium*)	○ ● kalkhaltige, frische, nährstoffreiche Böden	30–40 cm zungenartige, glänzende immergrüne Wedel		Yin-Energie; Element: Wasser; Bagua: Karriere, fördert Familie; Wirkkraft: bringt die Gedanken zur Ruhe
Brauner Streifenfarn *Asplenium trichomanes*	○ ☼ ● an schattigen Mauern	20 cm rosettenbildender Farn mit schwarzen Blattstielen, immergrün		Yin-Energie; Element: Wasser; Bagua: Karriere, fördert Familie; Wirkkraft: steht für das Thema, den kleinen Sorgen ihre Schwere zu nehmen
Berg-Aster *Aster amellus* 'Lady Hindlip'	☼ mäßig trockene, warme, kalkhaltige Böden	60 cm steif aufrecht, rauhaarige Blätter, starkwüchsig	Juli – Sept., große rosa Blütenköpfe	Yin-Energie; Element: Erde; Bagua: Wissen, fördert Kinder; Wirkkraft: verströmt einfache, ruhige Schönheit
Prachtspiere *Astilbe arendsii* 'Rotlicht'	○ ☼ ● feuchte, kühle, nahrhafte Humusböden	80–100 cm lockerer Wuchs, gefiedertes dunkles Laub	Juli – Sept., rubinrote aufrechte Blütenkerzen	Yang-Energie; Element: Feuer; Bagua: Ruhm, fördert Partnerschaft; Wirkkraft: verbreitet eine Atmosphäre des Selbstbewusstseins
Sterndolde *Astrantia major*	◐ ● frische, kalkhaltige Lehmböden	80–100 cm aufrecht, wenig verzweigte Stängel	Juli – Aug., köpfchenartige weiße Blütendolden	Yin-Energie; Element: Holz, Blüte Metall; Bagua: Familie; Wirkkraft: verströmt Zartheit und Stärke
Wald-Frauenfarn *Athyrium filix-femina*	◐ ● frische bis feuchte Humusböden	70–90 cm steif aufrechte, fein gefiederte große Wedel, bildet Horste		Yin-Energie; Element: Wasser; Bagua: Karriere; Wirkkraft: verkörpert geheimnisvolle Weisheit
Altai-Bergenie *Bergenia cordifolia* 'Silberlicht'	☼ ○ ◐ sehr genügsam	40 cm kräftige Rosetten, immergrüne, dicke, braungrüne Blätter, sehr robust	April – Mai, weiße becherförmige Blüten mit rosa Schimmer	Yin-Energie; Element: Metall; Bagua: Kinder; Wirkkraft: ist verbunden mit einer Atmosphäre des ungenierten Auftretens

Stauden, Gräser & Farne

Name	Standort	Höhe/Wuchs/Merkmale	Blüte	Energetische Aspekte
Kerzen-Wiesenknöterich *Bistorta amplexicaulis* 'Atropurpureum' (*Polygonum*)	☀ ◯ ◑ nährstoffreiche Böden	bis 1 m buschig aufrecht, eiförmige, stängelumfassende Blätter	Aug. – Okt., rubinrote, lange gestielte Blütenähren	Yang-Energie; Element: Holz, Blüte Feuer; Bagua: Familie; Wirkkraft: verleiht der Kreativität Schaffenskraft
Mittleres Zittergras *Briza media*	☀ ◯ ◑ trockene, magere Böden	20–40 cm lockere aufrechte Horste mit kurzen Ausläufern	Mai – Juni, zarte, rundlich-herzförmige Ähren	Yin-Energie; Element: Holz; Bagua: Familie; Wirkkraft: ermöglicht durch ihre Durchlässigkeit den Zugang zu anderen Ebenen der Realität
Gewöhnliche Sumpfdotterblume *Caltha palustris*	☀ ◯ ◑ feuchte bis nasse Böden	30 cm gedrungen, buschig, glänzend grüne, nierenförmige bis runde Blätter	April – Mai, leuchtend goldgelb	Yin-Energie; Element: Erde; Bagua: Wissen; Wirkkraft: umgibt ein Feld, in dem Emotionen sichtbar und klärbar werden können
Knäuel-Glockenblume *Campanula glomerata*	☀ ◯ lehmige, kalkhaltige Böden	60 cm aufrecht, weichhaarige, breit lanzettliche Blätter, bildet Ausläufer	Juni – Juli, violette große Glockenknäuel am Stielende	Yang-Energie; Element: Holz, Blüte Wasser; Bagua: Familie und Reichtum; Wirkkraft: geht mit Frische und Leichtigkeit durchs Leben
Riesendolden-Glockenblume *Campanula lactiflora* 'Alba'	◯ ◑ ● frische bis feuchte Böden	90 cm breit, starkwüchsig, aufrecht, mit schlanken Stängeln	Juni – Aug., weiße breitglockige, nickende Blütenrispen	Yang-Energie; Element: Holz, in der Blüte Metall; Bagua: Familie und Reichtum; Wirkkraft: geht mit Frische und Leichtigkeit durchs Leben
Dalmatiner Glockenblume *Campanula portenschlagiana*	☀ ◯ ◑ anspruchslos	15 cm horstbildend, frischgrüne, wüchsige Polster, scharf gezähnte Blätter	Juni – Aug., violett, trichterförmige Blütensterne	Yin-Energie; Element: Wasser; Bagua: Karriere, fördert Familie und Reichtum; Wirkkraft: strahlt schnelles und vitales Tun aus
Hängepolster-Glockenblume *Campanula poscharskyana*	☀ ◯ ◑ anspruchslos	15 cm sehr wüchsig, durch lange Ausläufer wuchernd, Bodendecker	Juni – Sept., helllila, sternförmig	Yin-Energie; Element: Wasser; Bagua: Karriere, fördert Familie und Reichtum; Wirkkraft: strahlt schnelles und vitales Tun aus
Sumpf-Segge *Carex acutiformis*	☀ ◯ ◑ nasse, kalkhaltige, Humusböden	60–120 cm aufrecht, scharfkantig, starkwüchsig, breitet sich aus	Mai – Juli, bis 30 cm große Ähren	Yang-Energie; Element: Feuer, Wuchs Holz; Bagua: Ruhm; Wirkkraft: symbolisiert Aufrichtigkeit und Selbstbehauptung

☀ Sonne　　◯ Hell, nicht sonnig　　◑ Halbschatten　　● Schatten

Stauden, Gräser & Farne

Name	Standort	Höhe/Wuchs/ Merkmale	Blüte	Energetische Aspekte
Segge *Carex pendula* (Abb.), *C. sylvatica*	◐ ● feuchte bis nasse, humose Waldböden	20–100 cm horstbildend, locker aufrecht, bogig überhängend, immergrün	Mai – Juli, gelbgrüne, nickende Ähren	Yang-Energie; Element: Holz; Bagua: Familie und Reichtum, fördert Ruhm; Wirkkraft: symbolisiert Aufrichtigkeit und Selbstbehauptung
Frühlingsmargerite *Chrysanthemum leucanthemum* 'Maistern'	☼ frische, kalkhaltige, nährstoffreiche Böden	50–60 cm horstig-buschig, aufrechte Stängel	Mai – Juni, weiße Zungenblüten mit gelber Mitte	Yin-Energie; Element: Erde, Blüte Metall; Bagua: Wissen; Wirkkraft: Integration aller Aspekte der menschlichen Seele
Gewöhnliches Maiglöckchen *Convallaria majalis*	○ ◐ ● nährstoffreiche Böden	20 cm Rhizomstaude, breite, stängelumfassende Blätter, wuchernd	Mai, weiße duftende Glöckchen, giftige Beeren	Yin- und Yang-Energie; Element: Metall, Erde; Bagua: Hilfreiche Freunde und Wissen; Wirkkraft: stärkt das Kronenchakra und das Einssein mit der Welt
Mauer-Zimbelkraut *Cymbalaria muralis*	○ ◐ in Mauerritzen und auf Steinböden	5 cm zart, überzieht Mauern und Steine	Juni – Sept., lilablaue Blüten	Yin-Energie; Element: Erde; Bagua: Wissen, fördert Partnerschaft; Wirkkraft: drückt Bescheidenheit aus
Rittersporn *Delphinium* in Sorten	☼ kultivierte Böden	120–170 cm aufrecht, kurzlebig	Juni – Sept., dunkelblaue, lockere Blütenrispen	Yang-Energie; Element: Holz; Bagua: Familie, fördert Ruhm; Wirkkraft: steht für die Fähigkeit, durch das Wort Neues zu erschaffen
Rasenschmiele *Deschampsia caespitosa*	☼ ○ ◐ frische bis feuchte Böden	bis 1 m dunkelgrüne, ebenmäßige, halbkugelige Blatthorste, stark überhängend	Juni – Aug., luftiger Schleier aus weißgelben Ähren	Yin-Energie; Element: Holz; Bagua: Familie und Reichtum, fördert Ruhm; Wirkkraft: vermittelt Durchlässigkeit in andere Dimensionen
Pfingst-Nelke *Dianthus gratianopolitanus*	☼ trockene steinige Böden, Mauern, Steinfugen	10–20 cm blau bereifte, graugrüne, zierliche Polster, Rasen bildend	Mai – Juni, magentarot, sehr reich blühend	Yin-Energie; Element: Feuer; Bagua: Ruhm, fördert Partnerschaft; Wirkkraft: symbolisiert die Fähigkeit, sich für eine Gemeinschaft einzusetzen
Roter Fingerhut *Digitalis purpurea*	☼ ○ ◐ humose, kalkfreie Böden	bis 120 cm starker Blütenschaft, wintergrüne Rosette, kurzlebig, samt sich aus	Juni – Juli, purpurne Glocken, innen gefleckt	Yang-Energie; Element: Holz/Feuer; Bagua: Reichtum, fördert Ruhm; Wirkkraft: verströmt ein Feld der Aufmerksamkeit

Stauden, Gräser & Farne

Name	Standort	Höhe/Wuchs/Merkmale	Blüte	Energetische Aspekte
Gewöhnlicher Wurmfarn *Dryopteris filix-mas*	☼ ◌ ◑ ● frische bis feuchte Böden	bis 1 m aufrecht, trichter-förmig, winter-grüne Wedel		Yin-Energie; Element: Wasser; Bagua: Karriere; Wirkkraft: verkörpert geheimnis-volle Weisheit
Bunte Wolfsmilch *Euphorbia polychroma*	☼ lockere, durch-lässige Böden, anspruchslos	30–40 cm buschige, fast kugelige Horste, eiförmige, weich behaarte Blätter	April – Mai, gelb, leuchten-de hellgelbe Hochblätter	Yin-Energie; Element: Erde; Bagua: Wissen; Wirkkraft: stärkt die Lebensenergie im Garten
Atlas-Schwingel *Festuca mairei*	☼ frische bis trocke-ne, durch-lässige Böden	60–80 cm fester Horst, schmale, grüne Blätter	Juni – Juli, dünne, schlanke Blütenrispen	Yang-Energie; Element: Feuer; Bagua: Ruhm; Wirkkraft: verströmt erdverbundene Lebens-energie in alle Richtungen
Erdbeere *Fragaria vesca* in Sorten	☼ ◌ ◑ nährstoffreiche Böden	20 cm dreizählige, eiför-mige, gesägte Blät-ter, mit langen Aus-läufern kriechend	April – Sept., weiß, innen gelb, rote, ess-bare Früchte	Yin- und Yang-Energie; Element: Erde, Frucht Feuer; Bagua: Partnerschaft, fördert Kinder; Wirkkraft: strahlt Verlockung aus, Frucht der Liebesgöttinnen Frigg und Venus
Waldmeister *Galium odoratum*	☼ ◌ ● frische Böden	10–15 cm zart, kleine, quirl-ständige, lanzett-liche Blätter, aus-läuferbildend	Mai – Juni, weiße Dolden, angenehm duf-tend	Yin-Energie; Element: Erde, mit Holz-Aspek-ten; Bagua: Wissen; Wirkkraft: fördert Wis-sen durch Loslassen und durch Entspan-nung
Storchschnabel *Geranium endressii* (Abb.), *G. macrorrhizum* 'Spessart'	☼ ◌ ◑ nahrhafte, auch trockene Böden	25–50 cm sehr wüchsig, dichtbuschig, *G. macrorrhizum:* immergrün	Juni – Juli, hellrosa, aroma-tischer Duft	Yin-Energie; Element: Erde; Bagua: Wissen und Partnerschaft; Wirkkraft: steht für die Einhaltung von Grenzen
Himalaya-Storchschnabel *Geranium himalayense*	☼ ◌ ◑ nährstoffreiche, frische Böden	30–40 cm stark verzweigte Stängel, horst-bildend	Juni – Juli, große, intensiv violettblaue Schalenblüten	Yin-Energie; Element: Erde; Bagua: Wissen und Partnerschaft; Wirkkraft: steht für die Einhaltung von Grenzen
Pracht-Storchschnabel *Geranium x magnificum*	☼ ◌ ◑ nährstoffreiche Böden	35–70 cm kräftige, kniehohe Horste, große, weiche Blätter	Juni – Juli, strahlend vio-lettblau, Herbst-färbung	Yin-Energie; Element: Erde; Bagua: Wissen und Partnerschaft; Wirkkraft: steht für die Einhaltung von Grenzen

☼ Sonne　　◌ Hell, nicht sonnig　　◑ Halbschatten　　● Schatten

Stauden, Gräser & Farne

	Name	Standort	Höhe/Wuchs Merkmale	Blüte	Energetische Aspekte
	Brauner Storchschnabel *Geranium phaeum*	☼ ◐ ● nährstoffreiche Böden	bis 50 cm kräftige grüne Blätter	Mai – Juli, dunkelpurpurn, zurückgeschlagene Kronblätter	Yin-Energie; Element: Erde, durch die Blüte Wasser; Bagua: Wissen und Partnerschaft; Wirkkraft: steht für die Einhaltung von Grenzen
	Kaukasus-Storchschnabel *Geranium renardii*	☼ ◐ ◐ nährstoffreiche Böden	25–30 cm kompakt, dicht horstig, schön strukturierte Blätter, Bodendecker	Mai – Juni, weiß-lila mit purpurbrauner Äderung	Yin-Energie; Element: Erde, in der Blüte Metall; Bagua: Wissen und Partnerschaft; Wirkkraft: steht für die Einhaltung von Grenzen
	Blutroter Storchschnabel *Geranium sanguineum*	☼ ◐ ◐ nährstoffreiche Böden	20–45 cm lockerwüchsig, zierliches Laub, behaarte Stängel, samt sich aus	Mai – Aug., karminrot, rote Herbstfärbung	Yin-Energie; Element: Erde, Feuer-Aspekte durch Blüte und Stängel; Bagua: Wissen und Partnerschaft; Wirkkraft: steht für die Einhaltung von Grenzen
	Nelkenwurz *Geum coccineum* 'Werner Arends' ('Borisii'), *G.* x 'Georgenberg' (Abb.)	☼ ◐ lockere, humose, feuchte Böden	25–40 cm horstbildend, wintergrüne Halbrosetten aus großen Blättern	Mai – Juli, gelborange bis orangerot, erdbeerartig	Yang-Energie; Element: Erde, Blüte Feuer; Bagua: Wissen; Wirkkraft: stärkt das Sakralchakra, vitalisiert die Lebenskräfte
	Gewöhnlicher Gundermann *Glechoma hederacea*	☼ ◐ ◐ humose Böden, anspruchslos	5–15 cm kriechend, rundliche Blätter, Bodendecker, großer Ausbreitungsdrang	April – Juni, purpur-violett, Blüten in den Blattachseln	Yin-Energie; Element: Erde, in der Blüte Wasser; Bagua: Partnerschaft, fördert Hilfreiche Freunde; Wirkkraft: trägt eine aktive, zukunftsorientierte Kraft mit sich
	Stauden-Sonnenblume *Helianthus decapetalus* 'Capenoch Star'	☼ kultivierte Böden	120 cm horstig aufrecht wachsend, rau behaart, verdickte Rhizome	Juli – Sept., große, einfache, zitronengelbe Blüten	Yang-Energie; Element: Holz; Bagua: Familie und Reichtum, fördert Ruhm; Wirkkraft: stärkt das Solarplexuschakra, Selbstvertrauen und die eigene Ausstrahlung
	Christrose *Helleborus niger*	☼ ◐ ● lehm- und kalkhaltige Böden	20–30 cm buschig, langsam wachsend, gefiederte Blätter, immergrün	Jan. – April, weiße, nickende Schalenblüten, gelbe Mitte	Yin-Energie; Element: Metall; Bagua: Hilfreiche Freunde, fördert Karriere; Wirkkraft: unterstützt die natürliche Autorität
	Taglilie *Hemerocallis* in Sorten	☼ ◐ ◐ frische, durchlässige Böden	70–120 cm kräftige, aufrechte, saftig grüne Blatthorste, feste, linealische Blätter	Juni – Aug., gelb bis braunrot, blühen jeweils nur einen Tag	Yang-Energie; Element: Erde, Blüte Feuer; Bagua: Wissen und Partnerschaft; Wirkkraft: gibt immer wieder neue Impulse

Stauden, Gräser & Farne

Name	Standort	Höhe/Wuchs/ Merkmale	Blüte	Energetische Aspekte
Kleinblütiges Purpurglöckchen *Heuchera micrantha* 'Palace Purple'	⊙ nahrhafte, frische humose Böden	30–40 cm horstbildend, grundständiges, bronzerotes, glänzendes Laub	Juni – Aug., kleine weißlich-rosa Glocken in feinen Rispen	Yin-Energie; Element: Metall; Bagua: Hilfreiche Freunde, fördert Karriere; Wirkkraft: stärkt das Wurzelchakra und die Verbundenheit zur Erde
Orangerotes Habichtskraut *Hieracium aurantiacum*	☼ ⊙ frische bis trockene, sandig-lehmige Böden	30–40 cm Rosetten bildend, durch Ausläufer rasch wuchernd	Juni – Aug., orangerot auf schwarz behaarten Stielen	Yang-Energie; Element: Erde; Bagua: Wissen, fördert Kinder; Wirkkraft: steht für die Beobachtungsgabe und die Ahnung
Blaublatt-Funkie *Hosta sieboldiana*	⊙ ◐ ● nährstoffreiche Böden	60–100 cm sehr große, breite, blau bereifte, herzförmige Blätter, horstbildend	Juli – Aug., violette, glockige Blüten	Yin-Energie; Element: Wasser; Bagua: Karriere, fördert Reichtum; Wirkkraft: vermittelt emotionale Weisheit und eigene Präsenz
Funkie *Hosta sieboldiana* 'Elegans' (Abb.), *H. sieboldiana* 'Snowden'	⊙ ◐ ● nährstoffreiche Böden	30–70 cm große, grüne bis graugrüne Blätter	Juni – Aug., weiße, glockige Blüten	Yin-Energie; Element: Wasser; Bagua: Karriere, fördert Reichtum; Wirkkraft: vermittelt emotionale Weisheit und eigene Präsenz
Schmalblatt-Funkie, Weißrand-Funkie *Hosta sieboldii* (*H. albomarginata*)	⊙ ◐ ● nährstoffreiche Böden	30–50 cm grüne, weiche, schmale, weißrandige Blätter	Juli – Aug., violette, weiß gesäumte Glocken	Yin-Energie; Element: Wasser; Bagua: Karriere, fördert Reichtum; Wirkkraft: vermittelt emotionale Weisheit und eigene Präsenz
Glocken-Funkie *Hosta ventricosa*	⊙ ◐ ● nährstoffreiche Böden	60–80 cm dichtbuschig, glänzende, breite, große tiefdunkle Blätter	Aug., violettblau, in langen Trauben	Yin-Energie; Element: Wasser; Bagua: Karriere, fördert Reichtum; Wirkkraft: vermittelt emotionale Weisheit und eigene Präsenz
Immergrüne Schleifenblume *Iberis sempervirens*	☼ trockene bis frische Böden, anspruchslos	25 cm dichtbuschig, breitwüchsig, lederartig harte Blätter, immergrün	April – Mai, weiße Blütenbüschel	Yin-Energie; Element: Metall; Bagua: Kinder und Hilfreiche Freunde; Wirkkraft: macht darauf aufmerksam, seinen Platz einzunehmen und auszufüllen
Echter Alant *Inula helenium*	☼ ⊙ ◐ frische bis feuchte Böden	150–180 cm große, unten filzig behaarte Blätter, dicke, verzweigte Blütenstängel	Juli – Sept., große, auffällige, gelbe Blütenköpfe	Yang-Energie; Element: Feuer; Bagua: Ruhm, fördert Wissen; Wirkkraft: fördert die geistige Inspiration, dem Gott Wotan geweiht

☼ Sonne   ⊙ Hell, nicht sonnig   ◐ Halbschatten   ● Schatten

Stauden, Gräser & Farne

	Name	Standort	Höhe/Wuchs/Merkmale	Blüte	Energetische Aspekte
	Frühlings-Platterbse *Lathyrus vernus*	○ ◐ ● frische, kalkhaltige Böden	20–30 cm dichtbuschig, paarig lanzettliche Fiederblätter	April – Mai, erst rotviolett, dann zu blau wechselnd	Yin-Energie; Element: Erde; Bagua: Wissen, fördert Kinder; Wirkkraft: steht für die Integration der eigenen Erfahrungen
	Lavendel *Lavandula angustifolia* in Sorten	☼ steinige, kalkhaltige, trockene Böden	40–80 cm sehr wüchsiger Zwergstrauch, buschig, graue Blätter, wintergrün	Juli – Aug., violettblaue Ähren, stark duftend	Yang-Energie; Element: Wasser; Bagua: Karriere; Wirkkraft: reinigt Atmosphäre, Geist und Seele, sorgt für Klarheit und Entspannung
	Buschmalve *Lavatera thuringiaca*	☼ ○ ◐ nährstoffreiche Böden	150 cm breitbuschig, locker aufrecht, gelappte Blätter, reich verästelt	Juli – Sept., hellrosa, malvenartig	Yin-Energie; Element: Feuer; Bagua: Ruhm, fördert Wissen und Partnerschaft; Wirkkraft: strahlt Kontaktfähigkeit aus
	Vielblättrige Lupine *Lupinus polyphyllus* 'Edelknabe'	☼ durchlässige, kalk- und humusarme Böden	80–100 cm aufrecht, dichtes, grünes Laub	Juni – Juli, karminrote Blütenkerzen, Nachblüte	Yang-Energie; Element: Feuer; Bagua: Ruhm, fördert Partnerschaft; Wirkkraft: lenkt die Konzentration auf die körperliche Kraft
	Vielblättrige Lupine *Lupinus polyphyllus* 'Fräulein'	☼ durchlässige, kalk- und humusarme Böden	80–100 cm aufrecht, dichtes, grünes Laub	Juni – Juli, cremeweiße Blütenkerzen, Nachblüte	Yang-Energie; Element: Feuer, Blütenfarbe Metall; Bagua: Ruhm, fördert Wissen; Wirkkraft: lenkt die Konzentration auf die körperliche Kraft
	Vielblättrige Lupine *Lupinus polyphyllus* 'Lindley'	☼ durchlässige, kalk- und humusarme Böden	80 cm aufrecht, dichtes, grünes Laub	Mai – Sept., dunkelblau, Nachblüte	Yang-Energie; Element: Feuer, Blütenfarbe Wasser; Bagua: Ruhm; Wirkkraft: lenkt die Konzentration auf die körperliche Kraft
	Wald-Hainsimse *Luzula sylvatica* 'Tauernpass'	○ ◐ frische, humusreiche Böden	30 cm grasartige Horste, breite Blätter, immergrün	April – Mai, braunschwarze Ähren	Yin-Energie; Element: Erde; Bagua: Partnerschaft, fördert Hilfreiche Freunde; Wirkkraft: vermittelt den Eindruck von Ausdauer
	Gilbweiderich *Lysimachia punctata* (Abb.), *L. vulgaris*	○ ◐ ● frische bis feuchte Böden	60–90 cm straff aufrecht, wenig verzweigte Stängel, sehr ausbreitungsfreudig	Juni – Aug., goldgelb, sternförmig, in Trauben	Yang-Energie; Element: Erde, Wuchs Holz; Bagua: fördert Kinder, Hilfreiche Freunde; Wirkkraft: vermittelt Stärke und physische Kraft

Stauden, Gräser & Farne

Name	Standort	Höhe/Wuchs/ Merkmale	Blüte	Energetische Aspekte
Gelbe Gauklerblume *Mimulus luteus*	☀ ◐ ◑ feuchte und nasse Böden	40 cm herzförmige, fein behaarte Blätter, kurzlebig, samt sich aus	Mai – Aug., große leuchtend gelbe Blüten	Yin-Energie; Element: Erde; Bagua: Partnerschaft, fördert Kinder und Hilfreiche Freunde; Wirkkraft: symbolisiert Tapferkeit und Vertrauen und die Überwindung von Ängsten, Herzpflanze
Chinaschilf *Miscanthus sinensis* 'Gracillimus'	☀ nährstoffreiche, frische bis feuchte Böden	bis 170 cm dichtbuschig, schmalblättrig mit silberner Mitte, überhängend	Sept. – Okt., silbrige Blütenfahnen, blüht selten	Yang-Energie; Element: Holz; Bagua: Familie und Reichtum, fördert Ruhm; Wirkkraft: Chi-Quelle, versprüht Lebensenergie
Katzenminze *Nepeta x faassenii*	☀ sandige, trockene, eher magere Böden	20–30 cm kleinbuschig, mit fein behaarten, gezähnten, graugrünen Blättern	Mai – Sept., hellblau, lavendelartig, Dauerblüher	Yang-Energie; Element: Holz; Bagua: Familie und Reichtum, fördert Ruhm; Wirkkraft: verströmt frische Kraft, um neue Wege zu beschreiten
Nachtkerze *Oenothera fruticosa* 'Fryverkeri'	☀ frische bis trockene, durchlässige Böden	40–50 cm aufrecht, lockerer, horstartiger Wuchs mit rot getönten Stängeln	Juni – Aug., goldgelb, dunkelrote Knospen	Yin-Energie; Element: Erde, Knospen Feuer; Bagua: Wissen und Partnerschaft, fördert Kinder; Wirkkraft: bringt Licht und Heiterkeit in das Unbewusste
Königsfarn *Osmunda regalis*	◔ ◑ ● humusreiche Böden	bis 120 cm doppelt gefiederte, aufrechte, gelbgrüne Wedel	auffällige braune Fruchtwedel von Mai – Juli	Yin-Energie; Element: Wasser/Holz; Bagua: Karriere, Familie und Reichtum; Wirkkraft: verkörpert Souveränität, Weisheit und ein langes Leben
Bauern-Pfingstrose *Paeonia officinalis* 'Alba Plena'	☀ warme, nährstoffreiche, lehmige Böden	60 cm buschig, ledrige, doppelt dreigeteilte Blätter, sehr langlebig	Mai, weiß, gefüllt, mit zartrosa Knospen, Einzelblüte	Yin-Energie; Element: Metall; Bagua: Hilfreiche Freunde, fördert Karriere; Wirkkraft: verkörpert die göttliche Weisheit, Sophienblume, China: die Sanftmut Buddhas
Japanisches Federborstengras *Pennisetum alopecuroides*	☀ warme, durchlässige, nährstoffreiche Böden	50–80 cm kräftige, straff aufrechte Horste mit schmalen, graugrünen Blättern	Aug. – Sept., walzenförmige, rotbraune Blütenähren	Yang-Energie; Element: Feuer; Bagua: Ruhm, fördert Partnerschaft; Wirkkraft: strahlt Aktivität und Wehrhaftigkeit aus
Fingerhut-Bartfaden *Penstemon digitalis* 'Husker's Red'	☀ humose, durchlässige, nährstoffreiche Böden	80–120 cm aufrecht, dunkles, bronzebraunes Laub, langlebig	Juni – Aug., weiße, aufrechte Blütenstände	Yang-Energie; Element: Feuer, Wuchs Holz; Bagua: Ruhm; Wirkkraft: verströmt das Bewusstsein, etwas Besonderes zu sein

☀ Sonne   ◔ Hell, nicht sonnig   ◑ Halbschatten   ● Schatten

Stauden, Gräser & Farne

Name	Standort	Höhe/Wuchs/ Merkmale	Blüte	Energetische Aspekte
Hoher Sommerphlox *Phlox paniculata* 'Herbstglut'	☀ ◐ ☾ nährstoffreiche feuchte Böden	100 cm aufrechter, horstiger Wuchs, dunkelgrüne, spitz eiförmige Blätter	Juli – Sept., dunkelrote, duftende Blütendolden	Yang-Energie; Element: Holz, Blüte Feuer; Bagua: Familie, fördert Ruhm; Wirkkraft: lädt ein, Vorurteile loszulassen und sich dem Eigentlichen zu widmen
Hoher Sommerphlox *Phlox paniculata* 'Pax'	☀ ◐ ☾ nährstoffreiche, feuchte Böden	bis 1 m aufrechter, horstiger Wuchs, dunkelgrüne, spitz eiförmige Blätter	Juli – Sept., rein-weiße duftende Blütendolden	Yang-Energie; Element: Metall, Wuchs Holz; Bagua: Kinder; Wirkkraft: lädt ein, Vorurteile loszulassen und sich dem Eigentlichen zu widmen
Lampionblume *Physalis alkekengi* var. *franchetii*	☀ ◐ ☾ frische, kalkhaltige Böden	60–100 cm buschig aufrecht, stark wuchernd	Juni – Juli, weiß, orangerote Früchte von Aug. – Sept.	Yang-Energie; Element: Feuer/Erde; Bagua: Ruhm, fördert Wissen; Wirkkraft: stärkt das Kronenchakra, nährt durch das Ausstrahlen hoher Geistigkeit
Salomonssiegel, Vielblütige Weißwurz *Polygonatum multiflorum*	◐ ● frische, nährstoffreiche, humose Böden	60 cm leicht überhängende Stängel, ovale, wechselständige Blätter	Mai – Juni, weiße, hängende Röhrenblüten	Yang-Energie; Element: Holz, Blüte Metall; Bagua: Reichtum; Wirkkraft: strahlt Vielfältigkeit aus
Weißes Fingerkraut *Potentilla alba*	☀ ◐ sandige, trockene, nährstoffarme Böden	5–20 cm lockerer Wuchs, gefingerte, unterseits silbrige Blätter, rasenbildend	April – Juni, weiß mit herzförmigem Rand	Yin-Energie; Element: Erde; Bagua: fördert Hilfreiche Freunde; Wirkkraft: umgibt sich mit Widerstandsfähigkeit und Genügsamkeit
Kugel-Primel *Primula denticulata* 'Alba'	◐ ◑ ● frische bis feuchte Böden	30 cm kräftige Blattrosetten, nach der Blüte mit hellgrünen, gezähnten Blättern	März – Mai, weiße Kugeln auf starkem Schaft	Yin-Energie; Element: Metall; Bagua: Kinder und Hilfreiche Freunde; Wirkkraft: strahlt das Bewusstsein der Ganzheit aus
Echtes Lungenkraut *Pulmonaria officinalis*	◑ ◐ frische bis feuchte, kalkhaltige Böden	20 cm rauhaarige, leicht gefleckte Blätter	März – April, von rosa zu blauviolett wechselnd	Yin-Energie; Element: Wasser; Bagua: Karriere, fördert Reichtum; Wirkkraft: steht für den Mut zu Veränderungen
Kron-Rhabarber *Rheum palmatum* var. *tanguticum*	☀ ◐ ☾ nährstoffreiche Böden	2 m riesige, tief gelappte Blätter	Mai – Juli, rote Rispen auf kräftigem Stängel	Yang-Energie; Element: Feuer; Bagua: Ruhm, fördert Wissen; Wirkkraft: steht für die Qualität des richtigen Zeitpunktes

Stauden, Gräser & Farne

	Name	Standort	Höhe/Wuchs/Merkmale	Blüte	Energetische Aspekte
	Sonnenhut *Rudbeckia fulgida* var. *sullivantii* 'Goldsturm'	☼ nahrhafte, aus-reichend feuch-te Böden	60–70 cm buschig aufrecht, lanzettliche Grund-blätter	Aug. – Okt, groß, goldgelb mit schwarz-brauner Mitte	Yang-Energie; Element: Wuchs Holz, Blüte Feuer; Bagua: Familie und Reichtum, fördert Ruhm; Wirkkraft: strahlt Langlebigkeit aus und bringt positive Kraft in den Garten
	Sternmoos *Sagina subulata*	☼ ◯ ◐ frische, durch-lässige Böden	2–5 cm dichtrasige, moos-artige Teppich-polster, trittfest	Mai – Juni, kleine, weiße Blütensterne	Yin-Energie; Element: Erde; Bagua: Wissen, fördert Kinder; Wirkkraft: vermittelt Gebor-genheit als Basis für die Sicherheit
	Steppen-Salbei *Salvia nemorosa* 'Mainacht'	☼ kalkhaltige, nährstoffreiche Böden	30–50 cm steif aufrecht, dichtbuschiger Wuchs	Mai – Sept., große nacht-blaue Blüten-kerzen, reich blühend	Yang-Energie; Element: Metall/Wasser; Bagua: Hilfreiche Freunde und Karriere; Wirkkraft: reinigt und wandelt die Atmo-sphäre zum Guten
	Graues Heiligenkraut *Santolina chamaecyparissus*	☼ nährstoffreiche, trockene Böden	40–50 cm kompakter, buschi-ger Halbstrauch	Juli – Aug., gelbe langge-stielte, flachrun-de Blütenköpfe	Yang-Energie; Element: Erde; Bagua: Wis-sen, fördert Kinder und Hilfreiche Freunde; Wirkkraft: eignet sich gut für Meditations-plätze
	Echtes Seifenkraut *Saponaria officinalis*	☼ ◯ ◐ nährstoffreiche Böden	60–80 cm aufrechte, fein flaumige Stängel, stark wuchernd	Juni – Aug., rosarot, end-ständig, büschelig	Yin-Energie; Element: Erde; Bagua: Wissen und Partnerschaft; Wirkkraft: steht für das Loslassen von Belastungen
	Brennende Liebe *Silene chalcedonica* (*Lychnis chalcedonica*)	☼ nährstoffreiche, durchlässige Böden	80–100 cm buschig aufrecht, dicht rauhaarig beblätterte, straffe Schäfte	Juni – Juli, feuerrot, doldi-ger Blütenstand	Yang-Energie; Element: Feuer; Bagua: Ruhm, fördert Partnerschaft; Wirkkraft: stärkt das Sakralchakra, fördert die Liebeslust
	Goldrute *Solidago x hybrida* 'Strahlenkrone'	☼ kultivierte Böden, an-spruchslos	60–70 cm gleichmäßig auf-recht mit weiden-blattartigen, hell-grünen Blättern	Aug. – Sept., flache, goldgel-be, strahlenför-mige Rispen	Yang-Energie; Element: Erde; Bagua: Wis-sen, fördert Kinder; Wirkkraft: steht für das Loslassen von unguten Gefühlen
	Kleiner Kaukasus-Beinwell *Symphytum grandiflorum*	◐ ● nährstoffreiche, trockene Böden	20–30 cm rau behaarte, spitz-eiförmige Blätter, bildet dichte Tep-piche, wuchert	Mai – Juli, cremeweiß, rot-spitzige Blüten-knospen	Yin-Energie; Element: Erde; Bagua: Wissen, fördert Kinder; Wirkkraft: Vermittler des eigenen Weges, Trostspender

☼ Sonne   ◯ Hell, nicht sonnig   ◐ Halbschatten   ● Schatten

Stauden, Gräser & Farne

Name	Standort	Höhe/Wuchs/ Merkmale	Blüte	Energetische Aspekte
Rainfarn *Tanacetum vulgare*	☼ ◐ ◑ humose, nicht zu trockene Böden	100–120 cm längliche, gefieder-te, duftende Blät-ter, stark wuchernd	Juli – Sept., leuchtend gelb, knopfförmig	Yin-Energie; Element: Erde; Bagua: Wissen, fördert Kinder; Wirkkraft: ermöglicht ein Verständnis von Zeit und anderen Dimen-sionen
Schaumblüte *Tiarella cordifolia* (Abb.), *T. wherryi*	◑ ● frische, lockere, humose Böden	15–35 cm aufrecht, gesägte, glänzende, schön gezeichnete Blät-ter, Bodendecker	Mai – Juni, lockere weiße Blütentrauben	Yin-Energie; Element: Holz; Bagua: Reich-tum; Wirkkraft: vermittelt eine Ahnung von Durchlässigkeit der Materie
Dreimasterblume *Tradescantia x andersoniana* 'Zwanenburg Blue'	☼ ◐ ◑ nährstoffreiche Böden	50 cm locker aufrecht, grasartige, dunkel-grüne Blätter	Juni – Sept., blauviolett, großblumig	Yin-Energie; Element: Wasser; Bagua: Karriere, fördert Familie und Reichtum; Wirkkraft: berührt das Thema Zugang zu den Gefühlen
Europäische Trollblume *Trollius europaeus*	☼ ◐ ◑ nährstoffreiche Böden	50–60 cm aufrecht, hand-förmig geteilte Blätter	Mai – Juni, zitronengelbe, kugelige Einzel-blüten	Yin-Energie; Element: Erde; Bagua: Wissen und Partnerschaft; Wirkkraft: steht für die Verbindung zu Erdwesenheiten
Ehrenpreis *Veronica incana* (*Pseudolysimachion spicatum*)	☼ lockere, sandi-ge, kalkhaltige Böden	30–50 cm dichtbuschige Polster, silber-weißes Laub	Juni – Juli, aufrecht, ähren-förmig, dunkel-blau	Yang-Energie; Element: Wuchs Holz, Blüte Wasser; Bagua: Familie, Reichtum und Karriere; Wirkkraft: verströmt die Qualität einer trostspendenden Siegerin
Hoher Wiesen-Ehrenpreis *Veronica longifolia* in Sorten (*Pseudolysimachion longifolium*)	☼ ◐ frische, nähr-stoffreiche Böden	40–80 cm aufrecht, scharf gesägte, lanzett-liche Blätter, stark-wüchsig	Juni – Aug., lange, tiefblaue Blütenkerzen	Yang-Energie; Element: Wuchs Holz, Blüte Wasser; Bagua: Familie, Reichtum und Karriere; Wirkkraft: verströmt die Qualität einer trostspendenden Siegerin
Wohlriechendes Veilchen *Viola odorata*	☼ ◐ ◑ frische, nähr-stoffreiche Böden	10–15 cm polsterartig, breit herzförmige Blät-ter, mit Ausläufern, samt sich aus	März – April, dunkel-violett, duftend	Yin-Energie; Element: Wasser; Bagua: Karriere, fördert Familie; Wirkkraft: steht für Demut, Bescheidenheit, Hoffnung und Treue
Fädige Palmlilie *Yucca filamentosa*	☼ warme, durch-lässige, kalkhal-tige Böden	150 cm dichte, aufrechte Horste aus blau-grauen, derben Blättern	Juli – Aug., große, weiße Glocken auf starkem Schaft	Yang-Energie; Element: Feuer, Blütenstand Holz; Bagua: Ruhm und Reichtum; Wirkkraft: zeigt uns die Wandelbarkeit im Laufe der Zeit

Ein- und Zweijährige

	Name	Standort	Höhe/Wuchs/ Merkmale	Blüte	Energetische Aspekte
	Hänge-Löwenmäulchen *Antirrhinum pendula multiflora*	☼ ◐ ◑ nährstoffreiche Böden	20–30 cm kräftige, reich verzweigte Triebe, langsam wachsend	Juni – Sept., rosa, farbenprächtige Polster, lange blühend	Yang-Energie; Element: Feuer; Bagua: Ruhm; Wirkkraft: stellt auf leichte, unauffällige Weise Schutz dar
	Garten-Ringelblume *Calendula officinalis*	☼ frische, nährstoffreiche Böden, kalkliebend	40–60 cm kompakte Büsche mit kantigen Trieben, robust und unempfindlich	Juli – Okt., gelb bis orangerot, Schnittblume, Heilpflanze	Yin- und Yang-Energie; Element: Erde; Bagua: Wissen und Partnerschaft, fördert Kinder; Wirkkraft: strahlt den Segen des Geerdet-Seins und dadurch Heilung aus
	Bart-Nelke *Dianthus barbatus*	☼ ◐ ◑ nährstoffreiche Böden	50 cm hohler Stängel mit schmalen, länglichen, dunkelgrünen Blättern	Mai – Juli, pinkfarben mit intensivem Nelkenduft	Yin-Energie; Element: Feuer; Bagua: Ruhm, fördert Partnerschaft; Wirkkraft: symbolisiert die Fähigkeit, sich für eine Gemeinschaft einzusetzen
	Stink-Storchschnabel *Geranium robertianum*	◑ ● nährstoffreiche Böden	20–50 cm gefiederte Blätter, karminroter, behaarter Stängel, riecht unangenehm	Mai – Okt., rosa mit weißen Längsstreifen	Yin- und Yang-Energie; Element: Erde; Bagua: Wissen, fördert Hilfreiche Freunde; Wirkkraft: macht auf Grenzen und Grenzüberschreitungen aufmerksam
	Gewöhnliche Sonnenblume *Helianthus annuus*	☼ sehr nährstoffreiche, frische Böden	150–300 cm rau behaarte Blätter an kräftigen behaarten Stielen	Aug. – Okt., große, gelbe Blüten mit braunem Auge	Yang-Energie; Element: Feuer, Wuchs Holz; Bagua: Ruhm; Wirkkraft: stärkt das Solarplexuschakra, bringt Sonne ins Leben
	Strauchige Sonnenwende, Vanilleblume *Heliotropium arborescens*	◐ ◑ warme, frische, magere Böden, anspruchsvoll	20–30 cm aufrecht, fein behaarte, dunkelgrüne Blätter	Mai – Sept., tiefviolett mit intensivem Vanille-Duft	Yin-Energie; Element: Wasser; Bagua: Karriere, fördert Familie; Wirkkraft: vermittelt die Bedeutung der Klarheit in den Gefühlen
	Fleißiges Lieschen *Impatiens* spec.	◐ ◑ ● stickstoffarme Böden	20–25 cm weiche, fleischige, rot gestreifte Stängel, ovale Blätter, wächst üppig	März – Okt., zarte pinkfarbene Farbtöne	Yin-Energie; Element: Erde; Bagua: Partnerschaft, fördert Kinder; Wirkkraft: verkörpert üppige Lebenskraft
	Wandelröschen *Lantana camara*	☼ trockene/frische, humose, nährstoffreiche Böden	40–150 cm aufrecht, überhängende Zweige, runzlige, ovale, gesägte Blätter	Juni – Sept., Farbwechsel von gelb bis rot, vielblütig	Yang-Energie; Element: Feuer; Bagua: Ruhm; Wirkkraft: betont das harmonische Zusammenwirken verschiedener Qualitäten

☼ Sonne   ◐ Hell, nicht sonnig   ◑ Halbschatten   ● Schatten

Ein- und Zweijährige

	Name	Standort	Höhe/Wuchs/ Merkmale	Blüte	Energetische Aspekte
	Männertreu *Lobelia erinus*	☼ ☼ ◐ durchlässige, magere Böden	15 cm buschig, klein-blättrig	Mai – Sept., üppig dunkel-blauer, lange haltender Flor	Yin-Energie; Element: Wasser; Bagua: fördert Familie; Wirkkraft: stärkt das Hals-chakra und lenkt die Aufmerksamkeit auf die Verwendung von Worten
	Elfenspiegel, Nemesie *Nemesia*-Hybriden	☼ lockere, humo-se Böden, anspruchslos	25–60 cm aufrecht, gegen-ständige Blätter	Juli – Sept., über und über mit pinkfarbe-nen Blüten bedeckt	Yang-Energie; Element: Holz; Bagua: Familie und Reichtum; Wirkkraft: sie spie-gelt die Wesenhaftigkeit der Natur wider
	Klatsch-Mohn *Papaver rhoeas*	☼ lehmige, nähr-stoffreiche Böden	30–60 cm fiederteilige, be-haarte Blätter an be-haarten, kaum ver-zweigten Stängeln	Mai – Juli, scharlachrot, mit schwarzem Fleck	Yang-Energie; Element: Feuer; Bagua: Ruhm; Wirkkraft: steht für Verführung und die Gefahr, sich selbst zu verlieren
	Petunie *Petunia* in Sorten	☼ ☼ lockere, nahr-hafte, frische, humose Böden	20–40 cm klebrig behaarte Blätter, schnell-wüchsig	Mai – Sept., pinkfarben, groß, glockig-röhrenförmig	Yin-Energie; Element: Wasser, Blüte nach Farbe; Bagua: Karriere; Wirkkraft: weist auf die dunklen, unbewussten Kräfte der Natur hin
	Schleier-Sonnenhut *Rudbeckia triloba*	☼ durchlässige, frische Böden	120 cm ovale, dreilappige Blätter	Juli – Sept., tiefgelb mit schwarzer Mitte	Yang-Energie; Element: Wuchs Holz, Blüte Feuer; Bagua: Familie und Reichtum, fördert Ruhm; Wirkkraft: bringt positive Kraft in den Garten
	Tagetes *Tagetes patula*	☼ ☼ ◐ ● nährstoffreiche Böden	20–30 cm aufrecht, Fieder-blättchen an starken Stielen, unempfindlich	Juli – Okt., gelb bis orange, einfach oder gefüllt	Yang-Energie; Element: Holz, Blüte Erde; Bagua: Wissen und Familie; Wirkkraft: stärkt das Sakralchakra und die Lebens-kraft im Garten

Zwiebel- und Knollenblumen

Name	Standort	Höhe/Wuchs/ Merkmale	Blüte	Energetische Aspekte
Gold-Lauch *Allium moly*	☀ ☐ ◑ ● sommertrockene/ frische Böden	20–25 cm breite, blaugrüne Blätter, vergilben während der Blüte, samt sich aus	Mai – Juni, goldgelbe, halbrunde, breite Dolden	Yang-Energie; Element: Erde; Bagua: Wissen; Wirkkraft: zieht die Aufmerksamkeit auf sich
Paukenschläger-Lauch *Allium rosenbachianum*	☀ warme, sommertrockene, durchlässige Böden	80–100 cm unterseits weiß behaarte Blätter, samt sich aus	Mai – Juni, lilarosa bis purpurn, große Blütenkugeln	Yang-Energie; Element: Holz, Blütenform Metall; Bagua: Hilfreiche Freunde; Wirkkraft: zieht die Aufmerksamkeit auf sich
Garten-Anemone *Anemone coronaria*	☀ warme, trockene/ frische, durchlässige Böden	20–40 cm dreiteilig gespaltene Blätter, kurzlebig	März – Mai, blau, violett, rot, weiß	Yang-Energie; Element: Feuer; Bagua: Ruhm; Wirkkraft: symbolisiert den Kreislauf der Natur: Hoffnung, Liebe und Vergänglichkeit
Gartenkrokus *Crocus* 'Gelbe Riesen'	☀ ☐ ◑ durchlässige Böden	15 cm spitzes, schmales Blatt, vergilbt nach der Blüte	März – April, dottergelb, großblumig	Yin-Energie; Element: Erde; Bagua: Wissen; Wirkkraft: Symbol für Wiederkehr und göttliche Weisheit
Winterling *Eranthis hyemalis*	☐ ◑ frische/feuchte, nährstoffreiche Böden	5–10 cm Halskrause aus breiten Blättchen, samt sich aus	Febr. – März, goldgelb auf rotbraunem Stängel	Yin-Energie; Element: Erde; Bagua: Wissen, fördert Kinder; Wirkkraft: stärkt das Vertrauen in das Leben
Kaiserkrone *Fritillaria imperialis* 'Rubra Maxima'	☀ gut durchlässige, nährstoffreiche Böden	60–100 cm büschelige Hochblätter über den Blüten, zieht früh ein	April – Mai, 5–10 orangerote, glockige Blüten am Stiel	Yang-Energie; Element: Feuer; Bagua: Ruhm, fördert Partnerschaft; Wirkkraft: strahlt Stolz und natürliche Autorität aus
Schwertlilie *Iris barbata-elatior* 'Lady Ilse'	☀ sommertrockene, kalkhaltige Böden	100 cm schwertförmige, gerippte Blätter	Juni, leuchtend hellblau, großblumig, auffallend	Yang-Energie; Element: Feuer/Holz; Bagua: Ruhm, Familie und Reichtum; Wirkkraft: strahlt weibliche Kraft durch Körper, Seele und Geist aus
Schwertlilie *Iris barbata-elatior* 'Lusty Song'	☀ sommertrockene, kalkhaltige Böden	110 cm schwertförmige, gerippte Blätter	Mai – Juni, burgunderrot mit weiß, großblumig, auffallend	Yang-Energie; Element: Feuer/Holz; Bagua: Ruhm, Familie und Reichtum; Wirkkraft: strahlt weibliche Kraft durch Körper, Seele und Geist aus

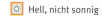 ☀ Sonne   ☐ Hell, nicht sonnig   ◑ Halbschatten   ● Schatten

Zwiebel- und Knollenblumen

Name	Standort	Höhe/Wuchs/ Merkmale	Blüte	Energetische Aspekte
Schwertlilie *Iris barbata-elatior* 'Rosenquarz'	☼ sommertrocke- ne, kalkhaltige Böden	90 cm schwertförmige, gerippte Blätter	Juni, rosa, orangefarbiger Bart, großblu- mig, auffallend	Yang-Energie; Element: Feuer/Holz; Bagua: Ruhm, Familie und Reichtum; Wirkkraft: verkörpert weibliche Kraft in der Gesamtheit von Körper, Seele und Geist
Japanische Prachtiris *Iris ensata (I. kaempferi)* 'Taiheiraku'	☼ sumpfige, humose, kalk- arme Böden	80 cm Stängel mit Seiten- zweig, lange, frischgrüne Blätter	Mai – Juni, lavendelblau, große, flache Blüten	Yang-Energie; Element: Holz; Bagua: Ruhm, Familie und Reichtum; Wirkkraft: verkörpert weibliche Energie in der Gesamtheit von Körper, Seele und Geist
Sumpf-Schwertlilie *Iris pseudacorus*	☼ ◐ ◑ sumpfig-wässri- ge Böden, Flachwasser	100 cm starke, schwertför- mige Blätter, wüch- sig, breitet sich aus	Mai – Juni, gelb, in der Mitte schwarz- braun gerandet	Yang-Energie; Element: Wasser, Holz, Feuer, Erde; Bagua: für alle Bereiche geeignet; Wirkkraft: verkörpert weibliche Energie in ihrer Gesamtheit, ihren Mut und ihre Weis- heit
Kleine Netzblatt-Iris *Iris reticulata* 'Harmony'	☼ durchlässige, sommertrocke- ne Böden	10–20 cm grasartiges Laub erscheint erst wäh- rend der Blüte, sehr ausdauernd	Febr. – März, himmelblau mit gelber Mitte, duftend	Yang-Energie; Element: Holz, Blüte Wasser; Bagua: Familie und Reichtum; Wirkkraft: verkörpert weibliche Energie in der Gesamt- heit von Körper, Seele und Geist
Sibirische Schwertlilie *Iris sibirica* in Sorten	☼ wechselfeuchte bis trockene, magere Böden	60–100 cm oft verzweigt, schmalblättrige, dunkelgrüne, schilfartige Horste	Mai – Juni, blau bis dunkel- blau, innen gelb, dunkel geädert	Yang-Energie; Element: Holz, Blüte Wasser; Bagua: Familie und Reichtum, fördert Ruhm; Wirkkraft: verkörpert weibliche Energie in der Gesamtheit von Körper, Seele und Geist
Feuer-Lilie *Lilium bulbiferum*	☼ ◐ trockene/frische Böden, an- spruchslos	80 cm straff aufrecht mit länglich-zugespitz- ten Blättern und aufrechten Blüten	Juni – Juli, orangerot mit schwarzen Fle- cken	Yang-Energie; Element: Feuer; Bagua: Ruhm, fördert Partnerschaft; Wirkkraft: ver- sinnbildlicht weibliche Fruchtbarkeit
Kleine Traubenhyazinthe *Muscari botryoides*	☼ ◐ ◑ humusreiche Böden	10–15 cm straff aufrechte Blätter, Ausbrei- tung durch Versa- mung	April – Mai, azurblaue, kugelige Blüten- trauben	Yin-Energie; Element: Holz, Blütenfarbe Wasser; Bagua: Familie und Reichtum; Wirkkraft: strahlt eine weiche und sichere Verbindung mit der Erde aus
Osterglocke, Narzisse *Narcissus pseudonarcissus* in Sorten	☼ ◐ ◑ sehr anspruchs- los	20–40 cm grundständiges, fleischiges, bläuli- ches, nach der Blü- te welkendes Laub	März – April, gelb, leicht hängend	Yin-Energie; Element: Wasser, Wuchs Holz; Bagua: Karriere, fördert Reichtum; Wirkkraft: thematisiert Eigenliebe und Selbstdarstellung als Impulsgeber für Neues

Gehölze

	Name	Standort	Höhe/Wuchs/Merkmale	Schmuckaspekte	Energetische Aspekte
	Fächer-Ahorn *Acer palmatum* (Abb.), *A. p.* 'Atropurpureum'	☼ ☼ ◗ auf feuchten, eher leichten Böden	5–8 m breit, meist mehrstämmig, malerisch	Blüte von Mai – Juni, purpurne Trauben, rote Herbstfärbung	Yang-Energie; Element: Feuer, ausgeprägt im Herbst, bei der rotlaubigen Form sind alle Aspekte intensiver; Wirkkraft: strömt Wachstum und Gelingen als geistige Kraft aus
	Kupfer-Felsenbirne *Amelanchier lamarckii*	☼ ☼ ◗ ● anspruchslos	7 m breit, locker aufrecht, meist mehrstämmig	Blüte im April, weiß, essbare schwarze Früchte, Herbstfärbung	Yin-Energie; Element: Erde, Blüte Metall; Bagua: Wissen; Wirkkraft: vermittelt geistige Harmonie und Schönheit
	Amerikanische Pfeifenwinde *Aristolochia macrophylla*	☼ ☼ ◗ ● feuchte Lagen, kalkverträglich	10 m an Kletterhilfen windend, starkwüchsig	Blüte von Juni – Juli, gelbgrün bis braun, pfeifenartig	Yang-Energie; Element: Holz; Bagua: Reichtum; Wirkkraft: vermittelt die Qualität von Schnelligkeit und Fülle
	Berberitze *Berberis* x *media* 'Red Jewel'	☼ ☼ ◗ ● anspruchslos	1,5 m kugelig, gedrungen, dicht verzweigt, dornig, halbimmergrün	Blüte von Mai – Juni, gelbe Blütenbüschel, schwarze Früchte	Yang-Energie; Element: Feuer, sendet ungeschnitten seine Energie in alle Richtungen; Himmelsrichtung: geeignet als Hecke im Süden; Wirkkraft: abwehrend und verteidigend
	Sommerflieder *Buddleja davidii* in Sorten	☼ trockene, nährstoffarme Böden	2–4 m trichterförmig aufrecht, Seitenzweige leicht gebogen	Blüte von Juli – Okt., von blau über rot bis weiß, große Rispen	Yang-Energie; Element: durch den Wuchs Holz, in der Blüte ist das Element abhängig von der Blütenfarbe (z. B. Weiß: Metall); Wirkkraft: vermittelt geistige, spirituelle Kraft
	Gewöhnlicher Buchsbaum *Buxus sempervirens*	☼ ☼ ◗ ● kalkverträglich	2–6 m breit aufrecht, kurzer, drehwüchsiger Stamm, immergrün	Blüte von März – April, unscheinbare gelbgrüne Blütenbüschel	Yin-Energie; Element: Metall, durch den Schnitt auch anderen Elementen zuzuordnen; Wirkkraft: Symbol für Ausdauer, Schutz, schwächt Intensität von Wasseradern, lässt als Hecke keinerlei Energie durch
	Einfassungs-Buchsbaum *Buxus sempervirens* 'Suffruticosa'	☼ ☼ ◗ ● kalkverträglich	bis 1 m straff aufrecht, langsam wachsend, immergrün	Blüte von März – April, unscheinbare gelbgrüne Blütenbüschel	Yin-Energie; Element: Metall, durch den Schnitt auch anderen Elementen zuzuordnen; Wirkkraft: Symbol für Ausdauer, Schutz, schwächt Intensität von Wasseradern, lässt als Hecke keinerlei Energie durch
	Kamelie *Camellia japonica* 'K. Sawada'	☼ geschützter Ort, Winterschutz, kalkempfindlich	2–3 m breit aufrecht, harte, lederartige Blätter, immergrün	Blüte von März – April, weiße, dekorative, große Blüten	Yin-Energie; Element: Metall; Bagua: Hilfreiche Freunde; Wirkkraft: Harmonie durch Einklang von Gefühl und Verstand, starke Ausstrahlung

☼ Sonne   ☼ Hell, nicht sonnig   ◗ Halbschatten   ● Schatten

Gehölze

Name	Standort	Höhe/Wuchs/Merkmale	Schmuckaspekte	Energetische Aspekte
Hainbuche *Carpinus betulus*	☼ ○ ◐ ● anspruchslos	bis 20 m Baum oder Heckenpflanze, Stamm oft drehwüchsig	Blüte von April – Mai, grüne Kätzchen, gelbe Herbstfärbung	Yang-Energie; Element: Holz; Bagua: Familie und Reichtum, fördert Ruhm; Wirkkraft: strahlt innere Lebendigkeit und geistige Frische aus, wirkt regenerativ und schützend
Japanische Zierquitte *Chaenomeles japonica*	☼ ○ ◐ anspruchslos	1–2 m dichter, sparriger Wuchs, dornige Triebe, ausläuferbildend	Blüte von April – Mai, ziegelrot, gelbe, essbare Früchte	Yang-Energie; Element: starkes Feuer, Früchte Erde; Bagua: Ruhm, als Heckenpflanze verwendbar; Wirkkraft: fördert Widerspenstigkeit und kämpferische Qualitäten
Zwerg-Muschelzypresse *Chamaecyparis obtusa* 'Nana Gracilis'	○ ◐ kalkverträglich	1,5–2,5 m langsam wachsend, dekorative, muschelförmig gedrehte Zweige	Blüte März – April, unscheinbar	Yin-Energie; Element: Metall; Bagua: Kinder und Hilfreiche Freunde; Wirkkraft: unterstützt Wandlungsprozesse und die Autorität des Alters
Berg-Waldrebe *Clematis montana* 'Rubens'	☼ ○ ◐ nährstoffreiche Böden, kalkverträglich	8 m starkwüchsige Kletterpflanze, benötigt Kletterhilfe	Blüte im Mai, rosa, außerordentlich reichblühend	Yang-Energie; Element: Holz; Bagua: Familie und Reichtum, fördert Ruhm; Wirkkraft: schafft eine Verbindung zwischen den Welten
Hartriegel *Cornus alba* 'Sibirica' (Abb.), *C. sanguinea*	☼ ○ ◐ anspruchslos, kalkverträglich	3–5 m breit aufrecht wachsend, im Alter überhängend	Blüte im Mai, gelb-weiß, leuchtend rote Rinde, Herbstfärbung	Yang-Energie; Element: Feuer mit Erd-Aspekten; Bagua: Ruhm, als frei wachsende Hecke; Wirkkraft: unterstützt Duldsamkeit und Anspruchslosigkeit
Kanadischer Hartriegel *Cornus canadensis*	◐ ● kalkempfindlich, frische, humose Böden	10–20 cm ausläufertreibender Bodendecker, immergrün	Blüte im Juni, weiße Hochblätter, korallenrote Früchte	Yang-Energie; Element: Metall, Erde; Bagua: Hilfreiche Freunde, unterstützt den Bereich Wissen; Wirkkraft: scheint genügsam, fordert Zuwendung für die Erkenntnis des Wesentlichen
Gewöhnliche Haselnuss *Corylus avellana*	☼ ○ ◐ nährstoffreiche, nicht zu nasse Böden	5–7 m breit aufrecht, mehrstämmig, weit ausladend	Kätzchenblüte von März – April, essbare Nüsse, Herbstfärbung	Yin-Energie; Element: Wasser, Frucht Erde; Bagua: Karriere, unterstützt Familie; Wirkkraft: fördert Fruchtbarkeit, Schutz, Weisheit, wächst auf Wasseradern
Weidenblättrige Felsenmispel *Cotoneaster salicifolius* var. *floccosus*	☼ ○ ◐ normale Gartenböden	3–4 m mehrstämmig, bogig überhängend und breit ausladend, immergrün	Blüte im Juni, weiß, hellrote kugelige Beeren bis zum Winter	Yang-Energie; Element: Feuer, verstärkt in der Fruchtzeit; Bagua: Ruhm, unterstützt Wissen; Wirkkraft: nährt Gefühle

Gehölze

Name	Standort	Höhe/Wuchs/Merkmale	Schmuck-aspekte	Energetische Aspekte
Eingriffliger Weißdorn *Crataegus monogyna*	☼ ◉ ◐ ● anspruchslos, kalkliebend	6–8 m aufrecht, strauch- oder baumartig, stark bedornt, rundkronig	Blüte von Mai – Juni, weiß, reich blühend, rote essbare Beeren	Yang-Energie; Element: Metall, Feuer; Bagua: Kinder und Hilfreiche Freunde, fördert Ruhm; Wirkkraft: unterstützt das Herz-Chi, traditionelle Schutzpflanze für die Grenze
Echte Quitte *Cydonia oblonga*	☼ nährstoffreiche, durchlässige Böden	6 m breit wachsender Strauch oder Klein-baum, malerisch	Blüte von Mai – Juni, rosa, gel-be, essbare, duf-tende Früchte	Yin-Energie; Element: Erde; Bagua: Partner-schaft, fördert Kinder; Wirkkraft: Symbol für Liebe und Fruchtbarkeit
Gewöhnliches Pfaffenhütchen *Euonymus europaeus*	☼ ◉ ◐ ● normale Böden, kalkliebend	2–6 m locker aufrecht wachsender Strauch, sparrig	Blüte von Mai – Juni, gelbgrün, Früchte giftig, orange und rosa	Yang-Energie; Element: Feuer; Bagua: Ruhm, fördert Wissen; Wirkkraft: unterstützt den Zugang zur Spiritualität
Buntlaubiger Spindelstrauch *Euonymus fortunei* 'Emerald Gaiety'	☼ ◉ ◐ ● leidet bei Trockenheit	25–30 cm bis 2 m kletternd oder kriechend, immergrüner Bodendecker	weißbunte Blät-ter, braunrote Herbstfärbung	Yin-Energie; Element: Metall; Bagua: Kinder und Hilfreiche Freunde, fördert Karriere; Wirkkraft: hilft, aus Verirrungen zurückzu-finden
Schirmbambus *Fargesia murielae* 'Bimbo'	☼ ◉ ◐ durchlässige, frische Böden	2 m dichtbuschig, auf-recht, überhän-gend, immergrün	stirbt nach der Blüte ab	Yang-Energie; Element: Holz; Bagua: Familie und Reichtum, fördert Ruhm; Wirkkraft: Glücksbringer, Symbol für den Weg der Erkenntnis
Blumen-Esche *Fraxinus ornus*	☼ ◉ kalkliebend, durchlässige Böden	10–15 m breit aufrechter, malerischer Baum	Blüte von Mai – Juni, creme-weiß, duftende Rispen	Yin- und Yang-Energie; Element: Feuer; Himmelsrichtung: geeignet als Baum für die Mitte; Wirkkraft: Weltenesche Irminsul, Weltenachse, Verbindung von Himmel und Erde
Gewöhnlicher Efeu *Hedera helix*	◐ ● frische, humose Böden	20–25 m kriechend, mit Haftwurzeln klet-ternd, immergrün	Blüte von Sept. – Okt., grün-gelb, schwarze Früchte	Yin-Energie; Element: Wasser, Metall, Erde; Himmelsrichtung: geeignet für den Norden; Wirkkraft: steht für Treue, Kraft, Tod und Unsterblichkeit, Strahlensucher
Kletterhortensie *Hydrangea anomala* ssp. *petiolaris*	☼ ◉ ◐ ● humose, kalk-freie Böden	bis 8 m mit Haft-wurzeln kletternd, frei stehend bis 2 m	Blüte von Juni – Juli, weiße, fla-che Blütendol-den, duftend	Jin-Energie; Element: Metall; Bagua: Kinder und Hilfreiche Freunde, unterstützt Karriere; Wirkkraft: fördert die Kommuni-kation

☼ Sonne   ◉ Hell, nicht sonnig   ◐ Halbschatten   ● Schatten

Gehölze

Name	Standort	Höhe/Wuchs/ Merkmale	Schmuck- aspekte	Energetische Aspekte
Hortensie *Hydrangea arborescens* 'Annabelle', *H. macrophylla* (Abb.)	☼ ◐ ● humose, kalk- freie Böden	1–3 m dichtbuschig, breit aufrecht mit vielen Grundtrieben	Blüte im Juni – Sept., creme- weiße, blaue oder rosa Blütenbälle	Yin-Energie; Element: Metall; Bagua: Kinder und Hilfreiche Freunde, fördert Karriere; Wirkkraft: unterstützt kreative Gestaltung
Gewöhnliche Stechpalme *Ilex aquifolium*	☼ ◐ ● mäßig trockene bis feuchte Böden	10–12 m spitz kegel- bis eiförmig, stacheli- ge, harte Blätter, immergrün	Blüte von Mai – Juni, kleine weiße Blüten, giftige rote Früchte	Yang-Energie; Element: Feuer; Bagua: Ruhm; Wirkkraft: hat hohe geistig-kosmi- sche Qualität, göttliche Liebe, Weisheit, ewige Wahrheit, Schutz
Chinesischer Wacholder *Juniperus chinensis* 'Hetzii'	☼ ☼ ☼ kalkliebend, trockene Böden	2–4 m blaugrün, schnell- wüchsig, trichter- förmig, immergrün		Yang-Energie; Element: Wasser; Bagua: Karriere; Wirkkraft: fördert das Leben in seiner physischen Stärke, stärkt das Solar- plexuschakra
Wacholder *Juniperus x pfitzeriana* 'Compacta'	☼ ☼ ◐ trockene Böden, anspruchslos	80 cm graugrün, gedrun- gen, horizontal ausgebreitet, immergrün		Yang-Energie; Element: Feuer; Bagua: Ruhm; Wirkkraft: zentriert und richtet aus, stärkt das Solarplexuschakra
Liguster *Ligustrum vulgare*, *L. v.* 'Atrovirens' (Abb.)	☼ ☼ ◐ ● anspruchslos	2–5 m locker aufrecht wachsend, ausläu- ferbildend, winter- grün	Blüte von Juni – Juli, weiß, duf- tend, schwarze, giftige Beeren	Yin-Energie; Element: Metall; Bagua: Hilf- reiche Freunde und Kinder, geeignet als Grenzbepflanzung; Wirkkraft: Schutz- pflanze
Echtes Geißblatt *Lonicera caprifolium*	☼ ◐ kalkliebend, fri- sche bis feuchte Böden	3–5 m windend, braucht Kletterhilfe	Blüte von Mai – Juni, rötlich bis gelbweiß, duf- tend, rote Früchte	Yang-Energie; Element: Holz; Bagua: Familie und Reichtum; Wirkkraft: verbindet mit dem Fluss des Lebens
Gewöhnliche Mahonie *Mahonia aquifolium*	☼ ☼ ◐ ● anspruchslos	1 m breitbuschig, weni- ge Ausläufer, glän- zendes Laub, immergrün	Blüte von April – Mai, gelb, essbare Beeren, rote Herbst- färbung	Yin-Energie; Element: Erde; Bagua: Wissen; Wirkkraft: Verbreitung der Erdkraft
Scheinbuche *Nothofagus antarctica*	☼ ☼ ☼ frische Böden, anpassungs- fähig	6–8 m bizarrer Wuchs, oft mehrstämmig, ge- bogene Hauptäste	Blüte im Mai, unscheinbar grün-gelb, gold- gelbe Herbst- färbung	Yin-Energie; Element: Erde; Bagua: Wissen; Wirkkraft: stärkt Einfühlungsvermögen und Toleranz

Gehölze

	Name	Standort	Höhe/Wuchs/Merkmale	Schmuckaspekte	Energetische Aspekte
	Wilder Wein *Parthenocissus quinquefolia*	☀ ◌ ◑ ● anspruchslos	10–15 m selbstklimmender Kletterer mit Haftscheiben, raschwüchsig	Blüte von Juli – Aug., weiß, schwarze Früchte, rote Herbstfärbung	Yin-Energie; Element: Holz, Feuer; Bagua: Familie, Reichtum, Ruhm; Wirkkraft: stärkt Durchsetzungsfähigkeit und natürliche Autorität
	Falscher Jasmin, **Gewöhnlicher Pfeifenstrauch** *Philadelphus coronarius*	☀ ◌ ◑ humose, auch trockene Böden	3 m straff aufrecht, Zweige leicht überhängend, mehrtriebig	Blüte von Mai – Juni, ungefüllte weiße Blüten, stark duftend	Yin-Energie; Element: Metall; Bagua: Hilfreiche Freunde und Kinder; Wirkkraft: reinigt und ordnet das Energiesystem
	Rohrbambus *Phyllostachys aurea* (Abb.), *P. nigra*	☀ ◌ ◑ feuchte, nährstoffreiche Böden	3–5 m trichterförmig aufrecht, bildet kurze Ausläufer, immergrün	stirbt nach der Blüte meist ab	Yang-Energie; Element: Holz; Bagua: Familie und Reichtum, fördert Ruhm; Wirkkraft: bei den Chinesen Glücksbringer
	Kiefer *Pinus nigra* ssp. *nigra* (Abb.), *P. sylvestris*	☀ durchlässige, auch nährstoffarme Böden	20–30 m hoher, ausladender Baum mit schirmförmiger Krone, immergrün	unscheinbare Blüten, braune Zapfen	Yang-Energie; Element: Feuer; Bagua: Ruhm; Wirkkraft: unterstützt Anpassungsfähigkeit und Ausdauer
	Zwerg-Bambus *Pleioblastus pumilus* (*Sasa pumilus*)	◌ ◑ ● mäßig trockene bis feuchte Böden	50–80 cm dichter, bodenbedeckender Zwergstrauch mit starker Ausläuferbildung		Yang-Energie; Element: Holz; Bagua: Familie und Reichtum, fördert Ruhm; Wirkkraft: Glücksbringer bei den Chinesen
	Fünffingerstrauch *Potentilla fruticosa* 'Abbotswood'	☀ ◌ anspruchslos	bis 1 m aufrecht, breitbuschig, langsam wachsender Kleinstrauch	Blüte von Juni – Okt., leuchtend reinweiß, reich blühend	Yin-Energie; Element: Erde, Metall; Bagua: Hilfreiche Freunde und Kinder; Wirkkraft: fördert die Einfachheit und das Loslassen von Ansprüchen
	Kirschlorbeer *Prunus laurocerasus* in Sorten	☀ ◌ ◑ ● anpassungsfähig	1,5 m dicht belaubt, gedrungen, breitbuschig, ledrige Blätter, immergrün	Blüte im Mai, weiße Trauben, schwarze giftige Früchte	Yang-Energie; Element: Metall; Bagua: Hilfreiche Freunde und Kinder, fördert Karriere; Wirkkraft: unterstützt die Duldsamkeit
	Berg-Kirsche *Prunus sargentii*	☀ frische, nährstoffreiche Böden mit Kalkanteil	7–12 m trichterförmig, aufrecht, breit ausladend, malerisch	Blüte im April, rosa, rote Herbstfärbung, glänzende Borke	Yang-Energie; Element: Holz, im Herbst Feuer; Bagua: Familie und Reichtum, fördert Ruhm; Wirkkraft: Symbol für Jugend, Unberührbarkeit und Schönheit

☀ Sonne   ◌ Hell, nicht sonnig   ◑ Halbschatten   ● Schatten

Gehölze

	Name	Standort	Höhe/Wuchs/ Merkmale	Schmuck- aspekte	Energetische Aspekte
	Säulenkirsche *Prunus serrulata* 'Amanogawa'	☼ anspruchslos, kultivierte Gartenböden	4–7 m säulenförmig, oft mehrtriebig	Blüte im Mai, hellrosa, leicht gefüllt, zahlreich, leicht duftend	Yang-Energie; Element: Holz; Bagua: Familie und Reichtum, fördert Ruhm; Wirkkraft: Symbol für Jugend, Unberührbarkeit, Schönheit
	Mandelbäumchen *Prunus triloba*	☼ warme Böden, kalkverträglich	2–2,5 m breit aufrechter, dicht verzweigter Busch oder Hochstamm, vieltriebig	Blüte im April, rosarote, gefüllte Blüten, sehr reich blühend	Yang-Energie; Element: Holz; Bagua: Familie und Reichtum, fördert Ruhm; Wirkkraft: unterstützt das Wesentliche und die Wachsamkeit
	Feuerdorn *Pyracantha* 'Orange Glow'	☼ ◐ ◑ ● durchlässige Böden	2,5–3,5 m aufrecht, dichtbuschig, dornig, immergrün	Blüte von Mai – Juni, weiß, orange Früchte bis in den Winter	Yang-Energie; Element: Feuer; Bagua: Ruhm, fördert Partnerschaft und Wissen; Wirkkraft: stärkt den Schaffensdrang
	Rhododendron *Rhododendron calophytum* (Abb.), *R. catawbiense* 'Album'	◑ ● humoser, saurer Boden, kalkmeidend	2–4 m breit gedrungen, langsam wachsend, immergrün	Blüte von März – April bzw. Mai – Juni, weiß-hellrosa	Yin-Energie; Element: Metall; Bagua: Hilfreiche Freunde, fördert Karriere; Wirkkraft: versteht die Schattenseiten des Lebens
	Rhododendron *Rhododendron camtschaticum* (Abb.), *R.-forrestii-Repens-*Hybriden	◑ ● humoser, saurer Boden, kalkmeidend	20–60 cm kleinwüchsig, kompakt, immergrün	Blüte im Mai, purpur-violett, rot	Yin-Energie; Element: Metall, Erde; Bagua: Hilfreiche Freunde, fördert Karriere; Wirkkraft: versteht die Schattenseiten des Lebens
	Yakushimanum-Rhododendron *Rhododendron yakushimanum*	☼ ◑ humoser, saurer Boden, kalkmeidend	60–100 cm kompakt, dichttriebig, weißfilzige Blätter, immergrün	Blüte von Mai – Juni, zartrosa bis weiß, rosa Knospen	Yin-Energie; Element: Metall; Bagua: Hilfreiche Freunde, fördert Karriere; Wirkkraft: versteht die Schattenseiten des Lebens
	Essigbaum *Rhus typhina*	☼ ◑ ◐ durchlässige Böden	4–6 m oft mehrstämmig, aufrecht, dicke Zweige, stark ausläufertreibend	Blüte von Juni – Juli, grünlich, rote Früchte, leuchtend rote Herbstfärbung	Yang-Energie; Element: Erde, mit Holz-Aspekten; Bagua: Partnerschaft und Wissen, fördert Kinder; Wirkkraft: fördert Aktivität und schützt vor Vereinsamung
	Johannisbeere *Ribes nigrum* (Abb.), *R. rubrum* in Sorten	☼ ◑ ◐ kultivierte Gartenböden	1,5 m locker aufrecht, mehrtriebig, Busch oder Hochstämmchen	Blüte von April – Mai, grün, essbare schwarze oder rote Früchte	Yin-Energie; Element: Erde; Bagua: Partnerschaft und Wissen, fördert Kinder; Wirkkraft: verbessert die Kommunikation miteinander

Gehölze

	Name	Standort	Höhe/Wuchs/Merkmale	Schmuck-aspekte	Energetische Aspekte
	Stachelbeere *Ribes uva-crispa* in Sorten	☼ ● normale Gartenböden mit genug Feuchtigkeit	1,5 m locker aufrecht, mehrtriebig, Busch oder Hochstämmchen	Blüte von April – Mai, grünlich, essbare Früchte	Yin-Energie; Element: Erde; Bagua: Partnerschaft und Wissen, fördert Kinder; Wirkkraft: verbessert die Kommunikation miteinander
	Beet-, Edelrosen *Rosa* in Sorten	☼ humusreiche, durchlässige, lehmige Böden	40–200 cm mehrtriebig, stachelig, Busch oder Hochstämmchen	Blüte von Juni – Okt., von weiß über gelb und rosa bis rot	Yin- und Yang-Energie; Element: Feuer; Bagua: Ruhm, fördert Partnerschaft; Wirkkraft: verkörpert Vollkommenheit, Schönheit und Liebe, stärkt das Herzchakra
	Kletterrose *Rosa* in Sorten	☼ lehmige, humusreiche, durchlässige Böden	2–9 m mit Kletterhilfe kletternd	Blüte von Juni – Okt., von weiß über gelb, rosa bis rot	Yin- und Yang-Energie; Element: Feuer, Holz; Bagua: Ruhm, fördert Partnerschaft und Wissen; Wirkkraft: verkörpert Vollkommenheit, Schönheit und Liebe, stärkt das Herzchakra
	Eschen-Rose, Labrador-Rose *Rosa blanda*	☼ anspruchslos	2–3 m bogig überhängend, dicht verzweigt, fast stachellos	Blüte von Juni – Juli, rosa, rote, kugelige Hagebutten, Herbstfärbung	Yin- und Yang-Energie; Element: Feuer; Bagua: Ruhm, fördert Partnerschaft; Wirkkraft: verkörpert natürliche Schönheit und Liebe, stärkt das Herzchakra
	Hunds-Rose *Rosa canina*	☼ ◐ ◗ mäßig trockene bis frische Böden	3 m locker aufrecht, bogig überhängend, stark ausläuferbildend	Blüte im Juni, zartrosa, duftend, ovale rote Hagebutten	Yin- und Yang-Energie; Element: Holz, Feuer; Bagua: Familie und Reichtum, fördert Ruhm; Wirkkraft: es entsteht Hingabe und innere Motivation, stärkt das Herzchakra
	Weiße Apfel-Rose, Kartoffel-Rose *Rosa rugosa* 'Alba'	☼ kalkempfindlich, anspruchslos	1,5 m straff aufrecht, dicke, stark stachelige Zweige, dicht, ausläuferbildend	Blüte von Juni – Aug, weiß, angenehm duftend, große Hagebutten	Yin- und Yang-Energie; Element: Feuer, Metall; Himmelsrichtung: für den Westen als Hecke geeignet; Wirkkraft: stärkt die Demut, unterstützt das Herzchakra
	Arktische Himbeere, Brombeere *Rubus arcticus,* *R. sect. Rubus* (Abb.)	☼ ◐ ◗ ● anspruchslos	2–3 m kletternd oder kriechend, stachelig, ausläuferbildend, teils immergrün	Blüte von Juni – Juli, weiß oder rosa, essbare Beeren	Yang-Energie; Element: Feuer, Erde; Bagua: Ruhm, fördert Wissen; Wirkkraft: steht für Neid, Schmerz, Demut, Reue
	Schwarzer Holunder *Sambucus nigra*	☼ ◐ ◗ kalkliebend, humose Böden, anspruchslos	5–7 m aufrecht, früher Laubaustrieb, sehr regenerationsfähig	Blüte von Juni – Juli, weiß, schwarze, essbare Beeren	Yin-Energie; Element: Wasser, Holz; Bagua: Karriere und Familie; Wirkkraft: Kultpflanze der Erdmutter-Gottheit, steht für Tod und Wiedergeburt, stärkt das Wurzelchakra

☼ Sonne   ◐ Hell, nicht sonnig   ◗ Halbschatten   ● Schatten

Gehölze

Name	Standort	Höhe/Wuchs/Merkmale	Schmuckaspekte	Energetische Aspekte
Spalthortensie *Schizophragma hydrangeoides*	◐ ◑ ● frische, humose, kalkfreie Böden	bis 8 m liegend oder mittels Haftwurzeln kletternd	Blüte von Juni – Juli, weiße, flache Rispen mit großen Randblüten	Yang-Energie; Element: Erde; Bagua: Wissen; Wirkkraft: Sinnbild dafür, dass es immer zwei Möglichkeiten gibt
Gewöhnliche Vogelbeere *Sorbus aucuparia*	☼ ○ ◐ kalkverträglich, sehr anspruchslos	6–12 m oft mehrstämmiger Baum mit ovaler Krone	Blüte von Mai – Juni, weiße, flache Rispen, rote Früchte, Herbstfärbung	Yang-Energie; Element: Holz; Bagua: Familie und Reichtum, fördert Ruhm; Wirkkraft: stärkt die Gesundheit und die Freude, fördert Fruchtbarkeit, Zähigkeit, Kindersegen, stärkt das Sakralchakra
Speierling *Sorbus domestica*	☼ ○ ◐ nährstoffreiche Böden	15 m kurzstämmig mit breit ausladender Krone, langsamwüchsig	Blüte von Mai – Juni, weiß, essbare grünrote Früchte	Yin-Energie; Element: Metall; Bagua: Hilfreiche Freunde und Kinder; Wirkkraft: verströmt Wohlwollen und Gelassenheit
Zwergspiere *Spiraea japonica* 'Anthony Waterer'	☼ ○ kultivierte Böden, trockenheitsempfindlich	60–80 cm halbkugelig, dicht verzweigter, vieltriebiger Kleinstrauch	Blüte von Juli – Sept., rosa bis rubinrote flache Rispen	Yin-Energie; Element: Erde; Bagua: Wissen und Partnerschaft; Wirkkraft: strahlt die Kraft des Kleinen aus
Gewöhnliche Pimpernuss *Staphylea pinnata*	☼ ○ ◐ humose Böden, kalkliebend	4 m straff aufrechte Grundtriebe, langsamwachsend	Blüte im Mai, weiß, duftende, hängende Rispen, gelbe Fruchtkapseln	Yang-Energie; Element: Metall; Bagua: Hilfreiche Freunde und Kinder, fördert Karriere; Wirkkraft: Symbol für Fruchtbarkeit
Flieder *Syringa vulgaris* in Sorten	☼ ○ anspruchslos, kalkliebend	3–7 m aufrechter, etwas steiftriebiger Großstrauch, ausläuferbildend	Blüte von Mai – Juni, weiß oder gelb bis purpurrot, violett	Yin-Energie; Element: Holz mit Metall-Aspekten; Bagua: Familie und Reichtum; Wirkkraft: erreicht tiefer liegende Seelenbereiche und fördert die Weisheit, stärkt das Stirnchakra
Eibe *Taxus* x *media* 'Hicksii'	☼ ○ ◐ humose, nicht zu trockene Böden	3–5 m breit aufrechte Säulenform, dicht verzweigt, immergrün	unscheinbare Blüte, zahlreiche rote Früchte mit giftigem Kern	Yin-Energie; Element: Erde; Bagua: Wissen; Wirkkraft: verkörpert die geistige Erdkraft der Gaia
Weigelie, Glockenstrauch *Weigela florida* 'Eva Rathke'	☼ ○ ◐ feuchte, humose Böden	2 m buschig aufrecht, stark überhängend, langsamwachsend	Blüte von Juni – Juli, leuchtend karminrot, röhrenförmig	Yang-Energie; Element: Holz, Blüte Feuer; Bagua: Familie und Reichtum, fördert Ruhm; Wirkkraft: stärkt Menschen, die für sich sorgen wollen

Gemüse und Kräuter

Name	Standort	Boden	Höhe/Wuchs/Merkmale	Blüte	Energetische Aspekte
Winter-Zwiebel *Allium fistulosum/* **Schnitt-Lauch** *Allium schoenoprasum*	☼	nährstoffreich, durchlässig	30–50 cm/ 15–40 cm	Juli – Aug., weiß/ Juni – Aug., blauviolett; große Blütenkugeln	Yang-Energie; Element: Wuchs Holz, Blüte Metall; Wirkkraft: stärkt Sakralchakra
Bleich-Sellerie *Apium graveolens* var. *dulce*	☼	feucht, nähr-stoffreich	50–100 cm Stiele dickfleischig		Yin-Energie; Element: Holz; Wirkkraft: stärkt das Sakralchakra
Meerrettich *Armoracia rusticana*	☼	kultivierte Gartenböden	60–120 cm lange Grundblätter	Mai – Juli, weiße Blütentrauben	Yang-Energie; Element: Metall; Wirkkraft: Schnelligkeit und Wachstum
Echter Wermut *Artemisia absinthium*	☼	nährstoffreich, trocken	60–80 cm silbergrau, mit duf-tenden Blättern	Juli – Sept., gelb, unscheinbar	Yang-Energie; Element: Feuer; Wirkkraft: Pflanze der Jagdgöttin Artemis, Hüterin der Frauen und Kinder
Estragon *Artemisia dracunculus*	☼	nährstoffreich, frisch	60–150 cm stark verzweigt, bildet Ausläufer	Aug. – Okt, weißlich-gelb, duftend	Yang-Energie; Element: Feuer; Wirkkraft: Pflanze der Jagdgöttin Artemis, Hüterin der Frauen und Kinder
Edelraute *Artemisia schmidtiana* 'Nana'	☼	nährstoffreich, frisch	25 cm silbrigweiße Polster	Juli – Aug., unscheinbar, weiß	Yang-Energie; Element: Feuer; Wirkkraft: Pflanze der Jagdgöttin Artemis, Hüterin der Frauen und Kinder
Gewöhnlicher Beifuß *Artemisia vulgaris*	☼	nährstoffreich, frisch	150 cm reich verzweigt	Aug. – Sept., grünlich	Yang-Energie; Element: Feuer; Wirkkraft: Pflanze der Jagdgöttin Artemis, Hüterin der Frauen und Kinder
Gewöhnliche Wegwarte *Cichorium intybus*	☼	anpassungs-fähig	60–100 cm steif, sparrig, behaarte Blätter	Juli – Okt., große, hellblaue, sitzende Blütenköpfe	Yang-Energie; Element: Holz; Wirkkraft: stärkt das Halschakra
Gurke *Cucumis sativus*	☼	warm, frisch, humos, locker	2–3 m, liegend oder kletternd	Juni – Sept., gelb	Yin-Energie; Element: Wasser; Wirkkraft: ist dem Mond zugeordnet
Zucchini *Cucurbita pepo* ssp. *pepo*	☼	locker, frisch, humos	3–5 m, liegend oder kletternd	Juni – Aug., goldgelb	Yin-Energie; Element: Wasser, Erde; Wirk-kraft: ist dem Mond zugeordnet
Karotte *Daucus carota* ssp. *sativus*	☼	kalk- und kali-haltig	20–80 cm, haarige, gefiederte Blätter	im 2. Jahr von Juni – Sept., weiße Blütendolden	Yin-Energie; Element: Erde; Wirkkraft: ver-teilt Energie, wirkt entspannend
Tüpfel-Johanniskraut *Hypericum perforatum*	☼ ◻	anpassungs-fähig	40–70 cm punktierte Blätter	Juli – Aug., groß, goldgelb, reichblütig	Yang-Energie; Element: Holz, Feuer; Wirk-kraft: stärkt das Stirnchakra
Ysop *Hyssopus officinalis*	☼	kalkhaltig	30–60 cm schmale Blätter	Juni – Aug., dunkelblau, aromatisch duftend	Yang-Energie; Element: Feuer; Wirkkraft: stärkt das Wurzelchakra, reinigt
Echter Lavendel *Lavandula angustifolia* ssp. *angustifolia*	☼	warm, steinig, kalkhaltig, trocken	40 cm, sehr wüch-sig, graue, winter-grüne Blätter	Juli – Aug., violettblaue Ähren, stark duftend	Yang-Energie; Element: Wasser; Wirkkraft: stärkt das Solarplexuschakra, reinigt Atmo-sphäre, Geist und Seele
Zitronen-Melisse *Melissa officinalis*	☼ ◻	sandig, hu-mos, lehmig	80–100 cm wüchsig	Juni – Aug., weiß, unscheinbar, zitronig duftende Blätter	Yin-Energie; Element: Holz; Wirkkraft: stärkt das Herzchakra
Pfeffer-Minze *Mentha x piperita*	☼ ◻	nährstoffreich, frisch-feucht	60 cm, aufrecht, Wurzelausläufer	Juni – Sept., rosa Blüten-stände, duftend	Yin-Energie; Element: Feuer; Wirkkraft: stärkt das Halschakra

☼ Sonne   ◻ Hell, nicht sonnig   ◖ Halbschatten   ● Schatten

Gemüse und Kräuter

Name	Standort	Boden	Höhe/Wuchs/ Merkmale	Blüte	Energetische Aspekte
Apfel-Minze *Mentha* x *rotundifolia*	☀ ◐	nährstoffreich, frisch-feucht	60 cm, aufrecht, graufilzig, wuchert	Juni – Sept., hellblaue Blütenstände, duftend	Yin-Energie; Element: Feuer; Wirkkraft: stärkt das Halschakra
Oregano *Origanum vulgare*	☀ ◐	mäßig trocken	30–80 cm, aromatisch duftend	Juli – Sept., helllila, vielblütig, duftend	Yang-Energie; Element: Holz, Feuer; Wirkkraft: stärkt die innere Lebenskraft
Petersilie *Petroselinum crispum*	◐ ◐	humos, nährstoffreich, durchlässig	10–15 cm kurzlebig, krause oder glatte Blätter		Yang-Energie; Element: Holz, Erde; Wirkkraft: stärkt das Sakralchakra, Aphrodisiakum
Pimpinelle, Kleine Bibernelle *Pimpinella saxifraga*	☀ ◐	trocken, mager, kalkhaltig	50 cm, zierlich, gefiederte Blätter	Juni – Sept., weiße Dolden	Yang-Energie; Element: Metall; Wirkkraft: steht für schnelle Regeneration
Erbse *Pisum sativum*	☀	tiefgründig, humos, kalkhaltig	50–200 cm, liegend oder kletternd	Mai – Juli, weiße, duftende Röhrenblüten	Yang-Energie; Element: Holz; Wirkkraft: spricht die Feinfühligkeit an
Rhabarber *Rheum rhabarbarum*	◐ ●	tiefgründig, humos, nährstoffreich	60–120 cm mächtig, riesige Blätter	Mai – Juni, weiß, Blütenstängel werden nach und nach entfernt	Yin-Energie; Element: Holz; Wirkkraft: steht für die Qualität des richtigen Zeitpunktes
Rosmarin *Rosmarinus officinalis*	☀	warm, mager, humos	50–100 cm immergrün	Mai – Juni, hellblaue, kurze Trauben	Yang-Energie; Element: Feuer; Wirkkraft: stärkt das Herzchakra
Großer Sauerampfer *Rumex acetosa*	◐ ●	nährstoffreich, frisch-feucht	30–100 cm, lang gestielte Blätter	Mai – Juli, rosa, locker verzweigter Blütenstand	Yang-Energie; Element: Holz; Wirkkraft: steht für den Ausgleich
Wein-Raute *Ruta graveolens*	☀	mäßig trocken bis frisch	60–100 cm verholzend	Juni – Aug., blassgelb, reichblütig	Yin-Energie; Element: Feuer; Wirkkraft: regt die Wahrnehmung an
Echter Salbei *Salvia officinalis*	☀	warm, trocken	50 cm, immergrün, stark duftend	Mai – Juli, violette, duftende Scheinquirle	Yin-Energie; Element: Metall; Wirkkraft: stärkt das Halschakra, Räucherkraut zur Reinigung
Salbei *Salvia officinalis* 'Creme de la Creme', *Salvia officinalis* 'Purpurascens'	☀	warm, durchlässig, mäßig trocken	40–60 cm weißbunte bzw. rötliche Blätter	Juni – Aug., violett, Blattschmuck	Yin-Energie; Element: Metall; Wirkkraft: stärkt das Halschakra, Räucherkraut zur Reinigung
Ananas-Salbei *Salvia rutilans*	◐ ◐	warm, feucht, humos, nährstoffreich	100–120 cm schnell wachsend, nicht winterhart	Okt. – Nov., rot, Blätter duften stark nach Ananas	Yin-Energie; Element: Metall; Wirkkraft: stärkt das Halschakra, Räucherkraut zur Reinigung
Gewöhnliche Goldrute *Solidago virgaurea*	☀ ◐	mager, kalkhaltig	60–100 cm kaum verzweigt	Juli – Sept., gelb, lockere Blütenstände am Stielende	Yang-Energie; Element: Erde; Wirkkraft: steht für das Loslassen von unguten Gefühlen
Arznei-Beinwell *Symphytum officinale*	☀ ◐	feucht-nass, nährstoffreich	50–100 cm rau behaart, geflügelt	Mai – Juli, violett-purpurn oder gelb-weiß, glockig hängend	Yin-Energie; Element: Erde; Wirkkraft: stärkt das Wurzelchakra
Sand-Thymian *Thymus serpyllum*	☀	warm, mager, trocken	5 cm kriechend, bildet Teppiche	Juli – Aug., rosa bis purpurn, aromatisch riechend	Yang-Energie; Element: Feuer; Wirkkraft: stärkt das Herzchakra und den Mut
Echter Thymian *Thymus vulgaris*/ **Weißbunter Thymian** *Thymus vulgaris* 'Variegata'	☀	warm, mager, trocken	30 cm kleine, verholzende Büsche	Juni – Sept., rosarote Blütenquirle, würzig duftend	Yang-Energie; Element: Feuer; Wirkkraft: stärkt das Herzchakra und den Mut

Checkliste:
Garten und Umgebung

	Ja	Nein
DAS UMFELD IHRES GARTENS		
Fehlen große Bäume im Umfeld Ihres Gartens, von deren Chi Sie profitieren könnten?	●	●
Fehlt ein mäandrierender Bach in Sichtweite Ihres Gartens, der Sie mit Chi speisen könnte?	●	●
Weisen Gebäude mit scharfen Mauer- oder Dachkanten auf Ihr Grundstück?	●	●
Führt eine Straße geradewegs auf Ihren Garten zu und bringt Sha-Energie mit sich?	●	●
Führt eine stark befahrene Straße am Grundstück vorbei und reißt das Chi mit?	●	●
Fehlt auf Ihrem Grundstück Sonne, sodass der Garten nicht mit Energie versorgt wird?	●	●
Bedrängen große Gebäude oder Bäume auf dem Nachbargrundstück Ihren Garten?	●	●
DAS GRUNDSTÜCK		
Führt ein gerader Weg direkt von Ihrem Gartentor auf die Haustür zu?	●	●
Fehlt auf der Grundstücksrückseite eine schützende Bepflanzung?	●	●
Ist Ihr Grundstück abschüssig, sodass das Chi den Hang hinunterfließt?	●	●
Liegt Ihr Gartentor versteckt und ist schlecht als Eingang zu erkennen?	●	●
Ist der Weg vom Gartentor zum Haus unklar, wenig einladend und nicht gut begehbar?	●	●
Ist vom Gartentor aus die Haustüre nicht gut zu sehen?	●	●
Wirkt der Vorgarten wenig freundlich, sodass das Chi nicht angelockt wird?	●	●
Ziehen Auto, Carport oder Garage mehr Blicke auf sich als Ihr Haus?	●	●

	Ja	Nein
Sind Briefkasten und Namensschild am Eingang vielleicht nicht gut zu erkennen?	●	●
Ist der Eingang nachts nicht beleuchtet, sodass man ihn kaum findet?	●	●
Fehlt Ihrem Garten eine Mischung aus offenen und geschützten Bereichen?	●	●
Fehlt Ihrem Garten ein Mittelpunkt, an dem Sie sich zentriert fühlen?	●	●
Haben Sie das Gefühl, Ihr Garten ist nach außen offen und hat keine richtige Grenze?	●	●
Fehlt im Garten ein Platz zum Spielen, damit Kinder sich vergnügen und bewegen können?	●	●
Wirkt Ihr Garten wenig einladend für Besucher und mangelt es an Sitzplätzen?	●	●
Fehlt in Ihrem Garten Wasser, zum Beispiel in Form eines Quellsteins oder eines Teichs?	●	●
Haben Sie noch keinen persönlichen Kraftplatz im Garten?	●	●
Finden Tiere und Naturwesen keine Möglichkeiten im Garten, sich zurückzuziehen?	●	●
Fehlen in Ihrem Garten Accessoires, die das Chi fangen und den Blick lenken?	●	●
Sind Accessoires vorhanden, aber nicht an den laut Bagua richtigen Stellen angebracht?	●	●
Sind im Garten Ecken mit Gerümpel oder Baumstümpfe, die die Blicke anziehen?	●	●
Verwenden Sie zur Garten- und Pflanzenpflege anorganische Dünger und Pestizide?	●	●
Spricht Ihr Garten nicht alle Ihre Sinne an, z. B. den Geruchssinn oder den Tastsinn?	●	●
Ist Ihr Garten nach außen nicht gut geschützt, oder sind die Gartengrenzen nicht ansprechend gestaltet?	●	●

Wenn Sie eine Frage mit »Ja« beantworten, sollten Sie in dem entsprechenden Bereich Ihres Gartens etwas verändern.

Checkliste:
Bagua und Lebensthemen

	Ja	Nein		Ja	Nein
Möchten Sie Ihre persönlichen Lebensthemen durch die Gestaltung Ihres Gartens fördern?	●	●	Leiden Sie unter finanziellen Engpässen, und sind Sie mit Ihrem Einkommen unzufrieden?	●	●
Möchten Sie durch einen Kraftplatz im Garten mehr Energie bekommen?	●	●	**Bagua-Zone Mitte/Tai Chi:**		
Möchten Sie eine intensivere Beziehung zur Natur und den Pflanzen in Ihrem Garten?	●	●	Fühlen Sie sich unruhig und unausgeglichen? Fehlt Ihnen Ihre persönliche Mitte?	●	●
FRAGEN ZU DEN BAGUA-ZONEN:			Fühlen Sie sich innerlich schwach, und sind Sie öfter krank?	●	●
Bagua-Zone Karriere:			**Bagua-Zone Hilfreiche Freunde:**		
Haben Sie manchmal das Gefühl, mit Ihrem Leben nicht im Fluss zu sein?	●	●	Fehlt Ihnen das Vertrauen, dass zum passenden Zeitpunkt das Richtige geschieht?	●	●
Fällt es Ihnen manchmal schwer, einen Anfang zu finden, wenn Sie etwas beginnen wollen?	●	●	Wünschen Sie sich einen Mäzen zur Verwirklichung Ihrer Ideen?	●	●
Sind Sie unzufrieden mit Ihrem beruflichen Werdegang und möchten etwas verbessern?	●	●	Möchten Sie sich für andere Menschen engagieren oder sich für eine Sache einsetzen?	●	●
Bagua-Zone Partnerschaft:			**Bagua-Zone Kinder/Kreativität:**		
Möchten Sie Ihre Partnerschaft harmonischer und anregender gestalten?	●	●	Wünschen Sie sich Kinder oder Enkel, und möchten Sie mehr mit Kindern zu tun haben?	●	●
Wünschen Sie sich einen Lebenspartner und wollen sich neu verlieben?	●	●	Wollen Sie Ihrer Kreativität in etwas ganz Neuem einen Ausdruck geben?	●	●
Möchten Sie das Verhältnis zu Ihrem Chef oder Ihren Arbeitskollegen verbessern?	●	●	Fühlen Sie sich manchmal fantasielos und eingefahren?	●	●
Bagua-Zone Familie/Gesellschaft:			**Bagua-Zone Wissen:**		
Gibt es Unstimmigkeiten in Ihrer Familie, und fühlen Sie sich manchmal nicht geborgen?	●	●	Wollen Sie den Zugang zu Ihrer Intuition und Ihrem inneren Wissen verbessern?	●	●
Fühlen Sie sich Ihrer Familie und Ihren Vorfahren wenig zugehörig?	●	●	Fällt es Ihnen schwer, zu lernen und sich in neue Gebiete einzuarbeiten?	●	●
Fühlen Sie sich als Mitglied einer Gruppe, z. B. eines Vereins eher unwohl?	●	●	**Bagua-Zone Ruhm/Anerkennung:**		
Bagua-Zone Reichtum/Wohlstand:			Möchten Sie von anderen Menschen mehr wahrgenommen und geachtet werden?	●	●
Haben Dinge, die Sie bereichern und beglücken, nicht genug Raum in Ihrem Leben?	●	●	Wünschen Sie sich, durch Ihre Präsenz andere mitreißen und begeistern zu können?	●	●

Wenn Sie eine Frage mit »Ja« beantworten, sollten Sie in dem entsprechenden Bereich Ihres Gartens etwas verändern.

Welchem Element
entsprechen Sie?

Geburts-jahr	Beginn	Element	Geburts-jahr	Beginn	Element	Geburts-jahr	Beginn	Element	Geburts-jahr	Beginn	Element
1900	30. Januar	Metall	1933	26. Januar	Wasser	1966	21. Januar	Feuer	1999	16. Februar	Erde
1901	19. Februar	Metall	1934	14. Februar	Holz	1967	09. Februar	Feuer	2000	05. Februar	Metall
1902	08. Februar	Wasser	1935	04. Februar	Holz	1968	30. Januar	Erde	2001	24. Januar	Metall
1903	29. Januar	Wasser	1936	24. Januar	Feuer	1969	17. Februar	Erde	2002	12. Februar	Wasser
1904	16. Februar	Holz	1937	11. Februar	Feuer	1970	06. Februar	Metall	2003	01. Februar	Wasser
1905	04. Februar	Holz	1938	31. Januar	Erde	1971	27. Januar	Metall	2004	22. Januar	Holz
1906	25. Januar	Feuer	1939	19. Februar	Erde	1972	15. Februar	Wasser	2005	09. Februar	Holz
1907	13. Februar	Feuer	1940	08. Februar	Metall	1973	03. Februar	Wasser	2006	29. Januar	Feuer
1908	02. Februar	Erde	1941	27. Januar	Metall	1974	23. Januar	Holz	2007	18. Februar	Feuer
1909	22. Januar	Erde	1942	15. Februar	Wasser	1975	11. Februar	Holz	2008	02. Februar	Erde
1910	10. Februar	Metall	1943	05. Februar	Wasser	1976	31. Januar	Feuer	2009	16. Januar	Erde
1911	30. Januar	Metall	1944	25. Januar	Holz	1977	18. Februar	Feuer	2010	14. Januar	Metall
1912	18. Februar	Wasser	1945	13. Februar	Holz	1978	07. Februar	Erde	2011	03. Februar	Metall
1913	06. Februar	Wasser	1946	02. Februar	Feuer	1979	28. Januar	Erde	2012	23. Januar	Wasser
1914	26. Januar	Holz	1947	22. Januar	Feuer	1980	16. Februar	Metall	2013	10. Februar	Wasser
1915	14. Februar	Holz	1948	10. Februar	Erde	1981	05. Februar	Metall	2014	31. Januar	Holz
1916	03. Februar	Feuer	1949	29. Januar	Erde	1982	25. Januar	Wasser	2015	19. Februar	Holz
1917	23. Januar	Feuer	1950	17. Februar	Metall	1983	13. Februar	Wasser	2016	08. Februar	Feuer
1918	11. Februar	Erde	1951	06. Februar	Metall	1984	02. Februar	Holz	2017	28. Januar	Feuer
1919	01. Februar	Erde	1952	27. Januar	Wasser	1985	20. Februar	Holz	2018	16. Februar	Erde
1920	20. Februar	Metall	1953	14. Februar	Wasser	1986	09. Februar	Feuer	2019	05. Februar	Erde
1921	08. Februar	Metall	1954	03. Februar	Holz	1987	29. Januar	Feuer	2020	25. Januar	Metall
1922	28. Januar	Wasser	1955	24. Januar	Holz	1988	17. Februar	Erde			
1923	16. Februar	Wasser	1956	12. Februar	Feuer	1989	06. Februar	Erde			
1924	05. Februar	Holz	1957	31. Januar	Feuer	1990	27. Januar	Metall			
1925	25. Januar	Holz	1958	18. Februar	Erde	1991	15. Februar	Metall			
1926	13. Februar	Feuer	1959	08. Februar	Erde	1992	04. Februar	Wasser			
1927	02. Februar	Feuer	1960	28. Januar	Metall	1993	23. Januar	Wasser			
1928	23. Januar	Erde	1961	15. Februar	Metall	1994	10. Februar	Holz			
1929	10. Februar	Erde	1962	05. Februar	Wasser	1995	31. Januar	Holz			
1930	30. Januar	Metall	1963	25. Januar	Wasser	1996	19. Februar	Feuer			
1931	17. Februar	Metall	1964	13. Februar	Holz	1997	07. Februar	Feuer			
1932	06. Februar	Wasser	1965	02. Februar	Holz	1998	28. Januar	Erde			

Diese Tabelle zeigt eine übergeordnete Zuordnung der Fünf Elemente zu den Jahren. Der Jahresbeginn entspricht dem Mondkalender. Alle Ereignisse, die in einem bestimmten Jahr geschehen – auch die Geburt eines Menschen –, sind von diesem Element geprägt. Jeweils zwei aufeinanderfolgende Jahre sind demselben Element zugeordnet. Dabei hat das erste Jahr Yang- und das zweite Jahr Yin-Charakter.

Zu welchem Element gehört welche Pflanze?

Name	Pflanzengruppe	Yin/Yang	Seite	Name	Pflanzengruppe	Yin/Yang	Seite
🟩 HOLZ				*Lonicera caprifolium*	Gehölz	Yang	171
Aconitum napellus	Staude	Yang	152	*Melissa officinalis*	Kräuter	Yin	176
Aconitum x cammarum 'Bicolor'	Staude	Yang	152	*Miscanthus sinensis* 'Gracillimus'	Gras	Yang	160
Alcea rosea	Staude	Yang	152	*Muscari botryoides*	Zwiebelblume	Yin	167
Allium fistulosum	Kräuter	Yang	176	*Nemesia*-Hybriden	Einjährige	Yang	165
Allium schoenoprasum	Kräuter	Yang	176	*Nepeta x faassenii*	Staude	Yang	160
Allium rosenbachianum	Zwiebelblume	Yang	166	*Origanum vulgare*	Kräuter	Yang	177
Apium graveolens var. *dulce*	Gemüse	Yin	176	*Osmunda regalis*	Farn	Yin	160
Aquilegia-vulgaris-Hybride	Staude	Yin	152	*Parthenocissus quinquefolia*	Gehölz	Yin	172
Aquilegia caerulea	Staude	Yin	152	*Petroselinum crispum*	Kräuter	Yang	177
Aristolochia macrophylla	Gehölz	Yang	168	*Phlox paniculata* 'Herbstglut'	Staude	Yang	161
Aruncus dioicus (*A. sylvestris*)	Staude	Yin	153	*Phyllostachys aurea*	Gehölz	Yang	172
Astrantia major	Staude	Yin	153	*Phyllostachys nigra*	Gehölz	Yang	172
Bistorta amplexicaulis 'Atropurpureum'	Staude	Yang	154	*Pisum sativum*	Gemüse	Yang	177
Briza media	Gras	Yin	154	*Pleioblastus pumilus* (*Sasa pumilus*)	Gehölz	Yang	172
Buddleja-davidii-Hybriden	Gehölz	Yang	168	*Polygonatum multiflorum*	Staude	Yang	161
Campanula glomerata	Staude	Yang	154	*Prunus sargentii*	Gehölz	Yang	172
Campanula lactiflora 'Alba'	Staude	Yang	154	*Prunus serrulata* 'Amanogawa'	Gehölz	Yang	173
Carex pendula	Gras	Yang	155	*Prunus triloba*	Gehölz	Yang	173
Carex sylvatica	Gras	Yang	155	*Rheum rhabarbarum*	Gemüse	Yin	177
Carpinus betulus	Gehölz	Yang	169	*Rosa canina*	Gehölz	Y./Y.	174
Cichorium intybus	Kräuter	Yang	176	*Rudbeckia fulgida* var. *sullivantii*	Staude	Yang	162
Clematis montana 'Rubens'	Gehölz	Yang	169	*Rudbeckia triloba*	Ein-/Zweijährige	Yang	165
Delphinium in Sorten	Staude	Yang	155	*Rumex acetosa*	Kräuter	Yang	177
Deschampsia caespitosa	Gras	Yin	155	*Sambucus nigra*	Gehölz	YIn	174
Digitalis purpurea	Staude	Yang	155	*Sorbus aucuparia*	Gehölz	Yang	175
Fargesia murielae 'Bimbo'	Gehölz	Yang	170	*Syringa vulgaris*	Gehölz	Yin	175
Helianthus annuus	Einjährige	Yang	164	*Tagetes patula*	Einjährige	Yang	165
Helianthus decapetalus 'Capenoch Star'	Staude	Yang	157	*Tiarella cordifolia*	Staude	Yin	163
Hypericum perforatum	Kräuter	Yang	176	*Tiarella wherryi*	Staude	Yin	163
Iris ensata (*I. kaempferi*) 'Taiheiraku'	Zwiebelblume	Yang	167	*Veronica incana*	Staude	Yang	163
Iris reticulata 'Harmony'	Zwiebelblume	Yang	167	*Veronica longifolia* in Sorten	Staude	Yang	163
Iris sibirica in Sorten	Zwiebelblume	Yang	167	*Weigela florida* 'Eva Rathke'	Gehölz	Yang	175

Zu welchem Element gehört welche Pflanze?

Name	Pflanzengruppe	Yin/Yang	Seite	Name	Pflanzengruppe	Yin/Yang	Seite
🔺 FEUER				*Lantana camara*	Zweijährige	Yang	164
Acer palmatum	Gehölz	Yang	168	*Lavatera thuringiaca*	Staude	Yin	159
Acer palmatum 'Atropurpureum'	Gehölz	Yang	168	*Lupinus polyphyllus* 'Edelknabe'	Staude	Yang	159
Anemone coronaria	Zwiebelblume	Yang	152	*Lupinus polyphyllus* 'Fräulein'	Staude	Yang	159
Antirrhinum pendula multiflora	Ein-/Zweijährige	Yang	164	*Lupinus polyphyllus* 'Lindley'	Staude	Yang	159
Artemisia absinthium	Kräuter	Yang	176	*Mentha x piperita*	Kräuter	Yin	176
Artemisia dracunculus	Kräuter	Yang	176	*Mentha x rotundifolia*	Kräuter	Yin	177
Artemisia schmidtiana 'Nana'	Kräuter	Yang	176	*Origanum vulgare*	Kräuter	Yin	177
Artemisia vulgaris	Kräuter	Yang	176	*Papaver rhoeas*	Einjährige	Yang	165
Astilbe arendsii 'Rotlicht'	Staude	Yang	153	*Parthenocissus quinquefolia*	Gehölz	Yang	172
Berberis x media 'Red Jewel'	Gehölz	Yang	168	*Pennisetum alopecuroides*	Gras	Yang	160
Carex acutiformis	Gras	Yang	154	*Penstemon digitalis* 'Husker's Red'	Staude	Yang	160
Chaenomeles japonica	Gehölz	Yang	169	*Physalis alkekengi var. franchetii*	Staude	Yang	161
Cornus alba 'Sibirica'	Gehölz	Yang	169	*Pinus nigra ssp. nigra*	Gehölz	Yang	172
Cornus sanguinea	Gehölz	Yang	169	*Pinus sylvestris*	Gehölz	Yang	172
Cotoneaster salicifolius var. floccosus	Gehölz	Yang	169	*Pyracantha* 'Orange Glow'	Gehölz	Yang	173
Crataegus monogyna	Gehölz	Yang	170	*Rheum palmatum var. tanguticum*	Staude	Yang	161
Dianthus barbatus	Zweijährige	Yin	164	*Rosa* in Sorten (Beet-, Edelrosen)	Gehölz	Y./Y.	174
Dianthus gratianopolitanus	Staude	Yin	155	*Rosa* in Sorten (Kletterrosen)	Gehölz	Y./Y.	174
Digitalis purpurea	Staude	Yang	155	*Rosa blanda*	Gehölz	Y./Y.	174
Euonymus europaeus	Gehölz	Yang	170	*Rosa rugosa* 'Alba'	Gehölz	Y./Y.	174
Festuca mairei	Gras	Yang	156	*Rosmarinus officinalis*	Kräuter	Yang	177
Fraxinus ornus	Gehölz	Y./Y.	170	*Rubus arcticus*	Gehölz	Yang	174
Fritillaria imperialis 'Rubra Maxima'	Zwiebelblume	Yang	166	*Rubus sect. Rubus*	Gehölz	Yang	174
Helianthus annuus	Einjährige	Yang	164	*Ruta graveolens*	Kräuter	Yin	177
Hypericum perforatum	Kräuter	Yang	176	*Silene chalcedonica*	Staude	Yang	162
Hyssopus officinalis	Kräuter	Yang	176	*Thymus serpyllum*	Kräuter	Yang	177
Ilex aquifolium	Gehölz	Yang	171	*Thymus vulgaris*	Kräuter	Yang	177
Inula helenium	Staude	Yang	171	*Thymus vulgaris* 'Variegata'	Kräuter	Yang	177
Iris barbata-elatior 'Lady Ilse'	Zwiebelblume	Yang	166	*Yucca filamentosa*	Staude	Yang	163
Iris barbata-elatior 'Lusty Song'	Zwiebelblume	Yang	166	🟨 ERDE			
Iris barbata-elatior 'Rosenquarz'	Zwiebelblume	Yang	167	*Allium moly*	Zwiebelblume	Yang	166
Juniperus x pfitzeriana 'Compacta'	Gehölz	Yang	171	*Amelanchier lamarckii*	Gehölz	Yang	168

Zu welchem Element
gehört welche Pflanze?

Name	Pflanzengruppe	Yin/Yang	Seite	Name	Pflanzengruppe	Yin/Yang	Seite
Anemone sylvestris	Staude	Yin	152	*Mimulus luteus*	Staude	Yin	160
Aster amellus 'Lady Hindlip'	Staude	Yin	153	*Nothofagus antarctica*	Gehölz	Yin	171
Calendula officinalis	Einjährige	Y./Y.	164	*Oenothera fruticosa* 'Fryverkeri'	Staude	Yin	160
Caltha palustris	Staude	Yin	154	*Petroselinum crispum*	Kräuter	Yin	177
Chrysanthemum leucanthemum	Staude	Yin	155	*Physalis alkekengi* var. *franchetii*	Staude	Yang	161
Crocus 'Gelbe Riesen'	Zwiebelblume	Yin	166	*Potentilla alba*	Staude	Yin	161
Cydonia oblonga	Gehölz	Yin	170	*Potentilla fruticosa* 'Abbotswood'	Gehölz	Yin	172
Cymbalaria muralis	Staude	Yin	155	*Rhododendron camtschaticum*	Gehölz	Yin	173
Daucus carota ssp. *sativus*	Gemüse	Yin	176	*Rhododendron-forrestii-Repens*-Hybr.	Gehölz	Yin	173
Eranthis hyemalis	Zwiebelblume	Yin	166	*Rhus typhina*	Gehölz	Yang	173
Euphorbia polychroma	Staude	Yin	156	*Ribes nigrum*	Gehölz	Yin	173
Fragaria vesca in Sorten	Staude	Y./Y.	156	*Ribes rubrum* in Sorten	Gehölz	Yin	173
Galium odoratum	Staude	Yin	156	*Ribes uva-crispa* in Sorten	Gehölz	Yin	174
Geranium endressii	Staude	Yin	156	*Sagina subulata*	Staude	Yin	162
Geranium macrorrhizum 'Spessart'	Staude	Yin	156	*Santolina chamaecyparissus*	Staude	Yang	162
Geranium himalayense	Staude	Yin	156	*Saponaria officinalis*	Staude	Yin	162
Geranium phaeum	Staude	Yin	157	*Schizophragma hydrangeoides*	Gehölz	Yang	175
Geranium renardii	Staude	Yin	157	*Solidago virgaurea*	Kräuter	Yang	177
Geranium robertianum	Einjährige	Y./Y.	164	*Solidago* x *hybrida* 'Strahlenkrone'	Staude	Yang	162
Geranium sanguineum	Staude	Y./Y.	157	*Spiraea japonica* 'Anthony Waterer'	Gehölz	Yin	175
Geranium x *magnificum*	Staude	Yin	156	*Symphytum grandiflorum*	Staude	Yin	162
Geum coccineum 'Werner Arends'	Staude	Yang	157	*Symphytum officinale*	Kräuter	Yin	177
Geum x 'Georgenberg'	Staude	Yang	157	*Tanacetum vulgare*	Staude	Yin	163
Glechoma hederacea	Staude	Yin	157	*Taxus* x *media* 'Hicksii'	Gehölz	Yin	175
Hedera helix	Gehölze	Yin	170	*Trollius europaeus*	Staude	Yin	163
Hemerocallis in Sorten	Staude	Yang	157	**METALL**			
Hieracium aurantiacum	Staude	Yang	158	*Aconitum* x *cammarum* 'Bicolor'	Staude	Yang	152
Impatiens spec.	Einjährige	Yin	164	*Anemone japonica* 'Honorine Jobert'	Staude	Yin	152
Lathyrus vernus	Staude	Yin	159	*Armoracia rusticana*	Gemüse	Yang	176
Luzula sylvatica 'Tauernpass'	Gras	Yin	159	*Bergenia cordifolia* 'Silberlicht'	Staude	Yin	153
Lysimachia punctata	Staude	Yang	159	*Buxus sempervirens*	Gehölz	Yin	168
Lysimachia vulgaris	Staude	Yang	159	*Buxus sempervirens* 'Suffruticosa'	Gehölz	Yin	168
Mahonia aquifolium	Gehölz	Yin	171	*Camellia japonica* 'K. Sawada'	Gehölz	Yin	168

Zu welchem Element gehört welche Pflanze?

Name	Pflanzengruppe	Yin/Yang	Seite	Name	Pflanzengruppe	Yin/Yang	Seite
Chamaecyparis obtusa 'Nana Gracilis'	Gehölz	Yin	169	≈ WASSER			
Convallaria majalis	Staude	Y./Y.	155	Aconitum napellus	Staude	Yang	152
Cornus canadensis	Gehölz	Yang	169	Alchemilla mollis	Staude	Yin	152
Crataegus monogyna	Gehölz	Yang	170	Aloe vera	Staude	Y./Y.	152
Euonymus fortunei 'Emerald Gaiety'	Gehölz	Yin	170	Asplenium scolopendrium	Farn	Yin	153
Hedera helix	Gehölz	Yin	170	Asplenium trichomanes	Farn	Yin	153
Helleborus niger	Staude	Yin	157	Athyrium filix-feminina	Farn	Yin	153
Heuchera micrantha 'Palace Purple'	Staude	Yin	158	Campanula portenschlagiana	Staude	Yin	154
Hydrangea anomala ssp. petiolaris	Gehölz	Yin	170	Campanula poscharskyana	Staude	Yin	154
Hydrangea arborescens 'Annabelle'	Gehölz	Yin	171	Dryopteris filix-mas	Farn	Yin	156
Hydrangea macrophylla	Gehölz	Yin	171	Cucumis sativus	Gemüse	Yin	176
Iberis sempervirens	Staude	Yin	158	Cucurbita pepo ssp. pepo	Gemüse	Yin	176
Ligustrum vulgare	Gehölz	Yin	171	Corylus avellana	Gehölz	Yin	169
Ligustrum vulgare 'Atrovirens'	Gehölz	Yin	171	Hedera helix	Gehölz	Yin	170
Paeonia officinalis 'Alba Plena'	Staude	Yin	160	Hosta sieboldiana	Staude	Yin	158
Philadelphus coronarius	Gehölz	Yin	172	Hosta sieboldiana 'Elegans'	Staude	Yin	158
Phlox paniculata 'Pax'	Staude	Yang	161	Hosta sieboldiana 'Snowden'	Staude	Yin	158
Pimpinella saxifraga	Kräuter	Yang	177	Hosta sieboldii (H. albomarginata)	Staude	Yin	158
Primula denticulata 'Alba'	Staude	Yin	161	Hosta ventricosa	Staude	Yin	158
Prunus laurocerasus in Sorten	Gehölz	Yang	172	Iris pseudacorus	Zwiebelblume	Yang	167
Rhododendron calophytum	Gehölz	Yin	173	Juniperus chinensis 'Hetzii'	Gehölz	Yang	171
Rhododendron camtschaticum	Gehölz	Yin	173	Lavandula angustifolia in Sorten	Staude	Yang	159
Rhododendron catawbiense 'Album'	Gehölz	Yin	173	Lavandula angustifolia ssp. angustifolia	Kräuter	Yang	176
Rhododendron-forrestii-Repens-Hybriden	Gehölz	Yin	173	Lobelia erinus	Einjährige	Yin	165
Rhododendron yakushimanum	Gehölz	Yin	173	Narcissus pseudonarcissus in Sorten	Zwiebelblume	Yin	167
Salvia nemorosa 'Mainacht'	Staude	Yang	162	Osmunda regalis	Farn	Yin	160
Salvia officinalis	Kräuter	Yin	177	Petunia in Sorten	Einjährige	Yin	165
Salvia officinalis 'Creme de la Creme'	Kräuter	Yin	177	Pulmonaria officinalis	Staude	Yin	161
Salvia officinalis 'Purpurascens'	Kräuter	Yin	177	Tradescantia x andersoniana	Staude	Yin	163
Salvia rutilans	Kräuter	Yin	177	Sambucus nigra	Gehölz	Yin	174
Sorbus domestica	Gehölz	Yin	175	Salvia nemorosa 'Mainacht'	Staude	Yang	162
Staphylea pinnata	Gehölz	Yang	175	Viola odorata	Staude	Yin	163

Adressen

Geomantie   Feng Shui   LandArt

Silvia Reichert de Palacio
Rampenstraße 9
30449 Hannover
Tel. 0049/0511/388 12 84
Palma de Mallorca
Tel. 0034/971 42 11 86
www.reichert-palacio.de
www.geomediation.eu
info@reichert-palacio.de

Thomas Jörgen Burghardt
Firma Ahrens & Burghardt
Katzenstraße 18
33619 Bielefeld
thomasj.burghardt@gmx.de

Büro für Landschaftsarchitektur und
Geomantie
Dipl. Ing. Wolfgang Körner
Husumerstraße 24
90425 Nürnberg
http://naturraum.norisgeo.de
wolfgang.koerner@norisgeo.de

Verbände

Berufsverband für Feng Shui und
Geomantie e.V.
Friedenstraße 20
97072 Würzburg
www.fengshui-verband.eu

EFGB – Europäischer Feng Shui und
Geomantie Berufsverband e.V.
Postfach 1328
61453 Königstein
www.efgb.de

Arbeitsgemeinschaft Ökologische
Baumschulen (AGÖB)
Tarmstedter Str. 24
27404 Badenstedt
www.oekologischebaumschulen.de

Bezugsquellen

Verzeichnis von Biogärtnereien
www.bioverzeichnis.de/biogarten.htm

Der besondere Garten
Gartenversand für Accessoires
www.der-besondere-garten.de

Verband deutscher Wildsamen- und
Wildpflanzenproduzenten e.V.
www.vdww.net

BIO SUISSE –
Schweizer Biogärtnereien
www.biopflanzen.ch

Literatur

Eitel, E. J.: Feng Shui oder Die Rudi-
mente der Naturwissenschaft in China.
Felicitas Hübner Verlag, Waldeck

Hensel, W. / Jany, Ch. / Kluth, S. /
Mayer, J. / Späth, M.: Das große GU
Praxishandbuch Garten. Gräfe und
Unzer Verlag, München

Pogačnik, M.: Das geheime Leben der
Erde. AT Verlag, Baden/Schweiz

Pogačnik, M.: Elementarwesen. Begegnungen mit der Erdseele. AT Verlag,
Baden/Schweiz

Storl, Wolf-Dieter: Von Heilkräutern
und Pflanzengottheiten. J. Kamphau-
sen Verlag, Bielefeld

Strassmann, R.: Baumheilkunde.
Mythos und Magie der Bäume.
AT Verlag, Baden/Schweiz

Tompkins, P. / Bird, Ch.: Das geheime
Leben der Pflanzen. Fischer, Frankfurt

Walters, D.: Feng Shui. Kunst und
Praxis der chinesischen Geomantie.
Astrodata

Fachzeitschriften

Feng Shui Aktuell
SI special-interest GmbH & Co.KG
Nordendstraße 2
64546 Mörfelden-Walldorf

Hagia Chora – Zeitschrift für
Geomantie
Human Touch Medienproduktion
GmbH
Am See 1
17440 Klein Jasedow

Register

Halbfett gesetzte Seitenzahlen
verweisen auf Abbildungen.

Gartenlust pur

GU Pflanzenratgeber – So macht Gärtnern richtig Spaß

ISBN 978-3-7742-6978-1
600 Seiten

ISBN 978-3-8338-0245-4
176 Seiten

ISBN 978-3-8338-0195-2
240 Seiten

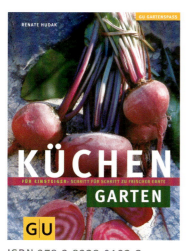

ISBN 978-3-8338-0193-8
168 Seiten

ISBN 978-3-8338-1129-6
288 Seiten

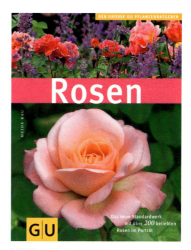

ISBN 978-3-8338-0045-0
192 Seiten

Änderungen und Irrtum vorbehalten.

Das macht sie so besonders:

Kompetent – Alles, was Gärtner wissen müssen

Praxisnah – Profis zeigen, wie man's richtig macht

Inspirierend – So werden Gartenträume wahr

Willkommen im Leben.

Die Autorin

Silvia Reichert de Palacio gehört zur ersten Generation der in Europa ausgebildeten Feng-Shui-Experten und Geomanten und ist seit 20 Jahren in diesem Beruf tätig. Sie leitet das von ihr gegründete Büro PALACIO (> Pläne Seite 98 und 121). Ihre Schwerpunkte sind die Lehre in Ausbildungen und Seminaren zu Feng Shui und Geomantie sowie Beratung und Coaching von Privatpersonen und Firmen bei der Gestaltung von Gärten, Innenräumen und Architektur. Durch das von ihr entwickelte Konzept der Geomediation schafft sie für Mensch und Erde die Möglichkeit, sich gegenseitig zu fördern.

Mitarbeit

Thomas Jörgen Burghardt ist Gärtner und Dipl.-Ing. der Landespflege mit einer Zusatzausbildung in Geomantie. Seit 1990 ist er als Gartengestalter mit eigener Firma im Raum Bielefeld tätig. Seine Arbeitsschwerpunkte liegen in der Beratung, Planung und Anlage von Firmen- und Privatgärten. Er ist für die botanischen Informationen zu den Pflanzen in diesem Buch verantwortlich und beschrieb zusammen mit der Autorin ihre energetischen Aspekte.

Dank

Es ist mir wichtig und eine Freude, mich bei folgenden Menschen herzlich zu bedanken: Thomas J. Burghardt für den Input seiner landschaftsplanerischen und gärtnerischen Kompetenzen; meiner Mitarbeiterin Nanny Döbele für die Unterstützung bei der Textarbeit; Annette Weingärtner, Sabine Littkemann, Stefanie Böttcher und Dr. Lothar Prisor für inspirierende Diskussionen und anregende Vorschläge sowie Barbara Thursch, deren Chakrengarten in Hannover ich besuchen durfte. Mein besonderer Dank gilt außerdem allen Gartenbesitzern, deren Gärten in meinem Buch abgebildet sind, sowie den Gartengestaltern Thomas J. Burghardt (S. 75, 77, 78, 86), Nanny Döbele (S. 73), Sandra Götz (S. 91, 96, 112) und Wolfgang Körner (S. 58, 60, 83, 100, 105, 114, 116).

Bildnachweis

Bärtels: 172/4; **Beck:** 6, 8, 9, 12, 21li., 32, 54/3, 57, 59, 71o.li., 71o.re., 71u.li., 76, 90, 97, 101, 103, 107o., 111, 113, 117, 134li., 134re., 135, 137, 140, 141re., 147, 152/1, 152/6, 152/7, 155/7, 156/6, 157/1, 157/6, 158/2, 160/1, 160/8, 161/1, 161/2, 161/5, 161/6, 161/7, 163/3, 163/4, 163/6, 166/2, 166/3, 166/4, 166/7, 166/8, 167/1, 167/4, 167/5, 172/8, 173/1, 173/2, 173/6, 174/5, 175/5, 175/7, 175/8; **Beck.K:** 107u.; **Bilderberg:** 170/2;

Borstell: 162/8, 165/1, 168/2, 173/7; **Deeproot:** 157/4; **Fotolia:** 170/7; **GardenPictureLibrary:** U1; **Gartenfoto.at:** U4li., 152/2; **Götz:** 24; **Gröne:** 161/8; **Hansen:** U4re., 31re., 39, 64, 66, 81, 85, 99, 125, 129/1, 154/1, 174/8; **Hecker:** 165/3; **Herwig:** 168/1; **JacobsPlant:** 154/5; **Jahreiß/GU:** 164/8, 165/2, 170/8; **Kaiser:** 153/6, 156/8, 157/2, 167/8; **Kirchner:** 108; **Körner:** 82, 115; **Laux:** 156/5; **Mauritius-Images:** 2-3, 19 alle, 71u.re., 109, 120re.; **Morell:** 153/2, 153/3, 153/7, 155/4, 156/3, 158/6, 165/4, 165/5, 166/6, 167/7, 169/1, 169/3, 169/4, 169/6, 169/7, 169/8, 170/6, 171/3, 171/8, 172/2, 173/5; **Nickig:** 152/3, 152/8, 153/1 153/3, 154/4, 154/6, 154/7, 155/1, 155/2, 155/5, 155/6, 155/8, 156/1, 156/2, 156/4, 156/7, 157/3, 157/7, 157/8, 158/1, 158/7, 159/2, 159/3, 159/5, 159/7, 160/2, 160/4, 161/3, 162/1, 162/3, 162/4, 162/6, 163/2, 163/8, 164/2, 167/6, 168/4, 169/5, 170/4, 172/1; **Okapia:** 154/3, 167/3, 171/2, 171/7, 175/2; **Redeleit:** 163/5, 170/3; **Reinhard:** 160/5, 167/2, 170/1, 171/1, 172/3, 172/6, 174/2; **Schlumpberger:** 152/5; **Schneider-Will:** 155/3, 164/5, 171/6, 172/7, 174/7, 175/6; **Seidl:** 152/4, 160/3, 168/5, 169/2, 175/4; **Strauß:** 164/1, 164/6, 164/7, 166/5, 174/1; **The Garden Collection:** 4li., 10-11, 130, 143; **Timmermann:** 4re., 5re., 7, 14, 18, 21re., 23, 27, 28, 31li., 36, 41, 42-43, 44, 46, 47, 50, 52, 54/1, 54/2, 54/4, 54/5, 61, 68, 74, 79, 87, 92, 93, 95, 102, 104/2, 106, 110, 118, 119, 120li., 123, 124, 126li., 126re., 127, 129/2, 129/3, 129/4, 133, 136, 138, 139, 141li., 142, 145, 146, 148-149, 150, 151, 154/2, 158/3, 158/8, 159/1, 159/8, 163/7, 165/6, 168/6, 168/7, 171/5, 174/3.

Illustrationen Heidi Janiček, München.

Syndication: www.jalag-syndication.de

© 2008 GRÄFE UND UNZER VERLAG GMBH, München
Alle Rechte vorbehalten. Nachdruck, auch auszugsweise, sowie Verbreitung durch Film, Funk, Fernsehen und Internet, durch fotomechanische Wiedergabe, Tonträger und Datenverarbeitungssysteme jeder Art nur mit schriftlicher Genehmigung des Verlags.

Programmleitung: Christof Klocker
Leitende Redaktion: Anita Zellner
Redaktion und Konzeption: Angelika Holdau
Lektorat: Barbara Kiesewetter
Bildredaktion: Daniela Laußer
Umschlaggestaltung und Layout: independent Medien-Design, Horst Moser, München
Produktion: Susanne Mühldorfer
Satz: Bernd Walser Buchproduktion, München
Reproduktion: Longo AG, Bozen
Druck: aprinta, Wemding
Bindung: Conzella, Pfarrkirchen

Unsere Garantie

Liebe Leserin und lieber Leser,

Printed in Germany

ISBN 978-3-8338-0858-6

2. Auflage 2010

GRÄFE UND UNZER

Ein Unternehmen der
GANSKE VERLAGSGRUPPE